U0880346

职业教育市场营销专业教学用书

消费心理学

（第4版）

肖涧松　张志强　主　编
郭　明　彭　茵　副主编

電子工業出版社
Publishing House of Electronics Industry
北京·BEIJING

内 容 简 介

本书通过对消费心理学基本概念、基本理论、经典案例的解读，全面、系统地阐述了消费心理学的知识及其在商业经营领域中的应用。本书将消费心理学的基本理论与市场营销相结合，从心理学的角度揭示消费者的购买心理、行为特点及其规律，注重内容的系统性、科学性、应用性，理论与案例相结合，图文并茂。

本书可作为职业教育商贸类专业学生的教材，也可作为企业营销人员的培训教材和参考读物。

图书在版编目（CIP）数据

消费心理学 / 肖润松，张志强主编. —4 版. —北京：电子工业出版社，2021.3

ISBN 978-7-121-40717-8

Ⅰ. ①消… Ⅱ. ①肖… ②张… Ⅲ. ①消费心理学－中等专业学校－教材 Ⅳ. ①F713.55

中国版本图书馆 CIP 数据核字（2021）第 041113 号

责任编辑：徐　玲　　文字编辑：王凌燕

印　　刷：三河市华成印务有限公司

装　　订：三河市华成印务有限公司

出版发行：电子工业出版社

北京市海淀区万寿路 173 信箱　邮编 100036

开　　本：787×1092　1/16　印张：16.5　字数：422.4 千字

版　　次：2010 年 1 月第 1 版

2021 年 3 月第 4 版

印　　次：2025 年 6 月第 11 次印刷

定　　价：42.00 元

凡所购买电子工业出版社图书有缺损问题，请向购买书店调换。若书店售缺，请与本社发行部联系，联系及邮购电话：（010）88254888，88258888。

质量投诉请发邮件至 zlts@phei.com.cn，盗版侵权举报请发邮件至 dbqq@phei.com.cn。

本书咨询联系方式：xuling@phei.com.cn。

前　言

2010 年 1 月，《消费心理学》出版。多年来，本书被全国众多职业院校所采用，得到了营销界专家、学者的肯定，深受广大师生的欢迎。《消费心理学（第 4 版）》的修订保持了前 3 版的编写思路和风格，充分体现了职业院校学生的特点，注重了技能和应用能力的培养。本书具有以下特点。

1．理论知识浅显易懂，简明扼要，定位准确

《消费心理学（第 4 版）》紧扣职业教育培养应用型人才的要求，坚持以实用为原则，力求做到文辞精练、逻辑清晰、简洁明了、重点突出，以培养商科类相关岗位群的应用技能为出发点，努力打造充分体现职业教育特色的实用教材。

2．在结构和内容的安排上，突出实用性和创新性

每章开篇设置了“导入案例”，篇中设置了“实例链接”“知识窗”“讨论”，篇后设置了“知识练习与思考”和“职业技能训练”，突出了职业教育注重实践性、应用性和技能性的特点。本书大量引用和参考了国内外企业典型消费心理实战案例，并配以翔实的图片，本土化、国际化的消费实战案例有利于学生更好地领会教材的真谛，达到培养学生提高发现问题、分析问题和解决问题能力的目的。

3．重点突出“三用一新”的特点，即实用、适用、够用和创新

“消费心理学”的教学任务是通过消费心理理论知识的传授和实践教学环节的设置，使学生掌握现代市场营销过程中消费者的消费心理、行为过程，培养学生较强的观察力和领悟力，具备较高的实践学习能力，最终提高商科类专业综合应用技能。

本书建议学时为 54 学时（3 学分），其中授课 50 学时（技能训练 15 学时），机动 4 学时，学时的具体分配建议见下表。

学时分配表

章　次	课 程 内 容	讲 授 学 时	含职业技能训练学时
第 1 章	消费心理学导论	4	1
第 2 章	消费者的心理活动过程	5	1.5
第 3 章	消费者的个性心理特征	5	1.5
第 4 章	消费者购买过程的心理活动	4	2
第 5 章	消费群体与消费心理	4	1
第 6 章	商品名称、品牌、包装、开发与消费心理	7	2
第 7 章	商品价格与消费心理	4	1
第 8 章	商业广告与消费心理	7	2
第 9 章	营销沟通与消费心理	5	1.5
第 10 章	营销人员心理	5	1.5

本书由肖润松、张志强担任主编，郭明、彭茵担任副主编。全书由肖润松整体策划并统稿。感谢山东凯瑞商业集团熊云霞经理为本版教材的修订提供了大量营销实战案例。

在《消费心理学（第 4 版）》的编写过程中，编者参考了国内外大量的消费心理学教材和著作，借鉴了国内外营销专家与学者最新的研究成果和案例，在此表示诚挚的感谢！由于记述和追溯的不便，有些未载明出处，请相关作者与我们联系，在此表示谢意。

本书既可作为市场营销、电子商务、物流管理、工商管理、汽车营销、房地产营销、医药营销、连锁经营等营销相关专业的教材，也可作为食品、汽车、医药、房地产等行业市场营销岗位就业人员的培训教材。

由于编者水平有限，书中错误之处在所难免，敬请各位专家、读者批评指正。

为了方便教师教学，本书配有二维码，读者可以扫描二维码观看视频资料。此外，本书还配有电子教案、教学指南和习题答案，请有此需要的教师登录华信教育资源网（www.hxedu.com.cn），免费注册后再进行下载，有问题请在网站留言板留言或与电子工业出版社联系（E-mail：hxedu@phei.com.cn）。

编　者

2021 年 2 月

目 录

第 1 章

消费心理学导论

知识要点

- ❖ 消费者行为与消费心理学
- ❖ 消费心理学的研究对象和内容
- ❖ 消费心理学的研究方法

能力要点

- ❖ 熟悉消费心理学的研究对象和内容
- ❖ 熟练掌握消费心理学的研究方法，能对消费者的消费心理表现进行分析，并有针对性地采取营销策略

导入案例

600 岁的故宫开官方咖啡馆了，为何一开业就火了呢

2018 年 12 月初，600 岁的故宫又火爆了！经过 4 个月的策划，在故宫神武门外的西围房，“故宫角楼咖啡”正式营业！故宫角楼咖啡标志图如图 1-1 所示。咖啡馆刚开业，追求时尚的消费者便纷纷前来光顾。他们都想尝尝“康熙最爱巧克力”是什么神奇味道。

图 1-1　故宫角楼咖啡标志图

1. 故宫角楼咖啡长什么样

走到咖啡馆门口，故宫式建筑便映入眼帘。室外的走廊设置了多个由太阳伞撑起的休闲区域，并有写着“朕请你来角楼喝咖啡”的指示牌作为引导。

咖啡馆的室内面积有 100 平方米左右。咖啡馆共有 19 张桌子，其中贴着城墙根摆放了 8 张桌子，室内有 11 张桌子。营业时间暂定为每天 8 点到 19 点。

室内设计整体以简约复古风格为主，中间区域摆满了中式的原木桌椅和橱柜，还有灰砖铺成的地板、屋顶木梁和雪白色的墙面。最吸引眼球的当属国宝《千里江山图》，不仅壁纸主图是这幅名作，而且房梁上搭着的轻缦也是这幅名作，一度引发了参观热潮。柜台则倾向于现代风格，整体以金属材质凸显高贵气质，点菜单上布满了印花图形，玻璃柜内装满了糕点。

目前，故宫角楼咖啡提供 31 款饮料，价格在 22～45 元之间。这里还提供一份“故宫甄选”菜单：养心咖啡、康熙最爱巧克力、三千佳丽奶茶、佛手香茗、一骑红尘妃子笑——荔枝红茶等透着“宫”味儿的特色饮品。作为故宫开的咖啡馆，饮品都是有故事的。例如，史料记载康熙爱吃巧克力，尤其钟爱白巧克力。所以咖啡馆就推出了“康熙最爱巧克力”的饮品，并在饮品杯上印上“微服私访”四个大字，使得故事与颜值并存。最受欢迎的网红款蛋糕“千里江山卷”，每天都处于供不应求的状态。

在故宫角楼咖啡走红的同时，部分网友提出疑问：“为什么不是茶馆而是咖啡馆？”这个问题还需要从“商业的角度”去考虑。逛故宫的年轻人占比高，而咖啡更适合年轻人。这也是从消费者的需求出发来定位的，况且，咖啡馆里也有新式茶饮。

除了咖啡，故宫角楼咖啡还推出了新零售的文创产品，如宫藏文物为封面的笔记本、故宫日历等小件产品。当然还有限量咖啡杯，以故宫红、黄两色为基调，囊括了各种款式，图

案设计精美。

2. 600 岁的故宫为什么能火

近几年，故宫总能赚足大众的眼球，以前在大众眼中那个高冷、厚重、老气的故宫，已被塑造成一个文艺、时尚、我有历史我做主、充满活力的形象。“故宫出品，必属精品”。网红故宫究竟是如何炼成的？

这要追溯至 2013 年的“朕知道了”。那一年，台北故宫推出“朕知道了”纸胶带，原价 42 元一盒被炒到 98 元一盒，当年销售量超过 18 万件！这让北京故宫意识到了文创产品的庞大市场。不久，北京故宫“奉旨旅行”行李牌、“朕就是这样汉子”折扇等有趣的产品问世。后来北京故宫又在淘宝网开设官方销售网点，销售“圣旨”“奏折”等产品。另外，北京故宫还开了 4 家线下体验店。

2016 年 7 月，一个名为“穿越故宫来看你”的魔性 H5 在朋友圈刷了屏。大明皇帝朱棣戴上了墨镜，唱起了 Rap，还和雍正宫里的美人发 QQ，朋友圈、邮箱甚至 VR 都成了宫里的新宠。可爱的画风让人们忍不住惊呼：原来你是这样的皇上！

故宫文化服务部门把一位帝王变成了纯真可爱的网红。他的“朕就是这样汉子”“鳌拜=All Buy”“买了就是朋友”等一个个金句，让这座拥有 600 年历史的古老宫殿，以前所未有的方式在互联网走红。

随后不久，故宫又推出了彩妆和护肤品面膜，彩妆包括口红、眼影、腮红等。这一波官方操作，不得不让人感叹故宫强大的创造力。截至 2017 年年底，故宫研发了 10 500 种文创产品，年营业额在三年间就突破了 10 亿元。2019 年 1 月，北京卫视播出《上新了，故宫》节目，收获了 8.3 的高分评价。

可见，故宫资源的唯一性和品牌的独特性是故宫火爆的核心！经营者主动求变，迎合年轻消费者，同时推出具有文化特色和实用性的高品质产品，并借助互联网和主流媒体进行广泛传播。最终，打造出了一套独有的故宫模式。

（资料来源：微信公众号：餐饮 O2O（ID：coffeeo2o）　作者：LiLo）

【头脑风暴及实践应用】

头脑风暴：

站在消费者立场，你认为“故宫角楼咖啡”爆红的原因是什么？

实践应用：

查阅资料，了解故宫推出了哪些文创类的产品？你认为它还可以在哪些领域继续开发新产品及服务？

企业通过对消费者心理的研究不仅可以发现巨大的商机，还能找到更好地满足消费者需求的策略和手段。故宫角楼咖啡的成功案例充分显示了消费者心理在产品消费过程中的重要作用。因此，加强消费者心理的研究，对企业开展市场营销活动具有极为重要的理论和现实意义。

1.1 消费行为与消费心理学研究的背景

1.1.1 心理学的内涵

1．心理学的含义

心理学是研究人和动物心理现象发生、发展和活动规律的一门科学。它既研究人的心理也研究动物的心理，而以人的心理现象为主要研究对象。1879年，德国哲学家、生理学教授冯特在德国莱比锡大学建立了世界上第一个心理实验室，他把自然科学中所使用的方法应用于心理学的研究，从此心理学开始成为一门独立的科学。100多年来，随着社会实践发展的需要，心理学也在不断地发展和完善。科学技术的进步，使人们不断提出新的课题并为解决这些课题提供了手段。教育心理学、军事心理学、管理心理学、旅游心理学、消费心理学等如雨后春笋般发展起来。

2．心理学研究的主要内容

心理学研究的主要内容概括起来分为心理过程和个性心理两个方面。

（1）心理过程。

心理过程包括认识过程、情感过程和意志过程三个方面。

① 认识过程。这是指人在认识客观事物的过程中，为了探究客观事物的性质和规律而产生的心理现象。感觉、知觉、记忆、思维和想象等心理活动统称为认识过程。

② 情感过程。这是指人在认识客观事物的过程中所引起的对客观事物的某种态度的体验或感受。愉快、满意、热爱、厌恶、欣慰、遗憾等心理活动统称为情感过程。

③ 意志过程。这是指由认识的支持与情感的推动，使人有意识地克服内心障碍与外部困难而坚持实现目标的过程。

认识、情感和意志都有其自身的发生和发展过程，但这些过程并非彼此独立。其中，认识过程是基本的心理过程，情感过程和意志过程是在认识过程的基础上产生的。

（2）个性心理。这是指每个个体所具有的稳定的心理现象，包括个性倾向性和个性心理特征两个方面。

个性心理包括个性倾向性和个性心理特征两个方面。

① 个性倾向性。个性倾向性是指决定个体对事物的态度和行为的内部动力系统，是具有一定的动力性和稳定性的心理成分。个性倾向性是个性心理的重要组成部分，它对相关的心理活动起着支配和控制作用，主要表现为人的需要、动机、兴趣、理想及信念等。

② 个性心理特征。个性心理特征是指个体身上经常表现出来的本质的、稳定的心理特征，主要包括能力、气质和性格，其中以性格为核心。

1.1.2　消费心理与消费者行为

1．消费、消费者

（1）消费。消费是指人类通过购买消费品来满足自身欲望的一种经济行为，分为广义和狭义两种。广义的消费可以划分为生产消费和个人消费两大类。

① 生产消费是指人们在生产过程中对原材料、工具、人力等生产资料和劳动的消耗。

② 个人消费是指人们为自身需要而对各种生活资料、劳务和精神产品的消耗。

狭义的消费是指个人消费，是一种最终消费。

（2）消费者。消费者的含义有广义、狭义和法律意义三种。

广义的消费者是指在不同时间和空间范围内所有参与消费活动的个人或集团，泛指现实生活中的所有人。从消费单位的角度可以把广义的消费者划分为个体消费者、家庭消费者和集团消费者。

狭义的消费者是指购买、使用各种消费用品（包括服务）用于生活需要的个人和组织，包括企业、学校、政府机关和其他社会组织。

法律意义的消费者是指为生活消费需要而购买、使用商品或接受服务的个人和单位。消费者的法律特征有以下几点：

① 消费者的消费性质属于生活消费。

② 消费的客体是商品和服务。

③ 消费者的消费方式包括购买、使用（商品）和接受（服务）。

④ 消费者的主体范围包括公民个人和进行生活消费的单位。

图 1-2 《消费者权益保护法》漫画

消费者是区别于商品经营者的商品交换关系中的主体。在现代商品经济社会中，生产力的发展、科技水平的提高等社会经济因素，使经营者和消费者之间在经济条件、教育水平、议价能力等诸多方面存在不平等的社会关系，消费者经常处于弱势。为此，我国制定了《中华人民共和国消费者权益保护法》（以下简称《消费者权益保护法》）以保护消费者的合法权益，如图 1-2 所示。

讨论

你了解《消费者权益保护法》吗？请查阅相关资料，将其中你认为重要的两个条款写在下面。

1. ______________________________

2. ______________________________

2．消费心理

消费心理是指消费者在购买、使用和消费商品过程中的一系列心理活动。消费者在消费过程中的偏好和选择，以及不同的购买行为和方式都要受其心理活动的支配。例如，消费者购买何种商品、购买何种品牌及款式、何时何地购买、采用何种购买方式及怎样使用等都和不同消费者的思想、情感、气质、性格、价值观念、思维方式及相应的心理反应密切相关。

3．消费者行为

消费者行为是指消费者为满足需要和欲望而寻找、选择、购买、使用、评价及处置消费物品或服务时所进行的各种活动过程。

消费者行为虽然多种多样，但在千差万别的行为背后，存在以下一些共同的特征。

（1）消费者行为的动机驱使性。消费者在内、外各种刺激因素的作用下，经过复杂的心理活动过程，产生购买动机，并在动机的驱使下，进行购买决策及购买后评价。例如，消费者购买一部手机，除希望手机满足其主要使用功能的需求外，还受品牌、他人的评价等因素影响和刺激。购买后，在使用过程中，消费者还会对手机做出是否舒适、售后服务如何等评价，进而会影响自己或他人是否会再次购买该品牌。

讨论

近几年，城市家庭轿车的消费需求逐渐加强。试分析，消费者在城市家庭轿车的消费方面存在哪些不同的动机？他们对汽车产品的需求有何不同？

____

____

[实例链接 1-1]

胡歌最新广告 必胜客
爱分享　三分钟版

天生爱分享

2016 年 3 月，必胜客发起了“天生爱分享”的营销活动，联合胡歌和生活领域一众意见领袖打造了“爱分享”系列短视频。在短短 3 分钟的主题视频里，胡歌游走于城市各处，观察大家的日常生活。他发现并拍摄了为女儿打伞的父亲、旁若无人 cosplay（角度扮演）的青年、肆意吐槽的闺蜜团及必胜客餐馆里热情分享比萨的人群。多姿多彩的日常生活展现了人们爱分享的欲望，而陪伴你分享的最优食物当然是比萨。一句“我们天生爱分享，比萨天生被分享”，将比萨所具有的分享特性与人的分享巧妙结合起来，使得人们在聚餐时，自然而然就会联想到一边分享生活，一边分享比萨。这场营销活动经过优酷和微博的推广，短短 3 个月在微博上获得了 4.3 亿人的阅读评论和转发，取得了巨大的成功。胡歌必胜客“天生爱分享”广告如图 1-3 所示。

图 1-3　胡歌必胜客“天生爱分享”广告

必胜客的这次营销活动所采用的载体正是在 2016 年大热的短视频。小小的短视频，必胜客却玩出了新高度。

动态的视频可以带给人们直观的感受和沉浸式的体验，一直都受到人们的青睐。随着工作节奏的加快，人们越来越忙碌，很少有大段的时间进行深度阅读和学习。工作单位和居住地距离越来越远，人们在路上的时间越来越多，相应地，碎片化的时间也越来越多。短视频作为新的营销载体，短小精悍、生动形象，正好符合利用消费者的碎片化时间进行产品、服务宣传的目的。

（资料来源：http://socialbeta.com/t/opinion-how-to-use-short-video-marketing-2016-07）

（2）消费行为参与者的广泛性。一项消费行为的参与者往往包括提议者、影响者、决策者、购买者和使用者。例如，儿子过生日时，爸爸提议买一辆平衡车，妈妈提议买一部儿童学习机。在该过程中，爸爸、妈妈既是提议者，又是影响者。最后决定买什么时，爸爸、妈妈和儿子都要参与决策即都是决策者。而购买者是爸爸和妈妈或其中一人，使用者只有儿子。

（3）消费者需求的差异性。在当今的买方市场中，消费者的需求趋于多样化、个性化和差异化，企业不可能通过一种产品或服务来满足所有的消费者的需求。因此，企业要想在市场竞争中求得生存和发展，应当也只能满足消费者中的一类或几类特定需求。

（4）消费者行为的可诱导性。消费者对自己的需求有时不能清楚地意识到，企业可以通过提供合适的产品来激发消费者的需求，或者通过有效的广告宣传、营业推广等促销手段来刺激消费者的购买欲望，影响其消费需求、改变其消费习惯、更新其消费观念，即对消费者行为进行诱导。

[实例链接 1-2]

网易云音乐品牌广告《音乐的力量》

这个夏天，网易想用“音乐的力量”与你交流

2017 年 7 月，堪比好莱坞大片的品牌广告片《音乐的力量》刷新了人们对音乐的认知。该广告片全部由外国演员担纲，高度还原第二次世界大战的场景，同时以音乐为主线层层递进，真实再现了一段震撼世界的故事：音乐让对立的战士们放下枪支，唤醒和平的到来。

这部由网易云音乐制作的全新广告片，令无数人潸然泪下，并迅速引爆了朋友圈。借助这部广告片，网易云音乐推出了全新的口号“音乐的力量”，以此告诉大家：音乐具有打动人心、改变世界的力量；在音乐社交之旅中，人们可以拥有更加丰富多样的情感交流与共鸣。网易《音乐的力量》品牌广告片如图 1-4 所示。

图 1-4　网易《音乐的力量》品牌广告片

1. 全新品牌片用“音乐的力量”打动人心

网易云音乐利用《音乐的力量》诠释品牌新主张，传递音乐可以打破国界、打破种族，拥有超乎你想象的力量。

在片中，一名德国狙击手一举击毙了 40 名英国士兵，激战至深夜。当德国狙击手再度持枪瞄准战场上一名负伤的英国士兵时，英国士兵却从怀中取出口琴，在几度哽咽中吹起爱尔兰民谣《丹尼少年》（Danny Boy），民谣中的少年是个想念故乡的孩子。一曲完毕，当英国士兵颤抖地摘下帽子，准备坦然面对死亡时，却听见战场另一端传来德国狙击手同样悲伤哀婉的笛声。德国狙击手想起了家乡的未婚妻，泪雨如下。

这一刻，输赢已经不再重要。当英德两国士兵独自面对历史巨变时，他们所承受的恐惧、无力，都在音乐中得到释放。这就是音乐的力量，一种超越语言、国界、战争的力量。

2. 消费升级，新生代借助音乐与世界交流

艾瑞咨询公司《2016 中国在线音乐行业研究报告》指出，“85 后”“90 后”占据整体音

乐用户的 47%；超过 67%的用户喜欢评论音乐，并通过音乐与朋友交流；有 70%的用户愿意为高品质音乐付费。用户年轻化、互动社交化、付费化成为未来音乐市场的主流趋势。

而在网易云音乐，“90 后”用户的比例更是高达 59%，对互动社交的需求更为旺盛，在周杰伦的歌曲《晴天》底下，就留下了惊人的 50 多万条评论与互动。“90 后”追求个性，但更渴望圈子；他们从不在意别人的想法，但是想找到同类，产生共鸣。

3. 从乐评专列到新广告片，音乐的力量从未改变

与其他平台不同的是，网易云音乐一直以鲜明的“音乐社交”标签与年轻用户沟通，以连续的创新营销活动，持续诠释“音乐的力量”。

（1）乐评专列：乐评，让你看见音乐的力量。

网易云音乐从 4 亿条乐评中精选了上百条优质乐评，组成了全世界第一条乐评专列。当“理想就是离乡”“成功的速度一定要快过父母老去的速度”“谢谢你陪我校服到礼服”等这些乐评映入眼帘时，让挤在封闭拥挤的地铁中的上班族们找到了一丝慰藉，迸发出或治愈或奋进或催人泪下的力量，击中了疲于奔命的自己最后一道防线，产生了强烈的情感共鸣。

（2）音乐专机：起飞吧，音乐的力量。

飞机上限制使用电子设备，这让很多人的旅途显得非常沉闷。网易云音乐联合扬子江航空公司承包了一架飞机，为乘客们打造了一场名为“起飞吧，音乐的力量”的音乐盛宴。

网易云音乐从 4 亿歌单中筛选出 18 个播放量超千万的原创歌单，既有“震撼心灵的史诗音乐”等风格鲜明独特的歌单，又有“笑裂了!全是搞笑评论的歌单!”等诙谐搞笑的歌单，还有“一首歌让你回到中学时代”等怀旧走心的歌单。

（3）毕业放映厅：再见校园，音乐的力量伴你同行。

网易云音乐为鼓励毕业生勇敢地拥抱新生活，推出了“毕业放映厅”活动。在最受学生喜爱的 60 首歌曲中设置“彩蛋”，只要双指下滑，就可以进入黑胶唱片背后的“毕业放映厅”。

在“毕业放映厅”里，网易云音乐通过《毕业 · 寝室》《毕业 · 情侣》《毕业 · 散伙饭》三个短视频，再现并深挖成长、爱情、散伙的全过程。结合音乐开启一段校园回忆，触动人们心中最柔软的部分，传递勇气和力量。

网易云音乐以匠心打造音乐力量的态度也赢得了用户的认可。目前，网易云音乐用户数量已经突破 3 亿，iOS 端畅销榜稳居音乐第二。它的用户黏性极高，网易云音乐月消费能力高于 1000 元的用户占比高居行业第一。这次“音乐的力量”全新战役，帮助网易云音乐赢得了更多年轻人的芳心。

（资料来源：《销售与市场》管理版 2017 年 09 期　作者：罗时金）

消费者行为的特点：

（1）消费者行为的动机驱使性；

（2）消费行为参与者的广泛性；

（3）消费者需求的差异性；

（4）消费者行为的可诱导性。

1.1.3 消费心理学的产生与发展

消费心理学是研究消费者在生活消费过程中，特别是在日常购买行为中的心理活动现象及其规律的科学，也可以简单地说是研究消费者心理的科学。消费心理学是一门新兴学科，是心理学的一个重要分支，是消费经济学的组成部分。研究消费心理，对于消费者而言，可以提高消费效益；对于经营者而言，可以提高经营效益。

“消费心理学”这个词最早出现于1901年12月20日，是美国学者斯科特在美国西北大学做报告时提出的。当时，斯科特讲述了心理学应用于广告上的问题，他认为广告是对消费者有较大影响的宣传形式。其后，斯科特于1903年出版了《广告论》一书，这是第一部有关消费心理学的著作。20世纪70年代以来，有关消费者心理与行为的研究进入全面发展和成熟阶段，逐渐形成一个独立的消费心理学学科体系。其研究机构和学术刊物不断涌现，有关消费者心理与行为的理论和知识的传播日益广泛，消费心理学越来越受到社会各界的高度重视。

1.2 消费心理学的研究对象、内容与方法

1.2.1 消费心理学的研究对象

1. 市场营销活动中的消费心理现象

在市场营销活动中，经营者总是力图通过各种措施促使消费者产生购买欲望，并且使其购买行为向着有利于扩大销售的方向转化，而对于消费者而言，其作为消费心理外部表现的消费行为却并不一定与经营者的意愿相符合。因此，经营者在开展市场营销活动时，首先必须了解消费者特有的心理，以便能够选择适当的营销策略。

2. 消费者消费行为中的心理现象

在买卖过程中，由于买卖双方的利益不同，在交易形式、交易条件、交易内容上容易出现差异，从而导致心理冲突及行为冲突。因此，消费心理学把消费者购买行为中的心理现象作为研究的侧重点之一，易于更清楚地了解购买阶段的消费心理活动特征，为经营者采取措施化解心理冲突提供理论依据。

3. 消费者心理活动的一般规律

在市场上，消费者通过其市场行为表现出来的消费心理现象，往往体现了其个性心理特征。经营者不可能在所有的营销环节针对所有的消费者的个性心理一一采取对策，而是需要把握一定消费者群体在一定环境和条件下的一般心理规律。因此，消费心理学就是要通过分析伴随消费行为而产生的心理活动过程，进一步探索消费心理活动的一般规律。

1.2.2 消费心理学的研究内容

1．影响消费者心理及行为的内部条件

（1）消费者的心理活动过程。消费心理学通过研究消费者对商品或服务的认识过程、情感过程和意志过程的产生、发展和表现形式的规律性及三个过程之间的联系，发现消费者行为中包含的心理共性。

（2）消费者的个性心理特征。消费心理学通过研究消费者的个性心理特征，可以了解不同的消费行为产生的内在原因，掌握消费者购买行为和心理活动的规律，从而预测消费趋势。

（3）消费者购买过程中的心理活动。消费心理学在研究消费者需求与动机的基础上，进一步认识消费者的购买决策心理及由此而形成的购买行为和购买心理活动。

2．影响消费者心理及行为的外部条件

（1）社会环境对消费心理的影响。社会的物质、精神和制度等环境因素对消费文化有着不可估量的影响。一定的社会环境形成相应的社会消费文化，消费文化又制约着人们的消费行为。研究社会环境对消费心理的影响，其目的在于使经营者把握与消费者进行心理沟通的渠道。

在消费升级的大趋势下，中国消费市场正面临巨变。高端品类及单品快速增长，消费者不再仅仅进行产品消费，而是由生存型消费转向发展型消费，由产品消费转向服务消费，由规模化、标准化消费转向个性化、品质化消费。同时，零售业态正在发生重大变革。腾讯公司及京东公司的“超级物种”、阿里巴巴公司的“盒马鲜生”、小米公司的“小米之家”等都犹如雨后春笋般，在各大城市的线下商圈落地生根，运营的风生水起。“超级物种”“盒马鲜生”标志图如图 1-5 所示。

（a）“超级物种”标志图　　（b）“盒马鲜生”标志图

图 1-5 “超级物种”“盒马鲜生”标志图

（2）消费者群体对消费心理的影响。消费者群体的意识特征和行为准则对消费者个体的价值观念、消费方式和消费习惯有着重要的影响和制约作用。消费心理学研究消费者群体与消费心理的关系，有助于经营者针对目标市场的特征采取相应的营销策略。

（3）消费态势对消费心理的影响。消费态势是指社会群体心理倾向的某些典型状态和形势，如消费流行、消费习惯、消费习俗、感性消费和畸形消费等。研究消费态势对消费心理的影响，目的在于进一步认识社会环境因素作用于消费者群体时所产生的特殊但却有一定典

型性的消费心理现象。

（4）商品因素对消费心理的影响。影响消费心理的商品因素主要包括商品品牌、商品包装和商品价格等。消费心理学研究商品因素对消费心理的影响，目的在于帮助经营者更清楚地认识自己的营销策略与消费心理的关系。

（5）购物环境对消费心理的影响。购物环境能够影响消费者在购买过程中的心理感受，从而直接影响经营者对消费者的吸引力，进而影响其对市场的开发。消费心理学研究购物环境对消费心理的作用，可以为经营者安排购物环境提供理论依据。

（6）营销沟通对消费心理的影响。营销沟通是经营者为自己创造需要，吸引消费者的重要手段。营销沟通的手段主要有广告沟通、营销人员与消费者的直接沟通等。营销沟通可以使经营者与消费者建立起良好的沟通渠道和关系，顺利进行营销活动。消费心理学研究营销沟通问题，目的在于使经营者找到打动消费者心理的渠道。

[实例链接 1-3]

《梦幻西游》手游联合万达影城破壁次元

2019 年，《梦幻西游》手游和万达影城以跨界合作的方式，通过品牌之间的双向赋能，打通了线上虚拟场景与线下实体场景的次元壁，为用户带来了不一样的体验。

1. 用户破壁，洞察用户偏好，实现圈层融合

《梦幻西游》手游和万达影城的用户如何“相逢”的呢？

首先，在消费升级背景下，《梦幻西游》手游和万达影城是在物质需求之外的一种泛娱乐文化需求的代表，他们共同撑起了年轻人流行文化的一片天。

其次，他们的受众有着非常高的重叠性。对于《梦幻西游》手游这样的游戏而言，从游戏到动漫，再到同人小说，几乎覆盖了次元文化（ACGN）群体的所有偏好。

而万达影城的主要目标群体——年轻受众，绝大部分也都是 ACGN 的爱好者，他们在虚拟的线上场景与现实的线下场景之间转换，喜欢“放飞自我”，注重圈层社交，只有好玩有趣的文化才能真正地打动他们。因此，当自带趣味的游戏文化和多元化的影院文化相结合时，就碰撞出了新的能量。

在此基础上，《梦幻西游》手游联合万达影城在游戏之中推出了万事顺达服务器，通过特设服务器的方式，巧妙打通了万达影城线下用户与《梦幻西游》手游线上用户的连接渠道。同时，《梦幻西游》手游和万达影城还携手开启了爆米花节、观影活动及主题影院三大单元的联动活动，进一步激发年轻群体的共鸣。《梦幻西游》手游联合万达影城广告图如图 1-6 所示。

2. 地区破壁，渠道下沉恰逢其时

除品牌个性和受众的高度契合，《梦幻西游》手游和万达影城的合作也充分体现了互联网集体“下沉”的大趋势。尤其对于竞争激烈的手游行业而言，在移动用户红利正在消失，一二线城市已饱和的前提下，将发展目光转移到三四线城市是刻不容缓的战略调整。

万达影城恰好就是一个借力点。自 2014 年起，万达影城调整了其布局战略，开始下沉到三四线城市。经过近 5 年的发展，万达影城如今已经获得很高的城市覆盖率。

图 1-6　《梦幻西游》手游联合万达影城广告图

3. 体验破壁，从线上到线下的场景体验互通

对于年轻用户而言，无论是《梦幻西游》手游还是万达影城，本质上都是他们对于流行文化的一种消费。《梦幻西游》手游和万达影城打造了一个线上到线下的泛娱乐文化生态圈，用场景迁移帮助用户丰富了消费体验。

首先，福利奖励刺激用户热情支持品牌。

《梦幻西游》手游和万达影城通过举办“爆米花节”活动，用扫描获得游戏主题卡上的爆米花积分换取影院主题头像框等游戏道具福利，巧妙刺激用户主动支持品牌。

同时，用户只要进入万事顺达服务器并达到 40 级，即有机会抽取价值 7 500 元的《梦幻西游》手游梦卡套餐和价值 500 元的《梦幻西游》手游幻卡套餐。

其次，沉浸式场景迁移丰富用户体验。

《梦幻西游》手游和万达影城联手打造的主题影院令人颇为惊喜。

《梦幻西游》手游将游戏中的经典场景——长安酒馆搬到了影院，让观影用户能够获得沉浸式的游戏场景体验，同时也吸引了诸多线上的游戏用户，激发了玩家情感的共鸣。

此外，主题影院之中的试玩区、互动区等区域，也给了品牌和用户一个深度沟通的机会，既给《梦幻西游》手游用户带来了虚拟与现实的融合体验，还给万达影城的用户带来了新鲜感。

4. 商业破壁，双向释放品牌价值

在这次营销活动中，《梦幻西游》手游为万达影城提供了更直接有效的引流，并帮助其以更轻松、有趣的方式融入年轻人群体中，进一步提高用户参与感和体验感；而万达影城则为《梦幻西游》手游提供了更多线下场景化的支撑。

（资料来源：微信公众号：公关界的 007）

1.2.3　消费心理学的研究方法

1. 观察法

观察法是指调查者在自然条件下有目的、有计划地观察消费者的语言、行为、表情等，分析其内在的原因，进而发现消费者心理现象的规律的研究方法。观察法是科学研究中最一般、最方便使用的研究方法，也是消费心理学的一种最基本的研究方法。

观察法在消费心理学研究中主要应用于以下六个方面。

（1）对实际行动和迹象的观察。例如，通过对消费者购物行为的观察，预测某种商品的销售情况。

（2）对语言行为的观察。例如，观察消费者与销售人员的谈话。

（3）对表现行为的观察。例如，观察消费者谈话时的面部表情等身体语言。

（4）对空间关系和地点的观察。例如，利用交通计数器对来往车流量进行记录。

（5）对时间的观察。例如，观察消费者进出商店及在商店逗留的时间。

（6）对文字记录的观察。例如，观察消费者对广告的文字内容的反应。

观察法的优点：由于消费者不知情，没有心理负担，心理表现较自然，因而获得的资料较客观、真实和可靠。

观察法的缺点：由于未对消费者心理活动的产生和发展施加任何有意识的影响和控制，因而较难全面深入地了解和掌握其心理活动过程及规律性。所以，观察法有一定的片面性和局限性，要注重将其与其他研究方法配合使用。

[知识窗]

20 世纪 60 年代，美国学者威尔斯和洛斯克鲁曾在一家超市的菇类食品、糖果和洗衣粉等商品前进行了 600 小时的观察研究。从消费者进入这些商品柜台的过道开始，到离开过道为止，这两位学者非常耐心地观察了所有消费者及其与购买行为有关的活动，并做了 1500 条记录。事后，他们通过分析观察记录，研究了光顾这些商品的消费者构成、消费者性别及儿童所占的比例；当几个人同时前往商品柜台时，谁的言行对同行消费者的购买行为有影响；消费者是否考虑和比较商品的价格；消费者在购买前对商标和包装是否注意，等等。他们的这个研究实例，对消费心理学运用观察法进行科学研究颇有启发。

2．访谈法

访谈法是指调查者通过与消费者交谈，以口头信息传递和沟通的方式了解消费者的动机、态度、个性和价值观等内容的研究方法。

依据与消费者接触的方式，访谈法主要分为面对面访谈和电话访谈两种。

（1）面对面访谈。面对面访谈的优点：可以通过观察消费者的表情和动作获得更多有价值的信息；可以和消费者就某一问题进行深入探讨，从而发现和提出更多的问题；当消费者对某一问题感到模棱两可时，可以当场进行解释、补充；通过调查向消费者展示公司产品，起到广告宣传的作用；面对面访谈还可以作为一种感情投资，使消费者与经营者建立起情感联系。面对面访谈的缺点：调查者的偏见会影响资料的准确性，对调查者谈话技巧要求较高，有些消费者会产生压迫感，等等。

（2）电话访谈。电话访谈是指借助电话这一通信工具与消费者进行谈话的研究方法。一般是在调查者与消费者之间受空间距离限制，或者消费者难以或不便直接面对调查者时采用的研究方法。电话访谈的优点：经济、迅速，渗透性强，可以对难以面谈的消费者进行调查，可以涉及一些面谈时不便谈论的问题。电话访谈的缺点：往往受到电话设备、通信网络的限制；时间短促，仅能回答简单的问题。

3．问卷法

问卷法是指请消费者书面回答问题；或者预先编制好问卷，请消费者口头回答，调查者记录的研究方法。

问卷法是消费心理学研究常用的方法之一。该方法适用于了解消费者购买行为的购买动机、购买态度和消费者性格、价值观等。该方法要求消费者态度认真、回答明确、表达清楚。该方法的优点是短时间内可以得到范围广泛的材料，缺点是不容易对这些材料进行重复验证。

[知识窗]

在编制问卷时，调查者采用何种提问方式要根据研究课题的性质而定，同时要尽量使问卷的答案便于做统计处理和分析比较。提问的方式有封闭式提问和开放式提问两种。前者要求消费者从给出的答案中进行选择，后者要求消费者在每个问题后面的空格内任意填写，不做限制。例如，问："你对抽烟是赞成还是反对？"要求消费者在（　）内打"✓"或"×"，然后统计出赞成和反对的人数，这便是封闭式提问。问："你喜欢什么面料的夏季服装？"并不给限定的被选答案，要求消费者根据自己的生活习惯列出自己喜欢的面料，最后判断哪种面料最受欢迎，这便是开放式提问。

4．综合调查法

综合调查法是指在市场营销活动中采取多种手段取得有关材料，从而间接地了解消费者的心理状态、活动特点和一般规律的研究方法。根据不同的目标和条件，其可以采用邀请消费者座谈、举办新产品展销会、产品商标广告的设计征集、消费者意见箱、销售时附带消费者信息征询卡、特邀消费者对产品进行点评、优秀营销者总结经验等手段。

讨论

目前，由于网络技术的应用，综合调查法中的一些手段已经面临淘汰，但同时出现了一些新型的手段，试举例说明。

____

____

5．实验法

实验法是指在严格控制的条件下有目的地对消费者给予一定的刺激，从而引发其某种反应，进而加以研究，找出消费者有关心理活动规律的研究方法。实验法实质上是一种有控制的观察，弥补了观察法的被动性。实验法包括实验室试验法和自然实验法两种。在研究过程中，两种方法往往配合使用，以便取长补短。

6．投射测验法

投射测验法是指透过消费者表面的防御，而探寻其真实心理的研究方法。要弄清楚消费者的真实想法，有时很难。在回答为什么买或为什么不买某种产品的问题时，消费者往往给予使自己的行为合理化和合乎社会需要的回答，如太贵或便宜、太庸俗等。这些回答并不能代表他们真实的动机。这时就应采取投射测验法，尽量减少消费者的顾虑和社会压力。常用的投射测验法是角色扮演法。

[实例链接 1-4]

速溶咖啡的角色扮演法测验

著名的角色扮演法测验案例是美国关于速溶咖啡的购买动机研究。速溶咖啡在上市之初并没有被消费者接受，大家对这种省时、省事的产品并不感兴趣。美国心理学家海尔曾用问卷法进行调查，结论是消费者不喜欢这种咖啡的味道。然而，这个结论是没有依据的，因为速溶咖啡与新鲜咖啡的味道是一样的。后来，海尔采用角色扮演法编制了两种购物清单，如表 1-1 所示。其中只有一项内容不同，购物清单 A 上写的是速溶咖啡，购物清单 B 上写的是咖啡豆。然后把这两种购物清单分别发给两组妇女，请她们描写采用不同购物清单的家庭主妇的特征。经测验发现，两组妇女对家庭主妇的评价截然不同。

表 1-1　海尔编制的两种购物清单

购物清单 A	购物清单 B
1 听郎福特发酵粉	1 听郎福特发酵粉
2 只油煎饼面包	2 只油煎饼面包
1 捆胡萝卜	1 捆胡萝卜
1 听内斯速溶咖啡	1 磅（1 磅≈0.454 千克）咖啡豆
1 磅半汉堡牛排	1 磅半汉堡牛排
1 听德尔蒙特桃子罐头	1 听德尔蒙特桃子罐头
5 磅土豆	5 磅土豆

购买速溶咖啡的主妇被大家视作贪图方便、省事、懒惰的人，生活毫无计划，喜欢花钱，不是个好妻子；而购买咖啡豆的主妇则被大家评价为勤快的、有经验的、会持家的主妇。因此，不喜欢速溶咖啡的真正原因找到了，这个原因不在于味道，而是一种传统观念的问题。在当时的社会背景下，美国妇女认为担负繁重的家务是一种天职，而逃避劳动是偷懒的行为。大家不接受速溶咖啡正是基于这种深层次的购买动机。由此得知，公司要改进的不是产品的味道，而是如何进行广告宣传。后来，公司改变宣传策略，打消了消费者省力的心理压力，产品随即成为畅销品。今天，速溶咖啡不仅是西方国家的通用饮料，也逐渐成为很多中国人的家庭饮料。

消费心理学的研究方法：
（1）观察法；（2）访谈法；
（3）问卷法；（4）综合调查法；
（5）实验法；（6）投射测验法。

讨论

假设某手机企业要开发校园市场，你认为可以采取哪些研究方法来了解学生的手机消费心理？

____

____

1.3　消费心理学研究的意义

消费心理学研究的意义如下：

（1）有助于企业根据消费者需求变化开展生产经营活动，提高营销活动效果和竞争力。

企业为了在激烈的竞争中立于不败之地，必须千方百计地开拓市场，借助各种营销手段争取消费者，研究并满足消费者多样化的需求，不断扩大和巩固市场占有率。例如，三只松鼠公司在设计包装时注重了消费者的消费体验：袋子上的松鼠稚嫩可爱；袋子上的提示语“主人，我是鼠小袋，吃的时候记得把果壳放进袋子里哦”，轻松有趣。三只松鼠个性化包装如图 1-7 所示。

图 1-7　三只松鼠个性化包装

（2）有助于消费者提高自身素质，科学地进行个人消费决策，改善消费者行为，实现文明消费。

加强对消费者心理与行为的研究，传播和普及有关消费者心理与行为的理论知识，可以帮助消费者正确认识自身的心理特点和行为规律，全面了解消费者应具备的知识、能力等，掌握科学决策的程序和方法，懂得如何以较少的花费获取更多的收益，从而改善、美化生活，提高生活质量。例如，一些不法保健品商家针对老年人开展“免费体验”“免费旅游”“免费送礼品”等活动，利用老年人贪图小利、盲目决策的弱点，引诱老年人，以达到高价推销低廉货、次货、陈货的目的；还有一些商家利用消费者的从众心理，采用雇佣“托儿”的手段使一些消费者上当受骗。

（3）有助于推动中国企业尽快加入国际经济体系，开拓国际市场，增强国际竞争力。

当今是开放的时代，对外贸易业务成为很多企业的支柱。但不同国家、地区、民族的消费者在消费习惯、需求、爱好、禁忌，以及道德观念、文化传统、风俗习惯等方面存在很大的差异。如果企业不了解这些差异，不仅无法使自己的产品在国际市场上占有应有的份额，甚至可能引发政治争端。例如，红色包装在中国和日本是喜庆的象征，在瑞典和德国则被视为不祥之兆；阴阳八卦图对西方人而言没有任何意义，可东方人却很容易把它跟道教联系起来，其中韩国人则把它视为喜爱的标志。这些跨文化的研究，对中国企业进一步开拓国际市场，增强国际竞争力，具有十分重要的意义。

知识练习与思考

1. 填空题

（1）1879年，德国哲学家、生理学教授（　　　　）在德国莱比锡大学建立了世界上第一个心理实验室，从此心理学脱离哲学而成为一门独立的科学。

（2）心理学研究的主要内容概括起来分为（　　　　）和（　　　　）两个方面。

（3）（　　　　）是科学研究中最一般、最方便使用的研究方法，也是心理学的一种最基本的研究方法。

（4）消费心理学是研究消费者在（　　　　）过程中，特别是在日常购买行为中的（　　　　）的科学。

（5）实验法包括（　　　　）法和（　　　　）法。

2. 判断题

（1）对人类消费活动中的心理规律和行为表现的研究，构成了消费心理学研究的基本内容。（　　）

（2）消费是指人类通过购买消费品来满足自身欲望的一种经济行为。（　　）

（3）消费者行为具有可诱导性，所以不受消费者的动机驱使。（　　）

（4）消费心理学的研究角度趋向单一化，主要研究消费者的行为特点。（　　）

（5）访谈法和问卷法是消费心理学研究方法中合理、科学的方法。（　　）

3．复习思考题

（1）心理学的主要研究内容是什么？
（2）消费者行为的特点有哪些？
（3）消费心理学的研究内容有哪些？
（4）消费心理学的研究方法有哪些？

职业技能训练

1．思维训练题

“外卖”的世界

一个辍学的孩子到城里找工作，后来找到了一份送“外卖”的工作。工资不高，但很辛苦，忙碌的时候一天得送 60 份外卖。

他瘦小又腼腆。熟悉他的人问他：“你是不是不想上学，所以来打工的？”他说，“不是，我是为了赚钱”。这个回答让人惊讶。原来，他母亲病了，常年药物不断。父亲是个残疾人，在集镇上摆了一个烧饼摊。他是家里的顶梁柱。他一直就在那家外卖平台干。他有过许多新伙伴，但他们都干不长，少则 1 个月，多则 3 个月，他们都受不了那里工作的辛苦而纷纷跳槽。

他干了 6 年。远近市场的商贩们几乎都认识他，直到有一天，有一个女孩问他：“你每个月赚多少？”他红着脸说：“4000 元。”她不信，“怎么可能只赚 4000 元呢？”他说自己只是个送外卖的。有些人并不相信。他笑了笑。几个月后，他辞去了送外卖的工作，开了一家家政服务公司。城里家政服务公司有很多，竞争激烈，不会有太多的生意，但是他的公司却生意兴隆。其实原因很简单，他在送外卖的 6 年中认识了几千位生意人。生意人是城里最需要家政服务的群体，而他给他们留下了很好的印象。当他在城里开起第 4 家连锁公司，资产像滚雪球一样增长时，认识他的人都觉得不可思议：一个送外卖的孩子，怎么可能单枪匹马在无缝可钻的市场中脱颖而出？他自己说：“很少有人会送 6 年的外卖，在这个城里有吗？”道理竟然简单得让人难以置信。

问题：从这个故事里你读懂了什么道理？

2．案例分析题

靠一把梳子年入 3 亿元，谭木匠是如何做到的

有这么一个品牌，它立志将业务做到全球，是创业大军中的一员，23 年来却始终坚持只做一样产品——梳子，靠着这一把梳子年入 3 亿元，还在全国开了 1000 多家店，并且于 2009 年完成了港交所上市，创始人也成了名副其实的“木梳大王”。

它就是“谭木匠”。谭木匠广告如图 1-8 所示。

一、差异化定位，区分同行

谭木匠能够在千千万万的同行业品牌中脱颖而出，离不开它的独特定位。

1. 定位为高级木梳

梳子是极为普通的产品，不太适合做大生意，生产企业大部分都是小企业，无法形成规模，并且生产出来的产品大多样式单一、毫无特色，仅能满足人们的功能性需求。

但梳子又是人们的必需品，从某种意义上来讲，它具有极大的市场潜力，尤其是高端市场可以说是一片空白。谭木匠从一开始就将其定位为高端产品，目的是抢占高端市场。

图 1-8　谭木匠广告

2. 特色化装修，区别同类品牌

和大多数同类产品出厂后进入超市、精品店相比，谭木匠有自己专门的门店。不过初期门店小、装修差，完全不足以体现其高端形象。

后来谭木匠对门店进行了重新设计和装修。装修后的门店虽然依旧不大，但是富有中国传统文化的复古元素、古色古香的设计，以及既传统又现代的基调让消费者路过时都忍不住驻足观看。

3. 高定价，形成价格壁垒

谭木匠的高端定位决定了其价格不可能过低，适当地高于同类产品的价格可以凸显其高级感。同时，为突出品牌感，谭木匠全国所有门店的同系列产品价格统一，且不存在讨价还价的可能，这很符合专卖店的经营规律。

谭木匠通过清晰的市场定位、价格定位等形成了自身独特的差异化，以做品牌的形式来做产品。因此，在产品众多且同质化的当下，谭木匠凭借着差异化脱颖而出。

二、加大营销力度，提升品牌辨识度

在消费升级的今天，一批又一批年轻的消费者成了消费主力军。他们不再满足于品牌的单一功能，更喜欢有温度、有情怀、有故事的品牌；他们对传统文化的接受度和忠诚度也远远超出我们的想象。

1. 讲好故事，赋予品牌文化价值

谭木匠在每一个专卖店里都装裱一段“家史”，细数谭木匠的文化底蕴，极具文化情怀。在各个节日期间，还会开展多种多样的营销活动，向消费者传递其情怀。例如，在母亲节期间，举办了“梳情花园”主题展，通过给妈妈梳头的活动，让消费者感受母爱的同时，也记住了品牌。

另外，谭木匠还根据自身产品的特点，结合中国传统文化，提炼出了从“我善治木”到“我善治本”的由“术”上升至“道”的品牌理念，将其与产品完美融合，建立起与消费者更深层次的情感连接，从而增强消费者对谭木匠品牌的忠诚度。

2. 跨界联合，保持新鲜感

在国际上，与迪士尼《花木兰》合作，由此设计出的联名款“木兰梳”在保证实用性的同时，还在很大程度上根据历史还原了其原型，让消费者感受到千年的文化传承。

在国内，谭木匠曾与网易云音乐平台进行合作。2018 年 9 月，谭木匠与网易云音乐平台、洛客平台共同发起了“如果梳子会音乐”设计大赛。最终设计出来的产品由于符合年轻人的喜好，所以更懂年轻人，也更受年轻人的喜爱。

谭木匠通过打造品牌文化赋予木梳情感价值，向消费者传递品牌温度，并利用多种营销手段增加品牌曝光度，最终达到了扩大品牌影响力、保持品牌新鲜度的目的。

三、以品质打造“护城河”

品质是品牌的根本，尤其对高端品牌来说，品质决定了消费者的去留。谭木匠的产品品质从选材开始就有了保障。

选材上，谭木匠对原材料把控非常严格，要求精选上等材料，从而保证自身产品与普通产品形成区分。

设计上，谭木匠除自身拥有设计师外，还通过征集设计的方式，收集民间创意。这样一方面可以提升谭木匠的知名度，另一方面可以节约成本，更能符合消费者的喜好。

做工上，谭木匠木梳主打手工制作，每一把梳子都要经过四十多道工序而成，不仅漂亮，而且由于将传统工艺与现代技术相结合，因此保证了产品具有防静电、保健、顺发等功能。

外观上，谭木匠的梳子形状各异，并根据不同主题绘制了各种图案，让消费者爱不释手。

包装上，高档木梳有专门的礼品盒；普通木梳则有黑色或蓝底白花中式小布袋，极具中国传统特色。

谭木匠，在精准洞察年轻消费群体情感需求的前提下，不断前行在“做全世界的一把梳子”的道路上。在这条道路上，它始终传播中国传统文化，向世界展示中国传统工艺之美。

（资料来源：品牌内参（ID：brand180）　作者：叶子栋）

问题：

（1）为了影响消费者的消费心理和行为，谭木匠是如何对产品进行差异化定位的？

（2）谭木匠从哪些角度保障产品的品质，与竞争者的产品形成了差异化？

3. 章节综合实训

学生手机消费心理分析

实训目的：

熟练掌握消费心理学的研究方法；对学生在购买手机过程中的消费心理表现进行分析，并有针对性地对手机的推广提出建议。

实训课时：

4 课时。

实训步骤：

（1）分组，每 5～6 人为一组，并对小组成员进行分工；

（2）撰写调研计划；

（3）编制调研问卷；

（4）实施调研；（注意不同消费心理学研究方法的应用，以及照片、录像资料的收集。）

（5）汇集问卷资料；

（6）撰写调研报告；

（7）制作调研报告 PPT；

（8）各组汇报；

（9）教师点评。

实训条件：

备有计算机的多媒体实训室。

实训要求：

项　目	内容要求	分值比例
调研计划撰写	注意团队分工，以及实施的可行性	10%
调研问卷编制	注意问卷的有效性	10%
调研报告撰写	注意数据分析，合理使用图表，应对现状提出建议	30%
PPT 制作	注意文字、图片、视频等的使用	20%
汇报	汇报视频录像一份；现场汇报，注意展示效果	30%

名人名言

营销是满足客户需求并为其创造价值的学问，是平衡社会需求的学问，是一门颇具挑战性、实战性的学问。

——营销专家陈放

第2章

消费者的心理活动过程

知识要点

- ❖ 消费者的感觉、知觉、注意、记忆、思维、想象、情绪和情感、意志的含义及特征
- ❖ 消费者的认识过程在消费心理活动过程中的影响
- ❖ 消费者的情感过程在消费心理活动过程中的影响
- ❖ 消费者的意志过程在消费心理活动过程中的影响

能力要点

- ❖ 能够充分利用消费者的感觉、知觉、注意、记忆、思维、想象、情绪和情感、意志的特征，激发其消费需求
- ❖ 熟练掌握消费者认识过程、情感过程和意志过程，制定营销策略，开展营销活动

导入案例

奥利奥：畅销 107 年，卖出 4900 亿块

图 2-1　奥利奥饼干广告

“扭一扭、舔一舔、泡一泡”，听到这句话，大多数人都会想起奥利奥饼干。这块小小的夹心饼干，已经成为许多出生于 20 世纪 80 年代和 90 年代的人的童年记忆。奥利奥饼干广告如图 2-1 所示。

凭借这句广告语，奥利奥饼干成为美国最畅销的饼干，并随后火遍全球。“扭一扭、舔一舔、泡一泡”三步曲，让人们在食用奥利奥饼干时有了一种独特的仪式感，并享受着温暖愉悦的时刻。

1. 经典口味之外，奇葩口味不断出现

奥利奥饼干的经典口味是奶油夹心口味。此外，仅在美国销售的奥利奥饼干，其口味就多达 40 多种，如瑞典鱼味、拉面味、炸鸡味等。而在中国，它也推出了山楂味、绿茶味、叉烧味等。

奥利奥饼干的口味创新有明显的地域性，公司会根据当地人的饮食习惯，选择特定食材进行生产。这样使奥利奥饼干融入鲜明的文化属性，从而有助于其在各个地区脱颖而出。

公司推出新口味时，注重消费者的参与。在国外，公司会在社交网站上向消费者征集创意口味，并会依据美味程度、创意性和原创性评选出 3 个最佳设计，口味发明者在第 2 年 5 月就可以见证自创的新口味正式上市。

在国内，2017 年曾有消费者希望能生产出一款自己喜欢的芥末味，2018 年 8 月，公司就推出了芥末口味，还宣布正式开启“玩味计划”，每年都将推出由消费者创造的新口味。

2. 活用产品特点，营销创意多样

2017 年，公司推出了“奥利奥音乐盒”，放上奥利奥饼干它就能播放音乐，咬一口奥利奥饼干它就能换首歌……在天猫平台刚一上市，2 万个奥利奥音乐盒就被抢购一空。

2018 年，公司推出了 2.0 版本“奥利奥打碟机”，打出“一口奥利奥，神曲任你造”的口号，再度掀起了一波热潮。

在众多的营销创意中，最精彩的还是公司设计的奥利奥 100 周年系列海报。

奥利奥诞生于 1912 年，到 2012 年刚好 100 年。公司选择了这段历史中的标志性事件，并用奥利奥饼干表达出来。例如，1912 年《白雪公主与七个小矮人》被创作出来，1953 年人类征服珠峰，1992 年短消息诞生……

这一系列海报，运用奥利奥饼干和搭配的牛奶，表达出品牌的历史感，突出了百年老店的感觉。同时也告诉人们，这一百年来奥利奥一直陪伴在身边，消费者在怀旧之余，也倍感温馨。

3. 跨界联名，借势营销的一把好手

2019 年 5 月，公司联名故宫，以国内各地的胡椒、山楂、绿茶、玫瑰、叉烧、红豆、荔枝 6 种食材，推出了 6 种“御用口味”的宫廷饼干，从包装设计到口感，都散发着浓郁的中国风，韵味十足。

为了宣传这一系列饼干，公司还发布了一部短片，展示了用 10 600 块奥利奥饼干建成的故宫及日光变换的场景。这美丽的景致令许多消费者为之动容。

公司的联名营销，也曾延伸到了影视剧领域。公司曾和知名美剧《权力的游戏》联名，推出特别的奥利奥饼干款式。在饼干上印上剧中的标志性图案，这对消费者有强烈的吸引力。

公司打造出好吃又好玩的产品、好看又有社交属性的包装，再加上锦上添花的外围营销传播，无疑增加了产品的附加值。

（资料来源：微信公众号：营销头版（ID：mkt2000）　作者：徐立）

【头脑风暴及实践应用】

头脑风暴：

公司通过哪些营销方式影响了消费者的心理活动过程？

实践应用：

选择两家你熟悉的食品超市，对奥利奥饼干的销售情况展开调研，了解消费者对该产品的接受程度；你认为奥利奥饼干在品种和包装上与同类产品相比，有何特色？

消费者的心理活动过程即消费者的心理活动发生、发展的过程，是支配其购买行为的心理活动的全过程，是消费者不同的心理现象对客观现实的动态反映，通常包括认识过程、情感过程和意志过程三个阶段。奥利奥饼干的成功推出受到广大消费者的欢迎恰恰体现了消费心理活动过程。因此，研究消费者在购买行为中发生的心理活动过程，对企业了解消费者心理变化，从而采取相应的心理策略有很大的帮助。

2.1 消费者的认识过程

消费者的认识过程是指消费者在消费过程中通过感觉、知觉、注意、记忆、思维和想象等形式对商品或服务等外部信息加以接收、整理、加工、存储，从而形成的综合性认识过程。消费者的认识过程直接影响着消费者对消费需求的认识，以及消费者潜在需求是否能向现实需求进行转化。

消费者的认识过程包括感觉、知觉、注意、记忆、思维和想象等过程。

2.1.1 消费者的感觉与消费心理活动过程

1. 感觉的含义

消费者的感觉，是商品的个别属性（颜色、气味、味道、凉热、分量等）作用于消费者不同的感觉器官（眼、耳、鼻、舌、皮肤），刺激了消费者的视觉、听觉、嗅觉、味觉和触觉，通过传入神经到达大脑皮层的神经中枢，形成了对这种商品的主观印象。消费者对商品世界的认识过程，是从感觉开始的。例如，茶道讲究的是与茶艺者围桌而坐，一同赏茶、鉴水、闻香、品茗，耳闻琴声缭绕，领略茶的色、香、味、滋、韵，共同接受美的熏陶，享受茶艺的温馨和愉悦。古人品茶图如图 2-2 所示。（该图来源于网络）

图 2-2　古人品茶图

2．感觉的特征

感觉具有感受性、适应性、对比性、联觉性等特征。感觉的运用对研究消费者心理具有重要的影响。

（1）感受性和感觉阈限。感受性是指感觉器官对适宜刺激的感觉能力，通常用感觉阈限的大小来度量。一般来说，感觉阈限值越低，感受性就越大；感觉阈限值越高，感受性就越小。例如，一种商品的价格上涨或下降 1%～2%时，消费者可能毫无察觉，但如果调幅达 10%以上，则会立刻引起消费者的注意。

不同的商品因效用、价格等特性不同，消费者对其有不同的差别感受性。例如，一辆汽车价格上调几百元甚至上千元，消费者往往并不注意，而日常生活中的柴米油盐提价几角钱，消费者却十分敏感。了解消费者对不同商品质量、数量、价格等方面的差别感受性，对合理调节消费刺激量，促进商品销售具有重要作用。

（2）感觉的适应性。随着刺激物持续作用时间的延长，消费者因接触过度而造成感受性逐渐下降，这种现象叫做感觉适应。消费者的感受性会受到时间因素的影响。例如“入芝兰之室，久而不闻其香；入鲍鱼之肆，久而不闻其臭”，就是感受性的降低。

要使消费者保持对消费刺激较强的感受性，企业要经常变换刺激物的表现形式，调整消费刺激的作用时间。例如，采用连续时间内播放同一产品的系列广告或间隔时间播放同一内容的广告，定期进行门店装修、改变内部布局及商品的陈列，变换商品的包装、款式和色调，推出新的产品及服务，开展不同的促销活动等。

（3）感觉的联觉性。人体各感觉器官的感受性不是彼此隔绝的，而是相互影响、相互作用的，即一种感觉器官接受刺激产生感觉后，还会对其他感觉器官的感受性产生影响，这种现象就是联觉。消费者在同时接受多种消费刺激时，经常会出现由感觉间相互作用引起的联觉现象。例如，在进餐时赏心悦目的各色菜肴会使人的味觉感受增强。冬天穿红色衣服使人感到温暖，夏天穿白色衣服则使人感到凉爽。

[实例链接 2-1]

“帆布包里的 LV”，全球仅此一家，凭啥这么牛

一泽帆布于 1905 年（明治 38 年）创立，与日本其他百年老字号相比，它只是刚刚跨越一个世纪，还算“年轻”。这个 100 多年的品牌被外界称为“帆布包中的 LV”，其帆布手作文化深入人心。一泽帆布包广告图如图 2-3 所示。

图 2-3 一泽帆布包广告图

该品牌是由创始人一泽喜兵卫从一台缝纫机起步的；第二代掌门人一泽长次郎开始缝制工具帆布包，并开始在京都小有名气；如今的一泽信三郎已经是该品牌的第四代掌门人，1988 年他从新闻社离职后继承家业，将品牌从工具袋的形象转向满足大众消费需求的一泽帆布包。

一泽信三郎一直坚持前店后厂、自产自销的生意理念，坚持不在网上售卖，还坚持不开设分店。如同爱马仕一般珍贵的它，只要被买走便终生保修！

1. “帆布包中的 LV”，无可复制

自创立以来，一泽家对于核心面料帆布，始终只选上等优品。每平方米重 228 克以上，用棉或麻以特定织法完成的厚面料，才能成为“一泽限定”帆布。

缝制帆布用的线也经过了严格挑选。缝制时磨损很小，使用时间越长反而越紧实。为了和帆布的颜色完美搭配，线也专门染成一泽限定的颜色。

在剪裁上选择立体剪裁设计。包的底部缝制成倒 T 形，这看似简单，却可以保证即使放置较重的物品，也不影响包袋的外观。

另外，30 多种金属配件里也有一泽限定款，如以经典包型为蓝本设计的拉链头、印制了“布包”字样的纽扣等。一泽家希望帆布包除扎实的功能性外，也有潜藏在细节里的创意。

而价格方面，作为“帆布包中的 LV”，其价格相对于普通帆布包来说并不便宜，价格在 0.6 万～3.8 万日元（约合人民币 360～2288 元）之间。产品全都分为大、中、小三个尺寸。

一泽帆布包最初是走功能型路线，如今将传统手艺与时尚相融合，推出覆盖不同场景、不同年龄、不同职业的各种使用需求，从几大经典品类扩充到了各式各样的手提包、单肩包、双肩包、小钱包、渔夫帽、围裙、笔袋等上百种品类。

沿袭日本素雅低调的风格，手作匠人们严格把关帆布的质感、布料的颜色，让简约却不简单的一泽帆布包真正走进了消费者的心中。

2. 帆布包的霸道与深情，缘起匠心

除情感因素外，一泽信三郎坚持使用脚踏缝纫机而不用全自动缝纫机，还因为它可以最大限度地保持匠人的自主性。

裁布的剪刀人手一把，各属专人所有。剪刀越短，资历越长。用一段时间后磨损变钝，就送去剪刀铺磨锋利些。久而久之，一把剪刀会随着职员的使用越磨越短，成为辛苦劳作的象征。

门店共有两层，一楼摆放各式帆布包袋，二楼则是职员们制作包袋的场所，摆放着多台缝纫机。

一泽帆布共有职员 70 余人，年纪最长的已经 70 多岁，最小的 22 岁。他们每两人为一组，每天全手工限量制作布包。有资质的专家负责缝纫，他们经验丰富；学徒负责标记材料并将金属部件固定到袋子上。让人惊讶的是，学徒一般要花 7～8 年的时间才能使用缝纫机。尽管如此，据说想加入这个团队的年轻人络绎不绝。

一泽信三郎曾说：“不知道 100 年后，‘布包’这个词还会不会出现在汉和词典里；也不知道本公司的帆布包会进化到什么程度。但如果在 100 年后，手工职员还可以持续以这种形态工作的话，真地会很感激。”

（资料来源：微信公众号：“创变岛”）

3. 感觉在营销活动中的作用

感觉在企业营销活动中的作用有以下几点。

（1）感觉使消费者获得对商品的第一印象。商品的生产者和经营者，应在色彩、大小、形状、质地、价格等方面精心策划自己的产品，用灯光、音响、色彩、气味来刺激消费者，给消费者创造优雅的购物环境，从而达到招徕消费者和促销的目的。例如，肯德基 54 层法风烧饼的广告很好地利用了消费者感觉的作用，如图 2-4 所示。

图 2-4　肯德基 54 层法风烧饼广告

肯德基早餐法风烧饼版——电梯篇

（2）信号的刺激强度要使消费者产生舒适感。消费者的感觉都存在舒适性的问题，销售现场过强的灯光、过大的声响、杂乱无章的布置等超强刺激因素均不会给消费者以舒适感，从而会减少消费者在购物中逗留的时间。

（3）感觉是引发消费者某种情绪的诱因。营业现场给消费者施加不同的刺激，会引起他们不同的情绪感受。例如，轻松优雅的音乐、协调的色调、适当的灯光、商品的陈列造型、营销人员的亲切微笑等，都能给消费者以良好的感觉，从而引起他们愉悦的情绪和心境。此外，商品的包装、广告的设计等都应使消费者产生良好的感觉，引导消费者进入良好的情绪状态，才会更有效地激发消费者的购物欲望。

讨论

假设你是一位超市的经营管理者，为使消费者产生良好的消费感觉，你将在夏季和冬季对环境做出哪些调整？

夏季：____

冬季：____

2.1.2　消费者的知觉与消费心理活动过程

1．知觉的含义

知觉是人脑对直接作用于感觉器官的客观事物的整体反应，是消费者在感觉基础上对商品总体特性的反应。知觉有空间知觉、时间知觉、运动知觉、社会知觉、错觉等。知觉的意义在于消费者知觉到某一商品的存在，并与自身需求相联系，从而做出购买决策。例如，当消费者对某件衣服的色彩、大小、手感等个别属性有所反应时，可以说对这件衣服有了感觉。当他对这件衣服形成比较完整的印象时，衣服的色彩、大小、手感等属性在其头脑中已经有了综合的反应，这时可以说消费者有了知觉。

2．知觉的特征

（1）知觉的整体性。消费者在感知某一商品时，总是把它作为具有一定结构的整体去认知，而不会把它感知为许多个别的、片面的、孤立的部分。例如，消费者在购买家具时，不仅注意家具的材料、颜色或款式，而且会把商场的装饰设计、营业员的言谈举止、商场的售后服务等多种因素综合在一起，形成对家具的整体印象，并最终影响其购买决策。

（2）知觉的选择性。知觉的选择性是指消费者有计划、有选择地感知一定的商品或服务对象。例如，消费者主动收集会让自己愉悦或自己认为有价值的信息，回避那些令人不快或带有威胁性的营销刺激，这种信息的过滤就与知觉的选择性有关。

（3）知觉的理解性。知觉的理解性是指消费者根据已有的知识和经验对知觉对象进行解释的过程。例如，消费者见到“真诚到永远”的字样，自然会想到海尔品牌周到的售后服务。海尔品牌标志图如图 2-5 所示。

图 2-5　海尔品牌标志图

（4）知觉的恒常性。知觉的恒常性是指知觉的条件在一定范围内改变时，知觉的印象仍保持相对不变。在商品经营活动中，要特别注意培养消费者对企业或商品的良好知觉，这种良好的知觉一旦形成，即使企业或商品出现偶然的失误，消费者也会给予谅解，否则，消费者一旦形成消极的知觉则很难改变。

[实例链接 2-2]

坚果：把名人变为免费代言人

2015 年 8 月，北京锤子数码科技有限公司（以下简称锤子科技）发布了“小锤子”之称的坚果 U1。相比于 2014 年的锤子 T1，U1 无论是产品还是 Smartisan OS 2.0 系统都没能吸引大众的目光，与此同时，创始人罗永浩本人的演讲风格也变得谦逊拘谨。

虽然大众对本次锤子科技发布会褒贬不一，但有一点毋庸置疑，其“漂亮得不像实力派”系列海报的传播策略尤为成功：借助丘吉尔、海明威、海蒂·拉玛等历史名人的形象（见图 2-6），对那些以貌著称但不靠脸吃饭的名人表示敬仰，也意在影射坚果 U1 美观且实用的产品特性。锤子科技官方发布了海报生成器，供网友利用模板为自己的偶像自制同样主题的海报。微信、微博、知乎、贴吧等社交平台均有不少网友利用此模板制作海报，起到了非常好的传播效果。

（a）海明威形象海报　　（b）海蒂·拉玛形象海报

图 2-6　锤子科技“漂亮得不像实力派”海报

其中，有网友利用高晓松的头像制作成海报并发布在微博上，被误以为是锤子科技官方发布的。罗永浩在第一时间转发这个海报并向高晓松道歉。两人因海报事件在微博上互动，留言近 10 条；网友转发量达数万条，把“海报门”推向了高潮。

从增加品牌曝光度角度来讲，锤子科技通过该事件无疑收获颇丰。而这一切都要归功于海报生成器。海报生成器不但主题有着明确的调性，而且操作简单，文案易于仿写，从而为网友提供了一个表达对偶像敬仰的平台，并且无形中使得无数名人成了坚果手机的免费“代言人”。

（资料来源：笨点调研 http://www.ceidea.cn/show.asp？showid=1451）

3．错觉现象

人们在知觉某些事物时，可能受背景干扰或某些心理原因影响，往往会产生错误的认知，这种对客观事物不正确的知觉称为错觉。错觉的种类有很多，常见的有长短错觉、大小错觉、图形错觉、颜色错觉、运动错觉和时间错觉等。错觉现象在生活中十分普遍。例如，对于同样身高的男人和女人，人们总是认为女人比男人要高一些；房间里如果装上一面镜子，就会显得宽敞很多等。

企业应了解错觉对消费者感知客观事物的影响，掌握错觉原理并在广告宣传、包装设计、橱窗布置及货架排列等市场营销中巧妙地加以运用，从而满足消费者的心理需求。例如，绿色瓶装的啤酒会给消费者清爽的感觉，而黄色瓶装的啤酒则给消费者富含营养的感觉；深颜色、竖条纹的服装会使身材矮胖的消费者显得苗条，而浅色、横条纹的服装则使细高个的消费者显得丰满。

讨论

2015 年 1 月，天津狗不理集团全资子公司获得高乐雅咖啡品牌在中国的永久使用权。高乐雅咖啡目前是澳大利亚最大的专业咖啡零售企业，在全球 42 个国家和地区拥有 1000 多家门店。你对包子与咖啡的这一合作是否看好？为什么？

____

____

4．知觉在营销活动中的作用

（1）知觉能引导消费者选择自己所需要的商品。有良好知觉的消费者走近营业现场后，会很快地找到欲购商品的柜台，同时能积极主动地在琳琅满目的商品中选择出所要购买的商品。因此，营销者可在柜台布置上，利用灯光的照射使摆放在货架上的商品更加高贵、典雅，广告中的背景音乐、色彩搭配等手段的衬托，会加深消费者对商品的知觉。

（2）知觉能带动消费者做出购买商品的理性决策。知觉的理解性在消费者购买商品时起着重要作用。例如，具有求实、求廉心理的消费者，在购买商品时注意的是商品的实际功能对于人们需求的满足程度，同时也考虑到商品价格与质量、性能之间的关系，而很少盲目追求豪华、高档、高价的商品。即使商品存在某些不足，如果其功能、内在质量仍能满足要求，而价格又较低，他们还是愿意购买的。

（3）知觉能使消费者产生对商品的特殊喜爱。知觉的恒常性使消费者对名牌企业的质量优良的商品产生良好的印象。这种良好的印象会转化为他们的购买行为，并使其成为该品牌的忠实消费者。有时消费者不仅自己购买喜爱的商品，还为该商品做义务宣传员，向亲朋好友、邻居推荐这些商品。

[实例链接 2-3]

品牌升级，一场与消费者相伴成长的旅程

“不是所有的牛奶都叫特仑苏”可谓是21世纪响亮的广告语之一。作为国内高端奶品牌之一，特仑苏一直引领着乳业产品与工艺标准。从 2018 年销售数据来看，特仑苏产品始终保持着行业优势地位，并保持着高速增长的势头。

一、营养好牛奶，创新梦幻盖

2018 年，特仑苏宣布开创牛奶新的饮用体验，率先升级有机奶梦幻盖。从“吸”到“喝”，不仅打破了牛奶开启后不易携带的局限性，而且解决了牛奶开启后无法密封造成浪费的问题。250mL 的容量也更符合消费者的饮用习惯。

特仑苏深刻洞察不同需求、不同场景下的消费诉求，相继推出包含嗨 MILK、M-PLUS 等系列产品，而这次梦幻盖包装升级更是以创新的产品标准完成了对高端牛奶的二次定义。

二、年轻就要充满激情，突破壁垒焕发活力

1. 品牌代言树形象

2019 年，特仑苏启用 4 位代言人，他们是有演技、有内涵的陈道明、靳东，富有正能量的张钧甯，以及时尚活力小生邓伦。作为不同类型消费者代表，他们有不同的生活状态与需求，无论你是什么样的消费者，都能在特仑苏找到属于你的更好的品质生活。由此也可以看到特仑苏向多元化、年轻化营销风格的转变。

2. 娱乐营销强曝光

2018 年起，特仑苏有机奶独家冠名湖南卫视综艺节目《声入人心》第一季，在节目中将“自然营养”与“自然声音”完美融合，获得非同凡响的效果。2019 年，特仑苏加大营销力度，继续冠名《声入人心》第二季，以“做更好的自己”的品牌态度，持续让“更好”发声。

同样是在 2019 年，特仑苏独家冠名热门综艺节目《向往的生活》第三季。该节目充分体现了消费者对有机高品质慢生活的渴望，借助亮点环节，展现特仑苏牛奶的花式吃法及便携随心带等产品特点，使特仑苏实现了节目冠名与节目内容的完美融合。

3. 国潮跨界嗨起来

特仑苏京绣款包装的嗨 MILK 0 脂肪纯牛奶，在传承美的同时展现了中国传统文化。它以蝴蝶、鸳鸯、仙鹤三种神物为主角，描绘出蝴蝶破茧、鸳鸯齐眉、仙鹤振翅等画面，传递出日新月异、天作之合、安乐康宁的美好愿望，也展示了灵性、鲜活的品牌形象。它堪称最美颜值牛奶，一上市便成为国潮爆品。

特仑苏与天猫国潮来了联合发起的“就这么玩美”互动话题，更是全网刷屏，消费者纷纷点赞。特仑苏与天猫国潮来了互动示例如图 2-7 所示。

图 2-7　特仑苏与天猫国潮来了互动示例

同时，特仑苏嗨 MILK 还和茶饮品牌“乐乐茶”联合推出了创意产品礼盒“玩美零珑匣”。潮、美、0 脂肪，可以说完全切合了当代年轻人的心理需求。

特仑苏还精心策划了由邓伦主持的“玩美体验馆”活动。每一位粉丝都可以在现场与自己的偶像互动，开启属于特仑苏的激活明星流量新方式。在这场活动中，特仑苏向粉丝们展示了足够的诚意，也收获了满满的好感。

近年来，从产品布局到赞助与冠名、跨界营销，再到 2019 年的系列产品梦幻盖升级，特仑苏为了给消费者“提供更好的生活品质”这一目标，始终在不断创新，不断进行着品牌升级。

（资料来源：品牌观察报（ID：pinpaigcbao）　作者：王晖）

2.1.3　消费者的注意与消费心理活动过程

1．注意的含义

注意是消费者对外界事物的目标指向和精神集中状态。注意是消费行为过程中必不可少的心理活动，它是随着感觉、知觉、记忆、思维等心理过程而产生的一种心理状态，普遍存在于日常生活中。例如，下班开车时在广播中注意到大量汽车销售、维修、保险等最新信息；晚上在家中陪父母看电视时会注意到大量快消品、保健品、药品的最新广告等。

2．注意的分类

注意根据产生和保持的有无目的和意志努力程度，可分为无意注意和有意注意两种。二者既相互联系，又相互转换。

（1）无意注意。无意注意是指消费者没有明确的目的和目标，不需要做意志努力的注意。例如，手机专卖店多会选择周末在店门前搞各种各样的促销活动，活动期间人头攒动、声乐齐鸣，使过路人停下脚步，一看究竟，这属于无意注意。

（2）有意注意。有意注意是指消费者自觉、有目的的行为，需要其做出一定意志努力的注意。例如，电子游戏发烧友会定期从电子游戏卖场、游戏网站及游戏类期刊等中查询最新游戏的推出状况，这属于有意注意。

3．注意在营销活动中的作用

注意在消费者心理活动过程中具有重要的作用。因此，企业在进行商品设计、包装、广告宣传等营销活动时，应有针对性地采取多种营销手段，以引起和保持消费者的有效注意。

（1）采用多元化的经营手段调节消费者在购物过程中的注意转换。目前国内外很多大型零售企业都往往集购物、娱乐、休闲、餐饮等于一体，满足了消费者全方位的消费需求，使消费者在购物时有意注意与无意注意相互转换，有利于延长消费者购物时的停留时间，创造更多的销售机会，同时也使消费者享受了购物的乐趣。

（2）充分发挥注意的心理功能，引发消费需求。在企业的经营活动中可以充分利用注意的心理功能，利用各种各样的营销手段引起消费者的无意注意，并促使消费者由无意注意转换到有意注意，从而引发消费需求。

例如，腾讯的一个新闻《日本小伙求婚成功，中国岳父现场哭晕》：在婚戒 Darry Ring 上海店前，一位大爷因女儿答应日本小伙的求婚而哭晕在现场。原来，长相酷似李敏镐的日本“90 后”小伙长尾来上海提亲，被中国岳父嫌弃短腿、门牙有缝，一副爱撒谎的面相，更被要求 5 年内不得回日本。没想到小伙子竟然答应了。得到岳父认可的他，带女友去买 DR 钻戒，并现场跪地求婚，承诺一生只爱她一人。后期证明，这是一次事件营销，借助这次营销，DR 品牌得到了大量的媒体曝光，吸引了很多人的注意力，成功地制造了一次话题传播。

（3）利用成功的广告宣传吸引消费者的注意力。实践证明，在广告设计制作中巧妙地利用刺激物的大小、强度、色彩、位置和间隔等的对比及变化都可以吸引消费者的注意力，收到事半功倍的效果。

[实例链接 2-4]

苹果新品，天猫首发？

“2015 苹果新品发布，再一次改变世界”，2015 年 5 月天猫官方微博上的一条消息瞬间在网上炸开了锅。

内部人士的重磅消息

上一波苹果新品的热度尚未褪去，粉丝们又将迎来新的追逐点。据知情人士透露，本月 6 日，苹果神秘新品即将在天猫首发。

消息称，此次发布的苹果新品充分考虑到了中国消费者的习惯，也是首次通过天猫与全球消费者见面。在新品的研发过程中，研发者针对中国用户的消费习惯和使用行为进行了完整的分析。因此，与以往的产品比，本次苹果新品在外观、尺寸、材质上都颠覆传统，进行了全新设计，力图带给消费者与以往产品完全不同的体验。

据悉，此款新品将设 128GB、256GB 等多种大小可供选择；而外观上，将采用优美的弧线设计，握感舒适。据天猫小二透露，近日来，天猫正在全力准备 5 月上旬的新品发布。同时，为了让消费者能够在第一时间买到苹果新品，大量货品已在日前抵达国内仓库。

有专家表示，苹果新品选择在天猫首发，展示了天猫注重国际化的策略。一方面，天猫的购物流程和操作方式早已深入人心，更符合当前用户的消费习惯；另一方面，苹果新品的加入也给天猫带来了商品丰富度的提升。

没错，真的是苹果

没错，这个真的是苹果，只不过此苹果非彼苹果。天猫借着高端电子产品的噱头，为真正的苹果幽默了一把：

"6.8cm 黄金握感，匠心精神，始于设计。"

"1700° 甜度跑分。甜，是基本素质。"

"纯天然工艺，只为构建极致口感。"

除了精彩的文案，连产品的页面展示也与苹果手机官网保持着一致的风格（见图 2-8），还有科技感十足的产品解析视频，一本正经地跟大家开玩笑，让人忍俊不禁。

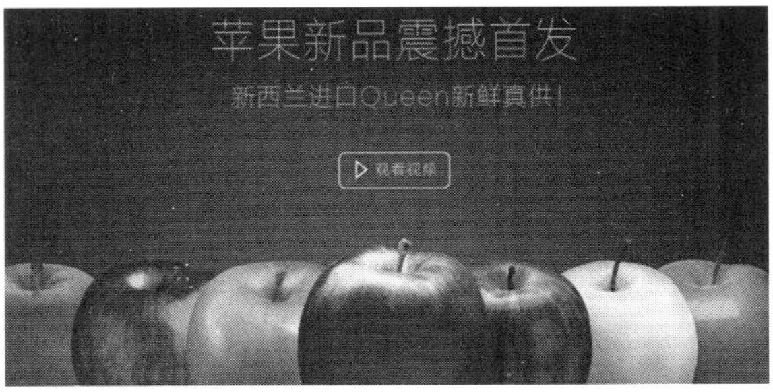

图 2-8　天猫苹果新品发布页面展示

"苹果"早已成了"苹果手机"的代名词，而此次天猫的娱乐营销正是利用人们对于苹果这个词的固化理解，利用受众的错觉感，制造悬念，吸引注意力。很讨巧地借势苹果手机，为自己的商品制造热点，90 分钟内售罄 10 000 份，这个结果也足以体现出这次营销的强大威力。

（资料来源：http://www.yicai.com/news/2015/05/4614508.html）

讨论

回忆一下，你所看到的广告中，哪个广告让你记忆深刻？这个广告是如何引起你注意的？

____

____

2.1.4　消费者的记忆与消费心理活动过程

1．记忆的含义

记忆是人脑对过去经历过的事物的反映。人们过去感知过的事物、思考过的问题、体验过的情感，都能以经验的形式在头脑中保存下来，并能够在一定条件下再现，这就是记忆过程。例如，某消费者应朋友之邀到一家餐饮店聚会，店里的个性化菜品和服务给她留下一个整体的印象，一旦再有机会聚会，第一次的消费印象便会重现，这种重现出来的记忆可以指导人们重复消费，成为选择商品与品牌的依据。

2．记忆的分类

（1）根据记忆的内容，可以把记忆分成形象记忆、逻辑记忆、情绪记忆和运动记忆四种。

图2-9　肯德基商标

① 形象记忆。形象记忆即把感知过的事物的形象作为内容的记忆。这些形象可以是视觉形象，也可以是听觉、嗅觉、味觉等。例如，很多儿童都愿意选择到肯德基就餐，但幼小的孩子不一定认识“KFC”，却一定认识“肯德基老爷爷”（见图2-9），这期间形象记忆产生了影响。

② 逻辑记忆。逻辑记忆即通过语词表现出来的对事物的意义、性质、关系等方面内容的记忆。例如，“娃哈哈”，利用父母希望子女健康、快乐、幸福的美好愿望给产品命名，极易记忆。

③ 情绪记忆。情绪记忆就是把体验过的情绪和情感作为内容的记忆。例如，麦氏咖啡的广告语“滴滴香浓，意犹未尽”，显示了消费者饮用咖啡后的难舍最后一滴的情感记忆。

④ 运动记忆。运动记忆即把做过的运动或动作作为内容的记忆。例如，许多游戏软件公司针对热衷电子游戏的年轻人推出了大量的免费版、试玩版游戏，使参加游戏的青年人在游戏过程中对该企业的产品形成了良好的运动记忆。

（2）根据记忆保持时间长短的不同，可以把记忆分成瞬时记忆（保持0.25～2秒）、短时记忆（保持2～60秒）和长时记忆（60秒以上）三种。长时记忆是对短时记忆反复加工的结果，对短时记忆进行重复就会成为长时记忆。

3．记忆在营销活动中的作用

记忆在消费者的心理活动中起着极其重要的作用，在消费者购买活动中具有深化和加速认识的作用，在一定程度上决定着消费者的购买行为。

（1）充分利用记忆，影响消费者的购买决策。消费者通过反复地接触商品和广告宣传，自觉地利用记忆材料，对商品进行评价，全面、准确地认识商品，并做出正确的购买决策。例如，消费者欲购买家用汽车，而其又对汽车品牌知之甚少，为了做出满意的购买选择，他会在网络上进行相关汽车品牌信息的搜寻，并向拥有家用汽车的亲朋好友和同事了解汽车的使用经验，从中掌握有关家用汽车的品牌、型号、功能、质量、价格及使用事项等方面的知识。期间把这些知识和经验在大脑中进行记忆，等到购买时，根据有关知识去选购中意的品牌。

（2）采用各种方法，增强消费者的有益记忆。消费者的购买行为是建立在有关知识和记忆基础上的。

加强消费者的记忆可采用以下方法：① 创造条件鼓励消费者参与各种营销活动，充分发挥运动记忆对消费者记忆效果的影响；② 理解有助于记忆，营销活动应方便消费者理解记忆；③ 充分发挥情绪在营销活动中的积极作用，使消费者形成良好的情绪记忆；④ 营销信息适度重复，提高消费者的记忆效率；⑤ 寻找最佳商品信息传播时间和空间，产生最佳记忆效果。

[实例链接 2-5]

搞笑憨豆先生士力架广告《刺客信条》

憨豆首次中国行，士力架抢占娱乐营销至高点

2014 年 8 月 14 日，由憨豆主演、“地心引力”制作团队精心指导的士力架广告片在全球上映。广告中英国泰斗级喜剧大师憨豆先生跟随中国武林高手飞檐走壁，却不料因为“饿”了而导致状态不佳，一时失足掉入敌人阵营，狐假虎威地打起了“饿货拳”，兄弟们为了救出憨豆先生，顺势递给他一条士力架，憨豆先生吃后满血复活，变身武林高手，逃离了敌人的虎口，如图 2-10 所示。

图 2-10　憨豆先生士力架广告图

士力架沿袭了一贯幽默叙事的手法，此番请来憨豆先生，在广告中注入独特的中国功夫元素和憨豆先生的英式幽默，在创作上启用好莱坞电影制作团队和中国顶级武术指导，契合品牌的全球化定位，并考虑到中国本土的广告观看需求，成为巧克力广告中独树一帜的典型代表。

2014 年 8 月 20 日，憨豆先生在上海完成了他的中国首秀。士力架选择与东方卫视的《今晚 80 后脱口秀》栏目合作。该栏目主要通过脱口秀的形式，展现人们对于社会热点、文化事件、时尚潮流的态度和思想，幽默风趣却又不失智慧与锐度。栏目整体风格与士力架的广告及憨豆先生的形象不谋而合。在节目现场，憨豆先生带领中国大爷大妈在上海最具代表性的世博园内伴着广场舞神曲《倍儿爽》大跳“饿货拳”。自此事件起，憨豆和他的“饿货拳”彻底红遍全国。节目中加入的大妈、广场舞等时下关键元素也使节目整体更具可看性及趣味性。

此次憨豆来华为士力架代言受到了全国媒体热捧，仅 20—21 日两天时间，报道的媒体就达到数百家，国外媒体也自发地对此次活动进行了披露。微博话题中的“憨豆饿货拳”也在短时间内达到了过亿的阅读量，成为微博热词之一。

（资料来源：广告门　http://www.adquan.com/post-15-28499.html）

2.1.5 消费者的思维与消费心理活动过程

1. 思维的含义

思维是通过分析、概括来对客观事物的本质进行间接反映的过程。消费者对客观事物的认识不会停留在感知和记忆的水平上，而总是利用已经感知和记忆的材料进行分析、综合、抽象、概括等思考活动，把感性认识升华到理性认识，从而获得对事物本质和内在规律的认识。例如，消费者可以利用过去丰富的经验推算某种商品更新换代的速度和价格走势，以确定现在购买还是以后购买。

2. 思维的分类

（1）根据思维活动的形式不同，思维可分为形象思维和逻辑思维。① 形象思维是指利用直观形象对事物进行分析判断的思维。② 逻辑思维是利用概念、推理和理论知识来认识客观事物，实现对事物的本质特征和内在联系的认识的思维。

（2）按照思维的品质不同，思维可分为常规思维和创造性思维。① 常规思维是指利用已经获得的知识和经验，依照原来的模式所进行的思维。② 创造性思维是指具有独特、变通、逆向、求异和创新等特点的思维。

3. 思维在营销活动中的作用

消费者在选购商品时，常常借助相关商品的信息，对商品进行分析、比较、判断等思维过程来决定是否购买。例如，消费者首先对冰箱有了需求，接着运用思维进行分析（把不同厂家、不同品牌的冰箱在性能、款式上进行区分）、综合（把各种特点、性能综合起来，认定某一品牌冰箱的优缺点）、比较（把各品牌冰箱的同异部分、特点、性能区别开）、抽象（抽出共同属性，如冰箱的节电、方便、实用、耐用等；舍弃非本质的，如颜色等）、判断（评定冰箱的内在、外在质量）、推理（预测冰箱的使用效果及获得的心理满足），从而确定理想的某种品牌的冰箱为目标商品。因此，销售人员在推销商品时，应多方位展示，全面介绍，使消费者在充分了解以后，经过认真的思考，以确定购买哪种商品。

[实例链接 2-6]

农夫山泉：一个你从来不知道的故事

21 世纪，人类最稀缺的资源之一就是：优质的天然水源。而在中国，这样的水源，更是少之又少。

2008 年，农夫山泉的水源勘探师——方强（方腊第 28 代孙，农夫山泉 18 年员工。小眼水源勘探师），在长白山腹地的原始森林里，又发现了一处优质的天然水源。

从 1999 年开始，农夫山泉满中国找水已经整整 15 年了。由于需要经过反复严谨的科学论证，所以从实地考察到确定水源，往往需要经历 2～3 年的时间和上百次的检测。

这是方强第 78 次徒步上百千米，进入长白山腹地森林勘探水源。

方强：“刚才我们路过的这条沟，到了冬天，有水就冻上了。它跟我们要找的自涌泉是完全两个概念。”

对于方强来说，每一次水源勘探的过程，就是一次对身体极限的考验。在-30℃的林子里走上十天八天，风餐露宿已是家常便饭。

方强：“我记得是那年的腊月二十三，就是咱们东北的小年，雪很厚，风也很大，走在雪地里深一脚浅一脚，深一脚浅一脚，鼻子不是自己的了，说话也噜噜噜讲不清楚，冻成这样子。”

生活在南方千岛湖的方强，已经对长白山的这片森林以及这里的地理环境了如指掌。

方强：“看到前面的那条河了吗？那里暗暗的，应该说，现在水是流淌的，现在这种温度能够流淌，应该离我们要找的涌泉的位置不远了。”

在-30℃的森林里，只有地下涌泉才会保持 9℃的水温。因为巨大的温差，才会形成树挂这样的景观。当方强抬头看见大片银白色的树挂，他就会格外激动。因为这代表着在不远处就是涌泉的出口。

方强：“只要看到两侧有树挂，流出来的河有雾。这个一定是从地下涌上来的涌泉。再看植被，整片都是原始森林，从岩石层来讲，这个是一个火山群。”

长白山大面积的森林植被与充沛的降水，为地下涌泉的储存提供了条件。火山岩里的矿物质和微量元素被渐渐地溶滤到水中，在岩层间的经流时间长达 30 年，甚至 60 年。

方强：“也就是说，60 年前至 30 年之前降的雨，今天才出来。”

2001 年，农夫山泉率先在长白山建厂，从一期工程到今天的四期工程，12 年间，秉承水源地建厂，水源地灌装的原则，农夫山泉已在长白山建立了最早、也是亚洲最大的瓶装水生产基地。

为了更好地保护水源，2001 年，在农夫山泉的倡导下，当地政府在农夫山泉水源地周围建立了 10 平方千米的水源保护区。

同年，靖宇县历史上第一条铁路开始修建，起点就是农夫山泉靖宇水厂，这也是长白山唯一一条瓶装水专用线。

方强：“我们的工厂是真正建立在原始森林里面。”

农夫山泉对于水源的苛求，是方强由衷的自豪。

方强：“因为我们是大自然的搬运工。”

我们不生产水，我们只是大自然的搬运工，如图 2-11 所示。

图 2-11　农夫山泉广告图

（资料来源：农夫山泉广告词）

2.1.6 消费者的想象与消费心理活动过程

1. 想象的含义

人们在生活实践中，不仅能够感知和记忆客观事物，而且还能够在已有知识经验的基础上，在头脑中形成自己从未经历过的事物的新形象；或者根据他人语言或文字的描述形成相应事物的形象，这就是想象。

消费者的想象往往会影响消费者的消费态度及消费决策。例如，准备结婚的男女在家居市场选购自己中意的家居用品时，头脑中往往都会产生一种身居其中的想象，感受其是否美观、实用、新颖、舒适、与室内设计是否协调等，并由此决定是否购买。

2. 想象的分类

（1）根据新形象的形成有无目的性，可以把想象分为无意想象和有意想象两种。① 无意想象也称随意想象，它是没有预定目的，不由自主地引起的想象。② 有意想象也称不随意想象，它是有预定目的、自觉进行的想象。

（2）根据想象的新颖性、独特性和创造性的不同，有意想象又分为再造想象和创造想象两种。① 再造想象是根据词语的描述或非语言（图样、图解、符号等）的描绘，在头脑中形成有关事物新形象的过程。② 创造想象是不依据现成描述而独立地创造出新形象的过程。在创造新产品、新技术时，人脑所构成的新事物的形象是创造想象。

3. 想象在营销活动中的作用

（1）消费者在形成购买意识、选择商品、评价商品过程中都有想象发生。通过想象，消费者可以深入认识商品的实用价值、欣赏价值和社会价值，增强消费者对商品的了解，激发其购买欲望。例如，消费者要购买一台空调，就会想象拥有它能给家庭带来四季如春的感受，同时还起到美化居室的作用。

（2）想象能提高消费者购买活动的自觉性和目的性，对引起情绪、情感过程，完成意志过程起着重要的推动作用。

（3）运用想象，利用独具特色的商品广告、商品包装和商品陈列，吸引消费者的注意力，促使其产生有益的想象。

（4）对于营销人员来说，应具备一定的想象力，能够利用创造性想象设计出满足消费者心理要求的商品广告、商品包装及商品陈列，扩大消费者的想象空间。

2.2 消费者的情感过程

消费者的消费活动过程，实际上是充满情感体验的活动过程。消费者对于商品是否符合自己的需要而产生的一种主观体验，就是消费者的情感过程。

情感过程是人对事物的一种好恶倾向，主要通过人的神态、面部表情、语言声调和行动变化表现出来。消费者的情感过程包括情绪和情感两个方面。

2.2.1　情绪、情感的含义

情绪一般是指短时间内的与生理需要相联系的一种内心体验，一般带有情景性、不稳定性和冲动性。例如，喜欢、气愤、忧愁等都是情绪的表现形式。当人的情绪失控时，往往会产生一些非理性的行为。

情感是指长时间内与社会性需要（社交、精神文化生活等）相联系的一种稳定的、持久的内心体验。情感相对来说具有深刻性、长期性和稳定性，冲动性少，情感是在情绪的基础上产生的更高级的心理体验。例如，道德感、荣誉感、集体感、理智感、美感等。

情绪与情感是两个既有区别又有联系的概念，难以截然分开。一方面，消费者情绪的各种变化一般都受已形成的情感所影响；另一方面，消费者的情感又总是体现在他的情绪之中。在日常生活中，人们对情绪和情感并不做严格区分。情绪一般有较明显的外在表现，持续的时间相对较短；情感的外在表现很不明显，持续的时间相对较长。

[实例链接 2-7]

焕轻：温情营销，精准切入亲情诉求

“焕轻”是蒙牛推出的一款专注于中老年营养健康的功能性牛奶，在营销上注重完美契合使用者“中老年”和购买者（很有可能是其子女）的不同需求。

现代社会，年轻人大多离家打拼，奔波在外。他们倾心工作的同时，往往忽视了家中日渐老去、身边却缺少陪伴的父母；同时中国社会老龄化现象愈加严重，空巢老人也日益增多。这是两代人都有的痛点，“焕轻”迎合此消费诉求，在营销方式上，营造“温情社会”的氛围来吸引消费者。

2016 年年底，蒙牛旗下“焕轻”品牌，携手国家游泳运动员、影视演员、蒙牛内部高管等社会各界知名人士，共同发起了“致敬伟大，感恩父母”的系列公益活动，以致敬和感恩为主题，依托亲情来做社会化传播，以期唤起儿女们对父母的关注，倡导大众无论工作多忙，都要记得关爱父母，陪伴父母。这一举措受到社会各界的极大关注，引起了消费者的积极参与。

此次“焕轻”的“致敬伟大”公益活动独到地首先把目光聚焦到蒙牛集团内部，邀请到蒙牛集团 CEO 白瑛等十余位蒙牛集团高管带头加入到致敬的队伍。此举在公司内激发了圈层效应，吸引了很多蒙牛员工参与。

其后，叶诗文、史婧琳等国家游泳队队员，林允、高晓攀等知名影视明星，百合网 CEO 田范江等数十位社会知名人士，纷纷借助“焕轻”这个平台，温情又恳切地向父母们细细诉说那些平日难以当面表达的爱意和感谢。

随着时间的推进，活动由内向外发酵，在网络上及社会中都成为极为热门的话题，不断有消费者和群众自发加入到活动的队伍中来，一起携手向父母传递他们的感情，表达爱，分享爱，让老人们的心不再孤单。

2017 年 1 月 10 日，“焕轻”凭借“致敬伟大，感恩父母”项目获得了第六届中国公益节

2016 年度公益项目奖。同年 5 月 5 日，“焕轻”凭借其独特的营销策略及实战效果，一举斩获第九届广告主峰会暨金远奖综合类金奖。

（资料来源：《销售与市场》营销版（原渠道版）2017 年 06 期 作者：洪宇）

2.2.2 情绪、情感的类型

1．按情绪和情感的性质和程度划分

情绪、情感的表现形式是多种多样的，根据情绪、情感发生的强度、速度、持续时间的长短和外部表现来划分，可以划分为以下五种不同的表现形式。

（1）心境。心境是人们在长时间内保持的一种比较微弱而平静的情感状态。良好的心境使消费者发挥主动性和积极性，容易引起对商品的美好想象，易导致购买行为。而不良的心境，则会使消费者心灰意懒，抑制购买欲望，阻碍购买行为。例如，心情舒畅或郁郁寡欢等。

（2）热情。热情是一种强有力的、稳定而深刻的情感。消费者的热情是为了达到购买某种商品的目标而乐意作出努力和奋斗。例如，一个热爱时尚的人，为了达到购买苹果手机的目的，哪怕省吃俭用，日夜排队也要如愿以偿。

（3）激情。激情是人们在一定场合爆发出来的强烈情绪。一般维持时间较短。例如，狂喜、暴怒、绝望等都属于这种情绪状态。企业和营销人员要尽可能地避免对消费者的情绪产生强烈的不良刺激，尽量削弱消费者的对抗情绪，引导消费者产生积极的情绪，愉快地进行购买活动，争取营销活动的成功。

（4）应激。应激是由于出乎意料的紧张情况所引起的情绪状态。应激会使营销人员因手忙脚乱而不利于工作，但有时也会因工作节奏加快而提高工作效率。例如，当营业现场拥挤混乱或与情绪不佳的消费者沟通时，营销人员会出现应激状态。同时消费者在消费过程中由于外界的原因也会产生应激状态，营销人员需要对其进行适当的疏导，尽量减少尴尬局面的发生。

（5）挫折。挫折是指人在实现目的的过程中遇到障碍或困难，但又无法排除、克服的心理状态。挫折有时表现为对自己，有时表现为对别人形成迁怒。例如，个别消费者在买不到紧俏商品或要求优惠得不到满足时，对营业员发脾气、发泄怨气等。

2．按情感的社会性划分

情感按其社会性需要的不同内容可分为道德感、理智感和美感。

（1）道德感。道德感是根据一定的道德标准去评价人的思想、意图和言行时产生的情感体验。企业应对营销人员进行严格的职业道德培训，使其不能通过有失职业道德的手段牟取非法利益。

（2）理智感。理智感是人的求知欲望是否得到满足而产生的高级情感，是在人的智力活动过程中产生的体验。它与人的好奇心、求知欲、探求和热爱真理的需要相联系。例如，中年消费者和青年消费者相比较，消费行为明显地表现为一种更加理智的行为，追求商品的实用性，对商品的效用和成本之间的关系密切关注，家庭消费显示出了一定的目的性和计划性。

（3）美感。美感是人们根据自己的审美标准对自然或社会现象及其在艺术上的表现予以评价时产生的情感体验。消费者的审美标准存在一定的差异，企业应根据消费者对美的不同要求进行不同的产品设计，满足不同的美感需求。

[实例链接 2-8]

好日子离不开她——金六福酒

金六福酒是五粮液酒厂系列品牌，“金”代表权力富贵和地位；“六”为六六大顺；“福”为福气多多。五星级金六福设计新颖，其开盒时“开门见福”，取酒时“揭福”，酒瓶如古钱袋，寓意吉祥，处处让人心情开朗。金六福酒以其上乘的酒质，新颖的包装和深厚的文化底蕴，深受消费者的青睐，畅销海内外，被誉为“中国人的福酒”。

“金六福”从中国传统福文化的字符，挖掘出的“幸福、吉祥、美满”，将“金六福”与消费者联系起来。它聚焦于人类本性中最富情感煽动力和最充满情感向心力的“幸福、吉祥、美满”，着眼于超越物质满足、体验情感圆满的追求和愿景，通过富有情感煽动力的传播方式和传播渠道（如结伴奥运、连接世界杯、赞助中国奥委会；独特的情感诉求：包括从最初的“好日子离不开她—金六福酒”（见图 2-12）、“喝金六福酒，运气就是这么好”“中国人的福酒”“幸福团圆，金六福酒”，“奥运福、金六福”等），将这种幸福的情感传递给广大消费者，触动了人类情感深处的“幸福琴弦”，驱动越来越多的消费者情不自禁的渴望，获得了真正的成功！

图 2-12　金六福广告

“金六福”是一个富有情感号召力的品牌，深度挖掘出的“福文化”，满足了越来越多的消费者的心理需求。同时它花费大量的努力去深刻体会消费者对“福文化”的认识和追求，并通过产品创新、服务创新和传播创新，最大限度满足消费者对“福文化”的需求，最终以“中国人的福酒”从中国数以万计的白酒品牌中脱颖而出，一举成为中国白酒领先品牌。

2.2.3　情绪、情感在营销活动中的作用

情绪与情感对于消费行为的作用有积极的一面，也有消极的一面。人的情绪本身包含了两面性，即愉快与不愉快，喜欢与不喜欢等。愉快的情绪及对商品所持有的喜欢的体验，都会对消费行为产生积极的作用，推动消费行为进行的速度；愉快的情绪还会增加消费者的勇气，克服购买行为中可能出现的各种困难。而不愉快的情绪、不喜欢的情感体验，只能对消费行为起消极的作用。

消费者在购物场所中，一般会表现出一些情绪性的反应，而消费者在长期的购物过程中，又会形成一些稳定的情感体验，并将其带到每一次购物行为中去。企业和营销人员应从两个

方面来处理消费者的情绪、情感问题：一是要尽量创造出优美的购物环境，以优良的服务和热情态度接待每一位消费者，为每一位消费者营造愉快的心情；二是花大力气在消费者心目中树立企业的良好形象，使消费者能够长久地对该企业抱有良好的情感。

[知识窗]

营业场所音乐播放对消费心理的影响

在很多营业场所，人们都会听到音乐，但有的听起来乐音悠扬，有的听起来却嘈杂乱耳。这主要是因为播放者并未清楚音乐对消费者消费者心理的影响，乐曲的节奏、音量的大小都会影响消费者和营销人员的心情。心情好，主、顾之间就会减少和避免矛盾及冲突，气氛融洽，有利于购买意向的达成。如果在消费者人数较少时播放一些音量适中、节奏较舒缓的音乐，不仅使消费者心情舒畅，而且会放慢消费者行动的节奏，延长购物停留的时间，增加随机购买概率，也使营业人员的服务更加到位。如果消费者人数较多，则可以播放一些音量较大、节奏较快的音乐，就会使主、顾的行动节奏随着音乐的节奏而加快，提高购买和服务的效率，避免由于人多效率低而引起心情不好、矛盾冲突增多等情况的出现。

讨论

回忆一下，在你的购物经历中，是否发生过不愉快的经历？主要原因是什么？

____

____

2.3 消费者的意志过程

消费者经历了认识过程和情感过程之后，是否采取购买行动，还有赖于消费者心理活动的意志过程来确定购买目的，并排除各种主观因素的影响，完成购买行为。

2.3.1 消费者意志过程的含义

消费者意志过程就是消费者在购买活动中有目的地、自觉地支配和调节自己的行动，克服各种困难，实现既定的购买目标的心理过程。

在现代社会的消费领域，人的意志处处都在发挥作用。例如，近年来中国各大城市楼市火爆，楼盘价格不停上涨，购房者为了买到自己中意的新房而不惜多年艰辛劳作、节衣缩食，还有的人在楼盘开盘前几天就在售楼处前搭起帐篷，排队等待。

2.3.2　消费者意志过程的特征

在消费者意志过程中包含以下三个基本特征。

（1）有明确的购买目的。消费者意志是在有目的的行动中表现出来的，这个目的是自觉的、有意识的、有计划的。例如，小学生每天将父母给的零花钱积攒起来的目的是购买一个刚上市的玩偶；而很多大学生省吃俭用就是为了购买一款盼望已久的时尚手机或品牌服饰。这些购买行为预先有明确的购买目的，并有计划地根据购买目的去支配和调节自己的购买行动，以期实现购买目的。

（2）克服困难的过程。消费者的意志行动有明确的目的，而目的的确定和实现往往会遇到种种困难。克服困难的过程就是消费者的意志行动过程。例如，消费者在挑选商品时，面对几种自己都喜爱的商品，或遇到较高档的商品，但经济条件又不允许，或者自己对商品的内在质量难以判断时，都将会导致购买信心不足。这时必须考虑选择和重新物色购买目标，或者克服经济上的困难，去实现自己的购买目的。

（3）调节购买行为的过程。意志对行为的调节，包括发动行为和制止行为。前者表现为激发起消费者积极的情绪，推动消费者为达到既定目的而采取一系列的行动；后者则表现为抑制消极的情绪，制止与达到既定目的相矛盾的行动。两个方面共同作用，使消费者得以控制购买行为的发生、发展和结束的全过程。

2.3.3　意志在营销活动中的作用

在现实生活中，意志品质对消费者的行为方式具有重要作用。消费者在采取决定购买阶段，有时会发生激烈的思想冲突，主要表现在当消费者购买那些有异于传统观念、习惯，具有强烈时代感的商品时，常要承担很大的风险，即购买这种商品是否会遭到别人的非议。能否冲破传统观念的束缚和社会舆论的压力，常常取决于消费者的勇气和意志，而这与消费者自己的意志品质有直接关系。具有意志果断性的消费者，往往能抓住时机，及时作出购买决策；而缺乏意志果断性的消费者则优柔寡断，缺乏主见，错失良机。

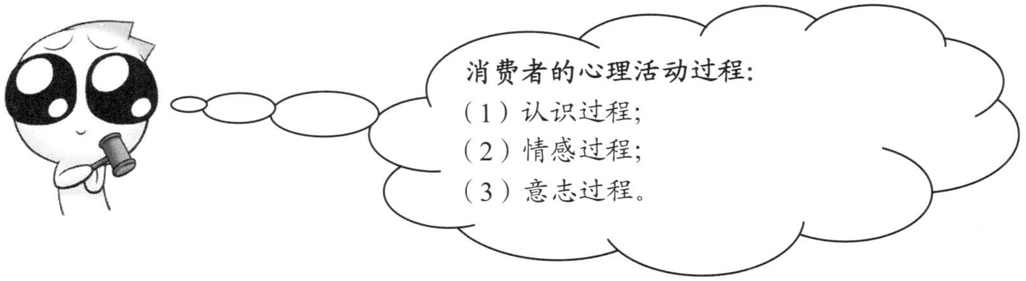

知识练习与思考

1．填空题

（1）消费者的心理活动过程通常包括（　　　　）、（　　　　）和（　　　　）三个阶段。

（2）消费者的认识过程是指消费者在消费过程中通过感觉、知觉、（　　　　）、（　　　　）、（　　　　）和（　　　　）等形式对商品或服务等外部信息加以接收、整理、加工、存储。

（3）根据记忆的内容，可以把记忆分成（　　　　）、（　　　　）、（　　　　）和（　　　　）四种。

（4）按情感的社会性划分，情感可分为（　　　　）、（　　　　）和（　　　　）三种。

（5）在消费者意志过程中包含（　　　　）、（　　　　）和（　　　　）三个基本特征。

2．判断题

（1）感觉器官只要受到刺激，就会产生相应的反应。（　　）

（2）知觉具有整体性、理解性、选择性和恒常性等特征。（　　）

（3）消费者在选购商品时，常常借助有关商品信息，对商品进行分析、比较、判断等思维过程来决定是否购买。（　　）

（4）情绪与情感是一个相同的概念，不同的叫法。（　　）

（5）消费者的意志行动有明确的目的，而目的的确定和实现往往会遇到种种困难。（　　）

3．复习思考题

（1）感觉的基本特征是什么？感觉在营销过程中有何作用？

（2）记忆在营销过程中有何作用？

（3）想象在营销过程中有何作用？

（4）按情绪的性质和程度划分，情绪有哪些不同的表现？

（5）消费者的心理活动过程都包含哪些基本内容？

职业技能训练

1．思维训练题

商人与少年

一位成功商人到一个偏僻的山村度假，遇见一个敦厚的少年，决心带他出去闯闯。商人问少年将来想不想当大老板，少年说不想，因为他不知道什么是老板。商人耐心解释什么是老板，并循循善诱，说了许多当老板的好处。少年心动，随商人离开了小山村。过了半年，少年说自己想当老板，商人问他知不知道老板要做什么，少年回答“在大办公室里签字，坐高级轿车去吃饭”。商人觉得很失败，认为是自己教导不够，从此让少年跟随自己，亲眼目睹老板要做些什么。又过半年，少年再次提出想自己当老板，商人又问了同样的问题，少年朗朗而答：“老板就是 Boss，要分析信息、进行决策、制订计划、组织资源、领导员工、监督执行、协调内部、联系外界、处理突发事件……”少年足足说了半小时，商人认为少年已经很清楚一个老板的工作内容，便将一个子公司交给少年经营管理。然而不到一年，子公司不得不宣布停业整顿。商人质问少年，你不是知道应该做些什么吗？少年怯懦地说，我只知道要做什么，但我并不知道该如何去做呀。商人顿时醒悟，要将一个无知少年变成一个成功的老板，必须让他知道老板是什么、要做什么及如何去做。

问题：你认为商人在培养年轻人过程中失败的原因是什么？

2．案例分析题

7 年时间，市值百亿，三只松鼠如何成为超级网红

2019 年 7 月 12 日三只松鼠上市。从上市当天的发行价 14.68 元到 7 月 18 日的 30.95 元，三只松鼠股价翻了一倍多，市值突破 124 亿元。

零食通常被认为是不怎么起眼的小生意，而三只松鼠又是如何在 7 年时间内将自身打造为超百亿市值的网红零食品牌？

一、一窥章燎原的打工人生

43 岁的三只松鼠创始人章燎原（见图 2-13）出生于安徽绩溪的一个农村家庭，小时候是别人眼里的“差生”，不爱学习，渴望“闯荡江湖”“行侠仗义”，整天和社会青年打成一片，上了一个中专后他就离开了校园。

图 2-13　章燎原

他浑浑噩噩地过了一段时间，19 岁时的一顿饭却让他突然“开了窍”。一次章燎原与做生意的表哥吃饭，“土豪”表哥甩手丢出 3000 元买单，随后还买来几瓶矿泉水洗手，而旁边一位拾荒的中年男人在盯着矿泉水瓶。炫富与贫穷之间的强烈反差像一把匕首刺进了章燎原心里，他问自己“到了 40 岁是喝矿泉水，还是捡矿泉水瓶？”

经历这次刺激后，章燎原开始做电工、摆地摊、开冷饮店、倒卖 VCD，很多行业他都做过。然而由于年少没有经验，最后他不仅没赚到钱反而欠下 20 多万元外债。

转折点发生在 2003 年，这一年他进入安徽詹氏食品当了一名销售员。由于很早就与社会青年待在一起见惯了人情世故，他反而在销售上发现了自己的优势。此后两年时间内，他迅速从一个底层销售员做到了董事总经理，并把詹氏食品的年销售额从 400 万元提升至 2 亿元。

二、电商如何催化“三只松鼠”的诞生

2009 年，章燎原意外参加了阿里巴巴十周年庆大会，这是他第一次近距离接触马云和阿里巴巴，后来他说那次活动“让他看到了一束光，点燃了另一种激情”，上市之际他也发微博坦言三只松鼠的创业灵感来源于阿里巴巴十周年晚会。

2011年1月，被“阿里精神”打了鸡血的章燎原火速在淘宝上开了一家名叫“壳壳果”的淘宝店，专门卖山核桃，已经颇具商业头脑的他靠着一次万人免费试吃活动一天销售额超5万元。“壳壳果”创立的第一年的销售额就突破了2000万元，做到了坚果业电商前三。

见识到淘宝店的威力后，章燎原想进军电商界，但这个想法却和詹氏食品的老板发生了意见分歧，随后在2012年他不顾众人阻拦辞职，开启了零食创业之路。

事实上，当时章燎原进军零食赶上了个好时候。根据商务部发布的《消费升级背景下零食行业发展报告》显示，2006—2016年的10年期间，国内零食行业总产值从4240.36亿元增长至22 156.4亿元，增长幅度达422.51%。而章燎原想借力的电商行业也正是黄金时期，许多线下零食品牌纷纷拥抱电商，大力开拓线上商城业务。

2012年6月，筹备已久的零食品牌“三只松鼠”上线，章燎原从高级打工仔变成了创业者。

三、现“三只松鼠”如何深耕消费者体验

电商区别于传统零售最大的不同是消费体验，包括产品体验和服务体验。

1. 产品体验

由于章燎原一开始对“三只松鼠”的定位就是纯互联网品牌，因此其采取的是委托生产企业进行加工生产的模式，即产品全部从供应商处采购。

尽管产品本身外包出去了，但章燎原在产品体验上做起了文章。比如在产品外包装上，“三只松鼠”会在包装盒附上做成松鼠尾巴造型的开箱器；内包装里附带用于吃后擦手的湿巾，配备封口夹，还有赠送的试吃零食等。“三只松鼠”的这些小细节使得吃零食很有仪式感，成功地给顾客一种超预期体验。

另外，“三只松鼠”还在产品组合上玩出花样，其定位上班族、宅男宅女等人群推出巨型零食大礼包，直击选择犹豫症人群的消费痛点。本身只是很简单的零食，可“三只松鼠”却偏偏让顾客吃出物超所值的感觉，可以说这里面是其对顾客消费体验的精准洞察。

2. 服务体验

除了产品体验外，服务体验也是“三只松鼠”的重点投入对象。所有的客服都把自己当做宠物松鼠，称客户为主人，在沟通的过程中要以宠物的口吻来与顾客交流，如“主人主人，我是小鼠儿”“主人记得表扬一下，么么哒”。

此外，其还在内部设立了全球客户满意中心，每年处理3000多万人次的售后沟通，而且在对客服人员的考核方面，并没有采用传统的销售业绩，而是以“让客户爽”为目标。

这种客户至上的服务策略最终结果是，“三只松鼠”的天猫店铺服务态度好评率比同行业商家高出4.69%。许多顾客甚至与“三只松鼠”客服成为朋友，郁闷的时候就找松鼠客服聊天。

在对顾客消费体验的深耕下，“三只松鼠”的电商之路节节攀升：在2012年成立当年的“双11”购物节，“三只松鼠”销售额近800万元，而在2018年“双11”的食品类TOP10榜单上，“三只松鼠”以6.82亿元销售额排在第一位，连续7年稳居行业第一。

四、花式营销如何打开“三只松鼠”知名度

在大力发展电商业务之余，“三只松鼠”还在品牌营销上持续发力，扩大其品牌知名度。

1. 定位萌文化

很多人第一次见到“三只松鼠”的品牌logo时都会有个疑问，为何要取这三个卡通形象呢？事实上，“三只松鼠”的动漫形象正好顺应了当下“萌文化”的兴起。

“三只松鼠”的动漫形象是为了品牌在年轻人中留下深刻的印象，同时还为每只松鼠圈定了不同种类的代言产品，而且每只松鼠都有自己可爱的名字和鲜明的性格。

2. 跨界营销

2014 年，“三只松鼠”成立子公司松鼠萌工厂动漫文化有限公司，后期推出首部同名动画片《三只松鼠》。在其五周年庆典现场，“三只松鼠”发布了全新品牌——松鼠世界潮牌服饰，表示进军服装领域，这次上线的新品涵盖 6 款潮 T、3 款包、4 款帽子及手机壳。

3. 广告植入

2016 年，“三只松鼠”的形象出现在国内多部火热的影视剧中，如《小丈夫》《欢乐颂》《小别离》等。很多“三只松鼠”的粉丝表示，其第一次认识“三只松鼠”是在电视剧里。

销售出身的章燎原一向对广告很重视。在成立当年的“双 11”，“三只松鼠”并没有多少现金储备，但仍毫不手软地花巨资在淘宝里投广告，最后卖了 9 万单、766 万元的货。而从 2014 年开始，“三只松鼠”每年在推广上的投入都在不断增长，从 4187 万元增长到了 2018 年的 1.44 亿元。

（资料来源：互联网品牌官（ID：szwanba）　作者：李大为）

问题：

（1）“三只松鼠”提供了哪些消费体验取得了消费者的良好认知？

（2）“三只松鼠”的营销活动如何影响了人们的消费心理活动过程？

3. 章节综合实训

消费者心理活动过程营销案例分析

实训目的：

结合本章“消费者心理活动过程”的知识内容，熟练掌握认识过程，情感过程和意志过程对消费心理的影响，以案例分析的形式，对目前常见的营销心理现象进行分析，并有针对性的提出建议。

实训课时：

2 课时。

实训内容：

（1）班级分组，5～6 人一组，并给予不同的分工。

（2）选择认识过程（感觉、知觉、注意、记忆、思维、想象）、情感过程（情绪和情感）及意志过程中的一个核心知识点。

（3）针对所选择的这一知识点，网络收集营销案例资料，企业开展了哪些有针对性的消费心理营销活动，效果如何？

（4）制作案例汇报 PPT。

（5）PPT 分组汇报。

（6）教师点评。

实训条件：

带学生计算机的多媒体实训室。

实训要求：

项　目	内容要求	分值比例
团队分工	注意团队分工	10%
知识点的选取及案例内容选择	注意是否有普遍性及应用价值	20%
PPT 制作	注意文字、图片、视频等的使用	30%
汇报效果	汇报视频录像一份，现场汇报，注意展示效果	40%

名人名言

我总是站在消费者的角度看待即将推出的产品或服务，因为我就是消费者。我就像一个厨师，喜欢品尝食物。如果不好吃，我就不要它。

——查尔斯·斯瓦布

第3章

消费者的个性心理特征

知识要点

- ❖ 消费者的个性在消费过程中的作用
- ❖ 消费者的气质类型及购买行为表现
- ❖ 消费者的性格类型及购买行为表现
- ❖ 消费者的能力类型及购买行为表现

能力要点

- ❖ 熟悉消费者的个性特征，挖掘消费需求
- ❖ 熟练掌握消费者的气质、性格、能力类型，有针对性地开展营销活动

导入案例

二次元文化正在俘获亿万青年

“打 call”“宅男”“呆萌”……这些网络流行词汇来源于二次元文化。二次元文化昭示着年轻人选择拥抱全新的价值理念和生活方式。如今，二次元文化不再是年轻人的“小众式自嗨”，它已被其他年龄段的部分人群接纳，形成隐秘而庞大的二次元群体，并影响着主流文化。

1. 二次元文化源自何处

“二次元”最早是一群喜欢日式动画、漫画、游戏和相关题材的兴趣爱好者，给自己所喜欢的内容起的名字，其内容大多脱离三维现实世界，天马行空，充满幻想。二次元文化一般指二维作画形式表现的作品，多为动画、漫画及游戏、轻小说等。

与动画片、卡通片不同，二次元作品的题材和剧情并不低幼，更多是面对青少年、成人，甚至很多时候其深刻程度与现实题材的电影、电视剧不相上下。久而久之，人们开始把受此类作品影响而又有相似个性特点、价值观的人群也称作二次元。

十几年前，二次元文化在我国流行，并伴随了一代人成长。如今他们都已成年，有一定经济条件来购买二次元衍生品，并将二次元文化带到现实生活中。

近年来，很多漫画系列真人影视作品取得了成功。例如，日本电影《寄生兽》，这部 20 世纪 90 年代的小众科幻漫画，因为动画和真人电影的推出重新成为大众话题。

2. 在虚拟的世界中寻找真实的灵魂

二次元为什么备受关注和喜爱？有人认为，二次元是理想的载体，是虚构的视觉体验。

“90 后”“00 后”作为中国第一代网络原住民，对于他们而言，网络世界不再是虚拟之物，而是他们表达观点、结交朋友的真实存在空间。

在二次元的社交文化中，大家接受了一种虚拟人设。基于虚拟人设的社交娱乐，可以将用户内心的真实兴趣爱好释放并得到“同类人”的回应。年轻人在现实世界无处安放的灵魂和表达欲，可以在虚拟环境中得到满足。二次元群体对人设的追求，本质上是对身份认同的追求，年轻人都在寻找“理想中的自己”和“理想中的朋友、恋人”。

与此同时，也有许多人对二次元印象欠佳：“宅”、社交恐惧、沉溺于幻想、“中二”、幼稚……

3. 二次元文化“出圈”

如今，越来越多的大品牌选择与二次元合作，二次元营销开始“霸屏”：网易漫画与麦当劳跨界合作，将线下漫画主题派对与线上直播相结合，使更多用户感受到了二次元的乐趣，如图 3-1 所示；一些“架空历史”小说成为“爆款”IP，被改编成连续剧且收获超高收视率。

二次元所代表的亚文化也开始影响主流文化。现在大家都说“疯狂打 call”，这就来自二次元应援文化，引申为给某某疯狂加油。像“出圈”（知名度高了，被更多圈外人知悉）“呆萌”这些二次元流行词汇，都已经进入了日常生活的语言体系。

随着曾经是二次元主要受众群体的“80 后”“90 后”“00 后”的成长并逐渐跻身社会主流，二次元文化也将加速与主流文化相交相融。在这种相交相融的过程中，主流文化不应是被动的一方，而要积极引导二次元文化发展，为其融入优秀传统文化、社会主义核心价值观等主流文化要素。

图 3-1 网易漫画与麦当劳跨界合作示例

（资料来源：《半月谈》2019 年第 7 期 记者：王烁）

【头脑风暴及实践应用】

头脑风暴：

二次元文化主要针对哪些消费群体？体现了该消费群体的哪些个性心理特征？

实践应用：

网络查找资料，哪些品牌与二次元合作推出过二次元营销？有何营销创意？

消费者的个性心理特征反映了人的个性倾向，研究消费者个性心理的形成和发展，有助于揭示构成不同消费行为的内部原因，预见和引导消费者的购买行为。二次元文化的发展正是发现并充分考虑了新一代年轻人的个性特点，使自己的产品满足了消费者的个性需求，从而在市场上立于不败之地。

3.1 个性概述

3.1.1 个性的含义

个性是指人在先天因素的基础上，在社会生活实践中形成的相对稳定的心理特征的总和。个性是在个体生理的基础上，在一定的社会条件下，通过参加社会实践活动并受外界环境的作用逐渐形成和发展的。个性的形成既受先天因素（生理和遗传）的影响，又与后天因素（如家庭环境、教育环境、社会环境、成长经历）有关系。

个性包括个性倾向性和个性心理特征两个方面。两者错综复杂地交织为一体，构成了人们各不相同的个性。

1．个性倾向性

个性倾向性是推动人进行活动的动力系统，决定着人对周围世界的认识及态度的选择和趋向，以及人的追求，包括需要、动机、兴趣等。该内容在第 4 章消费者购买过程的心理活动中进行阐述。

2．个性心理特征

个性心理特征是个体身上经常表现出来的本质的、稳定的心理特征，主要体现在气质、性格和能力等方面，使自身的心理与行为区别于他人，决定了个性的差异性，使得消费者的购买行为复杂多变。例如，在观察事物时，有的人细致入微，有的人粗枝大叶；在待人接物时，有的人热情洋溢，有的人冷漠矜持。

3.1.2 个性在消费中的作用

个性影响着消费者的消费需求，从而影响了消费者的消费行为。其主要表现在以下几方面。

1．消费者个性的独特性决定了消费者需求的多样性

消费者个性具有独特性，即个体之间存在差异，这决定了消费者在购买动机、购买方式及购买习惯等方面的差异，从而使他们的消费行为复杂多样。

2．消费者个性的稳定性决定了消费需求的稳定性

消费者个性的稳定性决定了消费者对某些商品和服务的需求在一定时间内的依恋和忠诚。企业应重视市场的培育，培养忠诚客户，有目的、有计划地提供满足消费者稳定需求的商品。

3．消费者个性的可塑性决定了消费者需求的可诱导性

消费者个性在外部环境诱因和内部主观激励的刺激下具有一定的可塑性，从而决定了消费者的需求具有一定的可诱导性，为企业提供了巨大的市场潜力和市场机会。

4．消费者个性的社会性决定了消费者需求的可接受性

消费者的个性具有社会性，决定了消费者在消费过程中必须顾及周围生活环境中他人的评价，并力求使自己的消费需求在社会关系中可接受。

3.2 消费者的气质与购买行为

3.2.1 气质的含义

心理学中的气质的含义与日常生活中所讲的气质是两个完全不同的概念。在生活中，人们经常评价某人“气质优雅”或“毫无气质”，一般是指一个人办事的风格和风度。

心理学中的气质是指个体心理活动典型而稳定的动力特征。气质不受个体活动的目的、动机及内容的影响，只反映心理活动的表现形式和特征。气质的形成和表现具有以下基本特征：先天性；差异性；稳定性（受先天遗传因素影响）；变化性（受后天环境因素影响）。

[知识窗]

如果你去商场退换商品，商场不予退换该怎么办

小王是某大型商场的售后服务人员，主要负责商品的退换货工作，经过长期的观察，他发现来退货的消费者在被拒绝时，往往有以下四种不同的表现。

（1）耐心诉说型。这类消费者会尽自己最大的努力，苦口婆心地慢慢解释退换商品的原因，直至得到解决。

（2）自认倒霉型。这类消费者往往认为向商家申诉也没用，商品质量不好也不是商场的问题，自己吃点亏下次会长经验。

（3）灵活变通型。这类消费者往往向好说话的其他商场管理人员解释，甚至找主管或值班经理申诉，只要有一个人同意退货就可以解决。

（4）据理力争型。这类消费者绝不求情，会与商场人员讲道理，解决不了就向媒体投稿曝光，再不解决就向工商局、消费者协会投诉。

以上的不同表现，实质上就是消费者不同的气质类型所决定的消费者购买行为的外部不同表现。

3.2.2 消费者气质的主要类型及购买行为表现

典型的气质类型可以划分为胆汁质、多血质、黏液质和抑郁质四种，具体表现如下。

（1）胆汁质。胆汁质气质类型的人兴奋度高，精力旺盛，反应迅速，直爽热情，表里如一，情绪体验强烈，有顽强的拼劲和果敢性；但缺乏耐心，不够灵活，抑制能力差，易冲动，脾气暴躁，整个心理活动为迅速而突发的。

这类消费者表情外露，心急口快，选购商品时言谈举止显得匆忙，一般对所接触到的第一件合意的商品就想买下，不愿意反复选择比较，因此，往往是快速地，甚至是草率地做出购买决定。他们到市场上就想急于完成购买任务，如果等候购买时间稍长或营销人员的工作速度慢、效率低，都会激起其烦躁情绪。他们在与营销人员的接触中，其言行主要受感情支配，态度可能在短时间内发生剧烈变化，挑选商品时以直观感觉为主，不加以慎重考虑。

（2）多血质。多血质气质类型的人情绪兴奋度高，感情易表露，活泼好动，思维灵活，反应迅速，动作敏捷，外部表现明显，易适应环境，喜欢交往，乐观开朗，兴趣广泛，可塑性强；但往往不求甚解，注意力易转移，情绪不稳定且体验不深，做事粗枝大叶。

这类消费者对购物环境及周围人物适应能力强，热情、开朗，愿意与营销人员交换意见或与其他消费者攀谈。有的会主动告诉别人自己购买某种商品的原因和用途；喜欢向别人讲述自己的使用感受和经验；自己不知道的，也希望从别人那里了解。另外，选购过程中，易受周围环境的感染、购买现场的刺激和社会流行的影响。商品的外表、造型、颜色、命名对这类消费者影响较大，但有时注意力容易转移，兴趣忽高忽低，行为易受感情的影响。

（3）黏液质。黏液质气质类型的人情绪兴奋度低，安静沉稳，喜欢沉思，善于克制忍耐，做事富有理性，慎重细致，具有韧性；但反应缓慢，灵活性不足，比较刻板且执拗，不易习惯新环境、新工作，情绪不易外露。

这类消费者挑选商品比较认真、冷静、慎重，信任文静、稳重的营销人员。他们善于控制自己的感情，不容易受广告、商标、包装的干扰和影响。他们喜欢自己对各类商品加以细心地比较、选择后才决定购买，给人慢悠悠的感觉，有时会引起服务人员和别的消费者的不满情绪。

（4）抑郁质。抑郁质气质类型的人情绪兴奋度低，敏锐稳重，情感体验深刻、持久，行动缓慢，有较强的敏感性，容易体察到一般人不易觉察的事件且很少外露；但胆小、孤僻、谨小慎微，不善交往，遇困难或挫折易畏缩，过于敏感。

这类消费者选购商品时，表现得优柔寡断，显得千思万虑，从不仓促地做出决定；对营销人员或其他人的介绍将信将疑、态度敏感，挑选商品时小心谨慎、过于一丝不苟；还经常因犹豫不决而放弃购买。

气质受先天因素的影响，各种气质类型并没有好坏之分，不能从社会意义上去评价。但不同气质类型的消费者在不同的活动、不同的条件下，可能发挥其所长，也可能发挥其所短。

讨论

你认识图3-2中的小说人物吗？试根据小说中的情节描写判断他们属于哪种气质类型？

______

______

图3-2　古代名著人物形象（图片来源：互联网）

3.2.3 对不同气质表现的消费者的销售策略

不同的气质类型，使消费者的购物行为表现出不同的特征。市场营销者应根据气质类型的不同表现，分析判断其心理活动和行为表现，提供有针对性的服务，促使其完成购买决策。

1．胆汁质型消费者

接待该类消费者要求营销服务人员动作要快捷、态度要耐心、应答要及时，可适当向他们介绍商品的有关性能，以引起他们的注意和兴趣。另外，还要注意语言友好，不要刺激对方。

2．多血质型消费者

接待该类消费者，一是营销服务人员应主动介绍、与之交谈，注意与他们联络感情，以促使其购买；二是在与他们的“聊天”中给以指引，使他们专注于商品，缩短购买过程。

3．黏液质型消费者

接待该类消费者要避免过多的提示和热情，否则容易引起他们的反感；要允许他们有认真思考和挑选商品的时间，接待时更要有耐心。

4．抑郁质型消费者

接待该类消费者要注意态度和蔼、耐心；可向他们介绍一下有关商品，以消除其疑虑，促成买卖；对他们的态度反复应予以理解；同时务必注意说话的方式，避免引起不必要的敏感反应而拒绝购买。

3.3 消费者的性格与购买行为

3.3.1 性格的含义

性格是指一个人对现实的稳定态度和习惯化了的行为方式中所表现出来的个性心理特征。性格是一个人本质属性的总和，表现在人对现实的态度、语言和行为方式中。例如，在日常生活中，有的人谦虚谨慎，有的人狂妄自大；有的人热情，有的人冷淡等。

优良的性格对人的发展具有积极的影响，不良的性格对人的发展具有消极的影响。

性格和气质相互渗透、彼此制约，主要表现为：

（1）气质能影响性格的形成和表现方式，使性格带有明显的个性特征。

（2）性格对气质也有深刻的影响，能在一定程度上掩盖和改造气质，使气质的消极因素得到抑制，积极因素得到发挥。

性格和气质之间又有明显的区别：

（1）气质是先天形成的，主要受高级神经系统的影响，表现为人的情绪或活动的动力特征，具有牢固性和稳定性，变化较缓慢，没有好坏之分。

（2）性格主要是后天养成的，更多地受社会生活和实践的影响，是个性心理特征的核心，具有相对稳定性和较强的可塑性，能够改造，有明显的好坏之分。

[实例链接 3-1]

“独立”“自由”“冒险”“性感”的 Levi’s

图 3-3　Levi’s 牛仔广告示例

在世人心中，全球销售超过 35 亿条的 Levi’s 牛仔裤不仅是时尚潮流的引领者，更是美国精神的一个典型服饰代表，带有鲜明的符号象征意义：“独立”“自由”“冒险”“性感”等，如图 3-3 所示。

19 世纪的淘金潮让美国成为冒险者的乐园，也间接造就了美国经济的腾飞，营造出进取、率性、自由的美式文化，这与当时讲究精致与华丽的“贵族血统”的欧洲文化截然不同。Levi’s（李维斯）为粗犷不羁的淘金工人设计的牛仔裤，恰恰成了渴望自由、独立、理想的新生活态度最直接的表现方式。因此，Levi’s 牛仔裤一出现，就成了一种生活态度的象征，进而成为美式文化和欧洲大陆文化的分水岭。

随着时代和环境的演变，Levi’s 被赋予了更多的精神和文化艺术气质，但 Levi’s 最初的野性、刚毅、叛逆与美国开拓者的精神，始终是穿着 Levi’s 的人最欣赏的一种生活态度。今天，牛仔裤已经成为既可以表现性感、青春、活力，又永不落伍的“时装”。在全世界所有的牛仔裤品牌中，Levi’s 像一棵常青树，从 1873 年 Levi’s 牛仔裤创始人生产出第一条 Levi’s 牛仔裤之日起，Levi’s 牛仔裤就天然地同美国的淘金热、西部牛仔及美国军队联系在一起，甚至成为美国历史的一部分。

世界上很难有一个服装品牌能够像 Levi’s 这样历经 130 多年的风风雨雨，从一个国家流行到全球，品牌个性始终保持如一，并成为全世界男女老幼都可以接受的牛仔和时装的领导品牌，这不能不说是 Levi’s 品牌创造的一个世纪神话。

3.3.2　消费者性格的主要类型及购买行为表现

1. 按照心理活动的机能分类

（1）理智型。理智型性格的消费者通常以理智看待事物，并以理智支配自己的行为。在购买中喜欢通过周密思考，用理智的尺度详细地权衡商品的各种利弊因素，在未对商品各方面认识之前，不轻易购买。购买时间相对较长，挑选商品仔细。

（2）情绪型。情绪型性格的消费者通常情绪体验深刻，言行举止易受情绪左右，易感情用事。在购买商品时，情绪反应比较强烈，容易受购物现场各种因素的影响，比较看重店堂布置、商品广告、商品陈列及营销人员的服务态度和方式，购买具有一定的冲动性。

（3）意志型。意志型性格的消费者一般具有明确的行动目标，行为积极主动且自制、坚定而持久，勇往直前。在购买活动中，购买决定很少受购物环境影响，即使遇到困难也会坚定购买决策，购买行为果断迅速。

2. 按照心理活动的指向分类

（1）外向型。外向型性格的消费者对外部事物比较关心，感情外露，活泼开朗，当机立断，独立性强，待人接物随和，不拘小节，善于交际，勇于进取，容易适应环境的变化，但有轻率的一面。在购买过程中，热情活泼，喜欢与营销人员交换意见，主动询问有关商品的各方面的问题，易受商品广告的感染，言语、动作、表情外露，购买决定较果断。

（2）内向型。内向型性格的消费者一般表现为对外界事物反应较缓慢，感情深沉，处事谨慎，深思熟虑，沉静孤僻，缺乏决断能力，但一旦下定决心则会锲而不舍，交际面窄，适应环境不够灵活。在购买活动中沉默寡言，动作反应缓慢，面部表情变化不大，内心活动丰富而不露声色，不善于与营销人员交谈，挑选商品时不希望他人帮助，对商品广告冷淡，常凭自己的经验购买。

3. 按照个体行为的独立性分类

（1）独立型。独立型的消费者独立性强，不易受外界的干扰，善于独立发现问题，较能发挥自己的力量，甚至将自己的见解强加于人。在购买活动中，他们能独立地挑选商品，并迅速做出购买决策；购买经验丰富，不易受商品广告和营销人员的商品介绍所影响。

（2）顺从型。顺从型的消费者依赖性强，独立性差，容易接受别人的意见，缺少自己的主张，意外情况下常表现得不知所措。在购买活动中，他们常常注意其他消费者对商品的购买态度和购买方式，会主动听取营销人员的商品分析和他人的购买意见，从众心理比较明显。

[实例链接 3-2]

月　光　族

“月光”一词，在时下已不陌生，特别是现在很多年轻人都自称是“月光族”，听起来很时尚。

“月光族”是指将每月赚的钱都花光的人，所谓“吃光用光，身体健康”，如图 3-4 所示。同时，它也用来形容赚钱不多，每月收入仅可以维持每月基本开销的一类人。“月光族”是相对于努力攒点钱的储蓄族而言的。这个词是一个中性词，没有绝对的褒贬意之分。

图 3-4 “月光族”漫画

“月光族”一般都是年轻一代，都有较为稳定的收入，有知识、有头脑、有能力，花钱不仅表达对物质生活的热爱，更是他们赚钱的动力。他们对父辈“勤俭节约”“会赚不如会省”的消费观念痛心疾首，他们的格言是“能花才更能赚”，喜欢追逐新潮。只要吃得开心，穿得漂亮，想买就买，根本不在乎钱财。“月光族”的口号是：挣多少花多少。

“月光族”是信贷消费最坚定的支持者和实践者，他们感谢世界上还有一种叫“按揭”的消费方式，对“寅吃卯粮”的做法感到心安理得。但他们并不愿打肿脸充胖子，很少向别人借钱消费，大不了在信用卡里透支，下个月再补上。

“月光族”是商家最喜欢的消费者，因为他们有强烈的消费欲望，会花钱；更重要的是有很强的赚钱能力，有钱可花。“富，富不过 30 天；穷，穷不了一个月”是他们最生动的写照。

（资料图片来源：百度百科 http://baike.baidu.com/view/1692.html？wtp=tt）

讨论

仔细分析自己的性格特点，优点是什么？缺点是什么？

____

____

3.3.3　对不同性格消费者的销售策略

为了使消费者的购买行为愉快、顺利地进行，营销人员必须根据消费者的不同性格表现，采取合适的、行之有效的销售策略。具体来说，大致有以下五个方面。

（1）对待选购商品速度快和慢的消费者的策略。对慢性的消费者，营销人员要有充分的耐心，不能因为消费者选购商品的时间长而急躁，并显出不耐烦的表情；对急性的消费者，营销人员对他们没有经过充分思考匆忙做出的购买决定应谨慎稳重，要及时提醒他们仔细挑选商品，防止他们后悔退货。

（2）对待言谈多和寡的消费者的策略。对多言的消费者，营销人员的接待要稳重，掌握分寸，多用纯业务性的语言，态度要热情；对少言的消费者，营销人员应根据其面部表情和目光注视方向等表现，及时摸清他们的购买意图，用客观的语言来介绍商品，并尽快找出共同语言，促使消费者的购买行为尽快实现。

（3）对待随意和疑虑的消费者的策略。随意型消费者对商品的性能和特点往往不太了解，选购商品时常拿不定主意。营销人员应主动帮助他们出主意，挑选合适的商品，要诚信为本。对疑虑型消费者，营销人员要尽量让他们自己去观察和选定商品，如果消费者有疑问，应该用真诚和客观的语言给予解释或介绍，尽可能帮助他们打消对商品的疑虑。

（4）对待购买行为积极和消极的消费者的策略。购买行为积极的消费者购买目标明确，购买计划清楚，购买过程中的举止和语言表达较为流畅。营销人员在了解他们的意图后，应主动配合，迅速实现其购买行为。购买行为消极的消费者常常无明确的购买目标和意图，能否产生购买行为，在很大程度上取决于营销人员能否积极、热情、主动地接待，并激发他们的购买热情，引发他们的购买行为。

（5）对待不同情绪的消费者的策略。性格不同的消费者，在购买过程中，由于各种因素的影响，会有各种不同的情绪表现。对待情绪容易激动的消费者，营销人员应认真注意语言艺术，要冷静、耐心地接待，不能随便开玩笑，否则会激起消费者情绪的兴奋而难以抑制。对待情绪温和的消费者，营销人员应主动、热情地向他们介绍商品，帮助他们选择需要的商品。在很多服务行业，为了避免一些服务人员与态度恶劣的顾客产生冲突，还设立了“委屈奖”，如图 3-5 所示。

图 3-5 “委屈奖”漫画

3.4　消费者的能力与购买行为

3.4.1　能力的含义

能力是指人们顺利完成某种活动所必备的并且直接影响活动效率的个性心理特征。活动的内容和性质不同，对能力的构成和要求也不同。例如，从事营销工作，要具有灵活而敏捷的思维、较好的语言表达、较强的记忆等能力；从事管理工作，要具备一定的组织、交际、宣传说服等能力。

人的能力是在先天遗传因素的影响下，经过后天的环境影响（家庭、学校、社会等因素）和个人的努力逐步形成的。能力的发展和提高离不开知识、技能的学习，同时掌握知识和技能又必须以一定的能力为前提，能力的大小影响着掌握知识和技能水平的高低。消费者通过知识和技能的学习和实践，逐渐形成和提高了自己的消费能力，同时也形成了各种不同的性格特征。性格对能力的发展有一定的制约作用，良好的性格能弥补消费者某些能力上的缺陷。

3.4.2 能力的分类

（1）一般能力和特殊能力。一般能力是指在很多基本活动中表现出来的能力，是人认识、理解客观事物并运用知识、经验解决问题的能力，一般将其称为“智力”，如注意力、观察力、记忆力、想象力和思维力等。特殊能力表现为某些专业活动中所具备的特殊技能，如节奏感受能力、色彩鉴别能力、计算能力、飞行能力等。

（2）模仿能力和创造能力。模仿能力是指人们通过观察别人的行为活动来学习各种知识，然后以相同的方式做出反应的能力，如语言学习、书法学习、绘画学习、体育活动的学习等。创造能力是指根据一定的目的，运用已有的知识和经验，创造出有社会价值的独特的新东西的能力，如新观点、新理论、新技术、新产品、新工艺、新方法等。

（3）实践能力。实践能力是指人们完成某种活动的能力，如生活能力、适应能力、学习能力、社交能力、表达能力、审美能力等。对于从事不同专业的人，除具备一定的专业能力外，还要具备一定的实践能力。

讨论

针对你所学的专业、未来所从事的职业，你认为需要在哪些方面培养相应的能力？

____

____

[知识窗]

能力水平的等级划分

在心理学的研究中，有人把能力水平的差异分为四个等级：① 能力低下，轻者只能从事一些较简单的活动，重者丧失活动能力，甚至连生活也不能自理。② 能力一般，即所谓“中庸之才”，有一定的专长，但是只限于一般地完成活动。③ 才能，即具有较高水平的某种专长，具有一定的创造力，能较好地完成活动。④ 天才，即具有高水平的专长，善于在活动中进行创造性思维，取得突出而优异的活动成果，达到常人难以达到的程度和水平。据调查，能力水平在人群中的分布是：能力低下者和天才极少，能力一般者占绝大多数，才能者较少。

[实例链接 3-3]

你为何没有被重用

她到公司工作快三年了，比她后来的同事陆续得到了升职的机会，她却原地不动，因此心里颇不是滋味。

终于有一天，她冒着被解聘的危险，找到老板理论："老板，我有过迟到、早退或乱章违纪的现象吗？" 老板干脆地回答："没有"。

"那是公司对我有偏见吗？" 老板先是一怔，继而说"当然没有。"

"为什么比我资历浅的人都可以得到重用，而我却一直在微不足道的岗位上？"

老板一时语塞，然后笑笑说："你的事咱们等会儿再说，我手头上有个急事，要不你先帮我处理一下？"

"一家客户准备到公司来考察产品状况，你联系一下他们，问问何时过来。"老板说。

"这真是个重要的任务。"临出门前，她还不忘调侃一句。

一刻钟后，她回到老板办公室。

"联系到了吗？" 老板问。

"联系到了，他们说可能下周过来。"

"具体是下周几？" 老板问。

"这个我没细问。"

"他们一行多少人？"

"啊！您没让我问这个啊！"

"那他们是坐火车还是飞机？"

"这个您也没让我问呀！"

老板不再说什么了，他打电话叫张怡过来。张怡比她晚到公司一年，现在已经是一个部门的负责人了，张怡接到了与她刚才相同的任务。一会儿工夫，张怡回来了。

"哦，是这样的，"张怡答道："他们是乘坐下周五下午 3 点的飞机，大约晚上 6 点到，他们一行 5 人，由采购部王经理带队，我跟他们说了，我公司会派人到机场迎接。"

"另外，他们计划考察两天时间，具体行程到了以后双方再商榷。为了方便工作，我建议把他们安置在附近的国际酒店，如果您同意，明天我就提前预订房间。"

"还有，下周天气预报有雨，我会随时和他们保持联系，一旦情况有变，我将随时向您汇报。"

张怡出去后，老板拍了她一下说："现在我们来谈谈你提的问题。"

"不用了，我已经知道原因了，打搅您了。"

她突然间明白，没有谁生来就能担当大任，都是从简单、平凡的小事做起，今天你为自己贴上什么样的标签，或许就决定了明天你是否会被委以重任。

（资料来源：网络文章）

3.4.3 能力的个体差异

不同的人在能力方面是存在差异的，其差异一般表现在以下四个方面。

（1）能力类型的差异。能力类型的差异是指人的能力类型是多方面的，有相对较强的能力，也有一般的能力和较差的能力。例如，记忆能力，有的人属于视觉型，即视觉识记效果较好；有的人属于听觉型，即听觉识记效果较好；有的人则属于运动型，即有动作参加时识记效果较好等。

（2）能力水平的差异。能力水平的差异是指人与人之间各种能力的发展程度不同，所具有的水平不同。例如，人均具有记忆能力，但人与人之间的记忆力强度不同；人也都有思维能力，但思维的广度和深度也不同。

（3）能力表现时间的差异。能力表现时间的差异是指个体能力发展在年龄上的差异，是主客观因素综合作用的结果。例如，有人“早慧”，唐代的王勃，10 岁能赋，少年时写了著名的《滕王阁序》；但也有人“大器晚成”，中国画家齐白石 40 岁才表现出他的绘画才能。

（4）能力表现方式的差异。能力表现方式的差异是指有些人的能力较容易表现出来，为别人所了解；相反，有些人虽然具有某方面的能力，但较难发现。一般来说，外向型的人所具有的能力较易发现；内向型的人所具有的能力则较难发现。

[实例链接 3-4]

今日头条创始人张一鸣演讲：干得好的人，全都有同一个特质

背景：张一鸣，男，1983 年出生于福建龙岩，北京字节跳动科技有限公司创始人、CEO，今日头条创始人、原 CEO，如图 3-6 所示。该公司推出了基于数据挖掘的推荐引擎产品“今日头条”和内涵段子、火山小视频、抖音、悟空问答等产品。

图 3-6　今日头条创始人张一鸣

大家好！各位都非常年轻，我今天来的时候挺有压力，因为我毕业快 11 年了，看到你们，真是觉得“长江后浪推前浪”。

我昨天就在想，今天应该和大家分享什么。想了想，先把题目拟出来，把乔布斯的“Stay hungry, Stay foolish”，改成“Stay hungry, Stay young”。

“Stay hungry”，大家都知道，就是好奇心、求知若渴、上进心。

但为什么要说“Stay young”？我觉得年轻人有很多优点：做事不设条条框框，没有太多自我要维护，经常能打破常规，非常努力、不妥协、不圆滑世故。“Stay young”的人基本没有到天花板，一直保持着自我的成长。

我先分享我的个人经历：

2005年，我从南开大学毕业，加入了一家叫酷讯的公司。我是最早加入的员工之一，一开始只是一个普通工程师，但在工作第二年，我在公司管了四五十个人的团队，负责所有后端技术，同时也负责很多产品相关的工作。

有人问我：为什么你在第一份工作中就成长很快？是不是你在那个公司表现得特别突出？其实不是。当时公司招聘标准也很高。

那我是不是技术最好？最有经验？都不是。后来我想了想，当时自己有哪些特质。

（1）我在工作时，不分哪些是我该做的、哪些不是我该做的。我做完自己的工作后，对于大部分同事的问题，只要我能帮助解决的，我都去做。新人入职时，只要我有时间，我都给他讲解一遍工作内容。通过讲解，我自己也能得到成长。

还有一个特点，工作前两年，我基本上每天都是晚上12点或凌晨1点回家，回家以后也编程到很晚。确实是因为有兴趣，而不是公司有要求。所以我很快从负责一个抽取爬虫的模块，到负责整个后端系统，开始带一个小组，后来带一个小部门，再后来带一个大部门。

（2）我做事从不设边界。当时我负责技术，但遇到产品上有问题，也会积极地参与讨论、想产品的方案。很多人说这个不是我该做的事情。但我想说：“你的责任心，你希望把事情做好的动力，会驱动你做更多事情，让你得到很大的锻炼。”

我当时是工程师，但参与产品的经历，对我后来转型做产品有很大帮助。我参与商业的部分，对我现在的工作也有很大帮助。

通过10年的观察，我遇到的优秀的年轻人都有5大特质！

第一，有好奇心，能够主动学习新事物、新知识和新技能。我有个前同事，理论基础挺好，但每次都是把自己的工作做完就下班了。他在这家公司待了一年多，但对网上的新技术、新工具都不去了解，所以他非常依赖别人。当他想要实现一个功能，就需要有人帮他做后半部分，因为他自己只能做前半部分——如果是有好奇心的人，前端、后端、算法都去掌握，至少有所了解的话，那么很多调试分析，自己一个人就可以做。

第二，对不确定性保持乐观。“今日头条”最开始时，我跟大家讲：我们要做1亿的日启动次数。很多人觉得，你这家小公司怎么可能做得到呢？所以他就不敢努力去尝试。只有乐观的人才会相信，会愿意去尝试。我加入酷讯时也是这样。那家公司当时想做下一代搜索引擎。我自己觉得很兴奋。我确实没有把握，也不知道怎么做，但当时就去学、去看所有相关的东西。我觉得最后也许不一定做成，或者没有完全做到，但这个过程会很有帮助——只要你对事情的不确定性保持乐观，你会更愿意去尝试。

第三，不甘于平庸。我们在座各位，在同学中已经非常优秀了。但走向社会后，应该再设定更高的标准。我大学期间的同学、同事中，有很多非常不错的人才，技术、成绩都比我好。但10年过去，很多人没有达到我的预期：他应该能做得很好，但他却没有做到。

不甘于平庸很重要。我说不平庸，并不是专门指薪酬要很高或技术很好，而是你对自己的标准一定要高。也许你前两年变化得慢，但10年后再看，肯定会非常不一样。

第四，不傲娇，要能延迟满足感。我在这里举个反例：有两个令我印象比较深刻的年轻人，素质、技术都不错。我当时是他们的主管，发现他们在工作中的情况始终不好。他们始终觉得其他同事比他们做得差。他们确实是同事里面TOP 20%，但误以为自己是TOP 1%。所以很多基础一点的工作不愿意做，或者与同事配合得不好。

本来都是资质非常好的人才，人非常聪明，动手能力也强，但没有控制好自己的傲娇情绪。这和“不甘于平庸”不矛盾。“不甘于平庸”是目标要设得很高，“不傲娇”是你对现状要踏实。

我们有个做产品的同事，也是招进来的应届生，当时大家都觉得他不算特别聪明，就让他做一些辅助性工作。但现在，他已经是一个10亿美元公司的副总裁。他的特点就是肯去做，负责任，从来不推诿，只要是他有机会承担的事情，他总尽可能地做好。

第五，对重要的事情有判断力。选什么专业、选什么公司、选什么职业、选什么发展路径，自己要有判断力，不要被短期选择而左右。例如，很多人愿意去外企，不愿意去新兴的公司。2006年、2007年，很多师弟、师妹问我职业选择，我都建议他们去百度，不要去IBM、微软。但实际上，很多人都是出于短期考虑：外企可能名气大、薪酬高一点。

（资料来源：今日头条创始人张一鸣演讲稿，有删减）

3.4.4 能力与购买行为类型

消费者不同的能力决定了不同的购买类型。常见的购买类型有以下两种划分方法。

1. 从购买目标的确定程度划分

（1）确定型。此类消费者有比较明确的购买目标，事先掌握了一定的市场信息和商品知识，进入营销现场后能够有目的地选择商品，主动提出需购商品的规格、式样、价格等多项要求。如果购买目标明确且能够通过语言清晰、准确地表达，购买决策过程一般较为顺利。

（2）半确定型。此类消费者进入营销现场前已有大致的购买目标，但对商品的具体要求尚不明确。到了现场，行为是随机的，与营销人员接触时，不能具体地提出对所需商品的各项要求，注意力不是集中在某一种商品上，决策过程要根据购买现场情景而定。

（3）盲目型。此类消费者购买目标不明确或不确定。他们进入营销现场后，无目的地浏览，对所需商品的各种要求意识蒙胧，表达不清，往往很难被营销人员掌握。这种人在进行决策时容易受购买现场环境的影响，如营销人员的态度、其他消费者的购买情况等。

2. 从对商品的认识程度划分

（1）知识型。知识型的消费者具有较全面的能力，了解较多商品的质量、性能、价格、产销等知识，拥有丰富的商品购买、使用经验，能够辨别商品的质量优劣，能很内行地在同种或同类商品中进行比较、选择。这类人在选择中较为自信，往往胸有成竹，有时会向营销人员提少量关键性问题。营销人员接待这类消费者时要尊重他们自己的意见，或者提供一些技术性的专业资料，不必过多地解释和评论。

（2）略知型。略知型的消费者的能力和水平处于中等，他们通常掌握一定的商品消费知识，对商品有一定的了解，但不够系统和全面，对商品的质量、性能等内在属性不能完全独立地做出准确判断，乐于听取他人和营销人员的介绍及厂商的宣传，常常有选择性地、主动地寻求营销人员的帮助，容易受外界环境的影响。

（3）无知型。无知型的消费者的能力和水平处于缺乏和低下状况，他们不仅缺乏商品的消费知识和经验，而且购买的目的性也不强，挑选商品常常不得要领，随意性大，犹豫不决，缺乏独立的主见，希望营销人员多做介绍、详细解释。他们容易受广告、其他消费者或营销人员的影响，买后容易产生“后悔”心理。因而营销人员要不怕麻烦，主动认真、实事求是地介绍商品。

知识练习与思考

1．填空题

（1）心理学中个性包括（　　　　）和（　　　　）两个方面。

（2）日常生活中常见的气质类型包括（　　　　）、（　　　　）、（　　　　）和（　　　　）四种。

（3）按心理活动的机能分类，性格可以分为理智型、（　　　　）和（　　　　）三种。

（4）人们把表现在某些专业活动中的能力称为（　　　　），如绘画、品酒、唱歌等。

（5）从对商品的认识程度来看，人们可以把消费者分为（　　　　）、（　　　　）和（　　　　）三种。

2．判断题

（1）消费者个性的可塑性决定了消费者需求的可诱导性。（　　）

（2）在生活中人们经常评价某人气质优雅或气质粗俗，即个性心理特征中所指的气质。（　　）

（3）活泼好动，反应迅速，动作敏捷，思维灵活，但往往不求甚解，注意力易转移，情绪不稳定，这些都是抑郁质气质类型的典型特点。（　　）

（4）性格无好坏之分，而气质有好坏之分，人们都愿意和多血质的人交朋友。（　　）

（5）对慢性的消费者，营销人员要有充分的耐心，千万不能因为消费者选购商品的时间过长而沉不住气，更不能急躁，显出不耐烦的表情。（　　）

3．复习思考题

（1）个性具有哪些基本特点？个性在消费中有哪些作用？

（2）消费者典型的气质类型有哪些？各自有哪些具体表现？企业可采取哪些销售策略？

（3）消费者的性格有哪些类型？其各自的购买行为有哪些具体表现？企业可采取哪些销售策略？

（4）消费者的能力有哪些个体差异？

职业技能训练

1. 思维训练题

你是最优秀的吗

哈佛大学的罗森塔尔博士曾在加州一所学校做过一个著名的实验。

新学年开始时，罗森塔尔博士让校长把三位教师叫进办公室，对他们说："根据你们过去的教学表现，你们是本校最优秀的老师。因此，我们特意挑选了 100 名全校最聪明的学生组成三个班让你们教。这些学生的智商比其他孩子都高，希望你们能让他们取得更好的成绩"。

三位老师都高兴地表示一定尽力。校长又叮嘱他们，对待这些孩子，要像平常一样，不要让孩子或孩子的家长知道他们是被特意挑选出来的，老师们都答应了。

一年之后，这三个班的学生成绩果然排在整个学区的前列。这时，校长告诉了老师们真相：这些学生并不是刻意选出的最优秀的学生，只不过是随机抽调的最普通的学生。老师们没想到会是这样，都认为自己的教学水平确实高。这时校长又告诉了他们另一个真相，那就是，他们也不是被特意挑选出的全校最优秀的教师，也不过是随机抽调的普通老师罢了。

这个结果正是博士所料到的：这三位教师都认为自己是最优秀的，并且学生又都是高智商的，因此，对教学工作充满了信心，工作自然非常卖力，结果肯定非常好了。

问题：以上故事对市场营销人员有何启示？

2. 案例分析题

从 0 元到 100 亿元，这位美女只用了短短两年，她到底有什么能耐？

摩拜单车 CEO 胡玮炜

一个名不见经传的小记者，依靠一个被众人否定的小项目，给 1.5 亿人带来了便利。她就是摩拜单车创始人胡玮炜，如图 3-7 所示。

图 3-7　摩拜单车创始人胡玮炜

1982 年，胡玮炜出生于浙江东阳，距离马云的湖畔花园只有 150 千米。不过，当马云创办阿里巴巴的时候，胡玮炜还在上中学。2008 年从浙大城市学院新闻学毕业后，胡玮炜在上海成为《每日经济新闻》的一名汽车频道记者。

2014 年春节过后，她在北京后海成立了极客汽车，目标是做国内最好、最有趣的汽车科技新媒体。为聚拢人气，她想办法发挥记者的人脉资源搞聚会。正是在聚会中，她获得了共享单车的点子。

共享单车其实不是新事物，2013 年胡玮炜去瑞典出差时就看到过。不过，那里的共享自行车都是有桩的，“想骑，但不知道怎么办卡，也不知道哪里有桩可以还车”。“这个单车必须无卡、无桩，用智能锁代替。”

2015 年 1 月，胡玮炜决定开干，“名字就叫摩拜”！拿着几十万元的天使资金，胡玮炜找到了天津的自行车厂家，“成本太高了!”“压根就没有这样的生产线”。她从天津一直找到广州，前前后后谈了 20 多家自行车厂商，却没有一家愿意设计的，更有人讥笑：“这是要造汽车和手机，应该找宝马和苹果去!”

“没人做，那就自己设计。”胡玮炜叫上做电动车的朋友，并请来前摩托罗拉的工程师杨众杰设计车锁。在否定了 4 个版本后，摩拜单车的雏形做了出来。“技术过关，但是视觉不完美”，胡玮炜不满意，“必须再研发”。为提高工艺，这回胡玮炜下了血本，花大价钱请来一位日本海归重新设计车型和部分零件，光智能锁就研发了 8 个型号。

2015 年 11 月，第一代 200 辆摩拜单车终于问世，橘红的轮胎，全铝车身，还带一把智能锁，“看起来很时尚、很醒目”。

胡玮炜决定选择上海试水，一来无锡距离上海近，省钱。二来当年上海举办世博会，在街边画上了很多白线区域作为自行车停车点，“上海人对停放自行车很有经验，城管不会抓”。为不过早暴露产品和模式，同时通过试点发现一些问题，胡玮炜确定了两个投放原则。一是低价，人人骑得起。骑半小时 1 元，是公交的一半，地铁的 1/3。押金为 299 元，也是全国十几个城市公共自行车押金的平均值。二是悄悄进行。每辆自行车没有公司 logo，公司的网站也不对外宣传。

2016 年 4 月 22 日，第 47 个世界地球日，5000 辆摩拜单车正式投放。在上海北部的大宁灵石公园，15 分钟内就有 10 辆车被骑走，因为大宁公园附近有许多离地铁站说远不远说近不近的办公楼，“走路要花 15～20 分钟，而骑车 5 分钟就搞定”。

一个月后，上海当代艺术博物馆市场部的负责人找上门来。博物馆离最近的地铁站只有 1 千米左右的距离，但是，就是那段距离成了票房的“死穴”。为吸引客流，他们没少费心思，也没少投钱，可是效果根本不理想。摩拜单车一出现，情况就不一样了，去博物馆参观的人多了一半，“希望每天能在博物馆附近投放 100 辆摩拜单车”。

事情很快出乎了胡玮炜的想象，在接下来的 100 天，一共有 50 万人注册。她唯一能做的就是加班加点，“补充更多车辆放到街上。”那段时间，几乎每天晚上 10 点后，装满摩拜单车的大货车就进入上海市区，一直要忙碌到凌晨两三点才结束。到了 8 月，胡玮炜在上海建立了 230 多个停车点，有 71 个地铁站的自行车收费点对摩拜单车免费开放。令她喜出望外的是，摩拜用户单次骑行最远的距离达到 5 个小时 40 千米，“单个用户单日骑行最多的次数高达 12 次”。

“是时候进军北京了”！不过，北京有个非常厉害的竞争对手小黄车。好在当时的小黄车都集中在高校，所以胡玮炜决定把重点放在大街小巷。胡玮炜把投放地点选在了四环和五环的连接点——中关村。因为中关村号称硅谷，是 IT 产业的聚集地，“人流量大，年轻人多”。

摩拜单车北京发布会广告如图 3-8 所示。

图 3-8 摩拜单车北京发布会广告

骑摩拜单车的人一多，大家开始好奇，“骑别的单车都会出现‘我已经被报修’等放鸽子的情况，为什么摩拜从来就没有呢”？原来，摩拜的轮胎是实心的，不打气也不怕扎，压根就没链条，不存在掉链子的问题，而且 1000 元的成本、4 年的保修期。所以，摩拜根本不存在什么售后的问题。更让人叫绝的是摩拜的智能锁，一骑就发电，手机一扫就开锁，不用手动开锁，“真正的随想随停”。

摩拜的运行轨迹，最开始活跃在五道口，很快向昌平区、朝阳区蔓延，10 天以后，远离市区的沙河、通州和顺义都闪烁起了“使用痕迹”。15 天后，注册用户突破 10 万人。

2016 年 10 月，胡玮炜拿到了高瓴资本、华平投资领投的 1 亿美元。3 个月后，华平资本再投入 2.15 亿美元。有了钱，胡玮炜一口气生产了几十万辆新型摩拜单车。她开始攻城略地，一线城市北京、上海、广州、深圳，二线城市武汉、厦门、郑州……，注册用户数量 80 万、100 万、150 万、200 万。很快，风火轮状的单车开始涌现在神州大地的版图上。

在李开复的撮合下，2017 年 1 月，富士康和摩拜达成战略合作，富士康海内外的数十家工厂将为摩拜提供专门的生产线，摩拜的生产能力可以达到年产 1000 万辆。

正是借着富士康的通道，摩拜就此走向世界。目前，摩拜在 8 个国家 150 个城市投放了 700 万辆车，算上中国，注册用户已经突破 1.5 亿人。摩拜被美国权威财经媒体《财富》杂志评为“2017 年改变世界的 50 家公司”之一。

截至 2017 年 4 月 28 日，新增注册用户 2400 万人，创下共享单车有史以来的最高纪录，“一个用户押金 299 元，2400 万个用户就意味着 70 多亿元的资金沉淀”，摩拜估值也达到了惊人的 100 亿元。

问题：查阅资料，胡玮炜作为一名成功的创业者，其个性心理特征有哪些具体表现？

3．章节综合实训

气质、性格类型测试及客户针对性营销策略分析

实训目的：

结合本章“消费者的个性心理特征”的知识内容，熟练掌握气质、性格和能力对消费者行为的影响，以气质、性格类型测试的形式，对自己的气质、性格类型进行分析，认识自身气质、性格类型的优点和缺点，同时了解针对不同的消费者应注重哪些问题。

实训课时：

2 课时。

实训内容：

（1）提前打印气质、性格测试问卷。

（2）类型测试。

（3）自身气质、性格类型评定。

（4）以分组为单位，各自针对自身气质、性格中的优点和缺点进行分析。

（5）以分组为单位，讨论不同气质、性格类型消费者的行为特点，以及应注意的问题。

（6）分组汇报讨论要点。

（7）教师点评。

实训条件：

多媒体实训室。

实训要求：

项　目	内 容 要 求	分 值 比 例
每人的气质类型确定	注意气质与性格的区别	20%
分组讨论	注意团队合作	30%
汇报效果	注意现实生活中不同气质、性格类型消费者的接待应注意的问题	50%

附 1：

气质类型测试表

指导语：调查表中一共有 60 个题目，请你根据自己的情况如实回答。每题共有 5 个档次分数，你认为符合自己情况的，请在□内记下数值 2；较符合的记 1；介于符合与不符合之间的记 0；较不符合的记−1；完全不符合的记−2。

气质类型测试题（每题都要回答）

（1）做事力求稳妥，不做无把握的事。□

（2）遇到可气的事就怒不可遏，想把心里话全说出来才痛快。□

（3）宁肯一个人干事，不愿很多人在一起。□

（4）到一个新的环境很快就能适应。□

（5）厌恶那些强烈的刺激，如尖叫、噪声、危险镜头等。□
（6）和人争吵时，总是先发制人，喜欢挑衅。□
（7）喜欢安静的环境。□
（8）善于和人交往。□
（9）羡慕那种善于克制自己的感情的人。□
（10）生活有规律，很少违背作息制度。□
（11）在多数情况下情绪是乐观的。□
（12）碰到陌生人觉得很拘束。□
（13）遇到令人气愤的事能很好地自我克制。□
（14）做事总是有旺盛的精力。□
（15）遇到问题常常举棋不定，优柔寡断。□
（16）在人群中从不觉得过分地拘束。□
（17）情绪高昂时，觉得干什么都有趣；情绪低落时，又觉得干什么都没有意思。□
（18）当注意力集中于一个事物时，别的事很难使我分心。□
（19）理解问题总比别人快。□
（20）碰到危险情景时，常有一种极度的恐怖感。□
（21）对学习、工作、事业怀有很高的热情。□
（22）能够长时间做枯燥、单调的工作。□
（23）符合兴趣的事情，干起来劲头十足，否则就不想干。□
（24）一点小事就能引起情绪波动。□
（25）讨厌那种需要耐心、细致的工作。□
（26）与人交往不卑不亢。□
（27）喜欢参加热烈的活动。□
（28）爱看感情细腻、描写人物内心活动的文学作品。□
（29）工作学习时间长了常感到厌倦。□
（30）不喜欢长时间谈论一个问题，愿意实际动手干。□
（31）宁愿侃侃而谈，不愿窃窃私语。□
（32）别人说我总是闷闷不乐。□
（33）理解问题常比别人慢一些。□
（34）疲倦时只要短暂的休息就能精神抖擞，重新投入工作。□
（35）心里有话宁愿自己想，不愿说出来。□
（36）认准一个目标就希望尽快实现，不达目的，誓不罢休。□
（37）同别人一样学习、工作一段时间后，常比别人更疲劳。□
（38）做事有些莽撞，常常不考虑后果。□
（39）老师或师傅讲授新知识、新技术时，总希望他讲慢些，多重复几遍。□
（40）能够很快地忘记那些不愉快的事。□
（41）做作业或完成一件工作总比别人花的时间多。□
（42）喜欢运动量大的剧烈体育运动，或者参加各种文艺活动。□

（43）不能很快地将注意力从一件事情转移到另一件事情上去。□
（44）接受一个任务后，就希望把它迅速解决。□
（45）认为墨守成规比冒风险强些。□
（46）能够同时注意几件事。□
（47）当我闷闷不乐时，别人很难使我高兴起来。□
（48）爱看情节跌宕起伏的激动人心的小说。□
（49）对工作抱有认真、严谨、始终如一的态度。□
（50）和周围人的关系总是相处不好。□
（51）喜欢复习学过的知识，重复已掌握的工作。□
（52）希望做变化大、花样多的工作。□
（53）小时候会背的诗歌，我似乎比别人记得清楚。□
（54）别人说我“出语伤人”，可我不觉得这样。□
（55）在体育活动中，常因反应慢而落后。□
（56）反应敏捷，头脑机智。□
（57）喜欢有条理而不甚麻烦的工作。□
（58）兴奋的事常使我失眠。□
（59）老师讲新概念时常常听不懂，但弄懂以后很难忘记。□
（60）假如工作枯燥无味，马上就会情绪低落。□

确定你属于哪种气质的办法如下：

1. 把每题得分按下表题号相加，并算出各栏的总分。

气质类型得分表

胆汁质	题号	2	6	9	14	17	21	27	31	36	38	42	48	50	54	58	总分
得分																
多血质	题号	4	8	11	16	19	23	25	29	34	40	44	46	52	56	60	总分
得分																
黏液质	题号	1	7	10	13	18	22	26	30	33	39	43	45	49	55	57	总分
得分																
抑郁质	题号	3	5	12	15	20	24	28	32	35	37	41	47	51	53	59	总分
得分																

2. 如果多血质一栏得分超过 20 分，其他三栏得分较低，则为典型多血质；如这一栏在 10～20 分，其他三栏得分较低，则为一般多血质；如果有两栏的得分显著超过另两栏得分，而且分数比较接近，则为混合型气质，如胆汁质—多血质混合型、多血质—黏液质混合型、黏液质—抑郁质混合型等；如果某一栏的得分很低，其他三栏都不高，但很接近，则为三种气质的混合型，如多血质—胆汁质—黏液质混合型或黏液质—多血质—抑郁质混合型。

多数人的气质是一般型气质或两种气质的混合型，典型气质和三种气质混合型的人较少。

附2：

性格类型测试表

按照个体行为的独立性分类，性格可以分为独立型性格和服从型性格。回答以下问题，对自己的性格类型进行测试。

（1）如果你是个女孩，假设你会有兄弟姐妹，那么你希望有什么？

A. 妹妹　　B. 弟弟　　C. 哥哥

如果你是个男孩，假设你会有兄弟姐妹，那么你希望有什么？

A. 弟弟　　B. 妹妹　　C. 姐姐

（2）你正在聚精会神地完成一项工作，你的朋友告诉你好不容易弄来几张足球赛入场券，可是你现在并不想去，你会怎么办？

A. 权衡一下当时的情况再决定去不去

B. 谢绝朋友邀请，继续干自己的事

C. 你感到盛情难却，放下工作和朋友看足球比赛

（3）你的老师因不明情况对你进行了并不完全符合实际的指责，你会怎么办？

A. 说明情况，并请求予以澄清

B. 尽管心里很委屈，但担心留下不虚心的印象，还是忍气吞声了

C. 介于A、B之间

（4）在社会上流行一种时髦的发式，你会怎么办？

A. 不确定

B. 不管流行与否，我觉得不好就不做

C. 看到别人做，自己便急忙做起来

（5）你走在大街上，天公不作美，下起倾盆大雨。在大街两旁有两处与你相同距离的避雨处，A处已有很多人避雨，而B处却寥寥无几。你会选择哪处避雨呢？

A. B处　　B. 不确定　　C. A处

（6）你到一个风光旖旎的风景区去旅游，中途迷了路，你该怎么办？

A. 会着急，但是会找方法寻路，问人、看地图等

B. 按导游图所标明的方向加以判断，然后走下去

C. 你心里着急，后悔没有和知道路的朋友一起走，只好一路上找人打听询问

（7）你所在的班级要推选班长，有人提阿顺的名，有人提阿辉的名，你赞成阿辉而不赞成阿顺，但举手表决时先表决阿顺，你会怎么办？

A. 不确定

B. 即使多数人举手同意阿顺，我也不举手

C. 看到多数人举手同意阿顺，我也举手同意

（8）有的同学能力比你强，有的比你弱，也有的和你不相上下，那你希望与谁共事呢？

A. 较少考虑，如果选择的话，选能力接近的

B. 比自己弱的

C. 比自己强的

（9）到公园划船，水深船小，有点儿晃动，你会怎样登上船呢？

A. 不确定

B. 自己跳上去

C. 扶着朋友的手登上去

（10）闲暇时，你免不了和知心朋友散步，几个人走在一起总要有前有后，那么，你喜欢走在朋友的哪一面？

A. 不确定　　B. 前面　　C. 后面

选A得3分，选B得1分，选C得5分，算算你的分数吧。

10～18分：你是独立型性格。你有胆识，理解力强。你不满那些陈规陋习，积极性高，又有坚定的信念，一旦下定决心，绝不热衷于改变周围的一切。在与人们的关系上，你喜欢领导别人而不愿受人指挥。只要机缘好，几年之后就会令人刮目相看。你要注意的是不要过于自信，过于自信会使人对你敬而远之。

19～38分：你是内向型性格。你办事稳健，在众人面前不卑不亢。别看你平时处事坦然，但到了关键时刻也能显示你的胆识。基于责任感，你很少办错事。正因为仍然有这些优点，所以很容易被周围的人喜欢。

39～50分：你是顺从型性格。你心地善良，待人温顺，承受能力强，又善解人意。你无论到哪里都会得到人们的欢迎，你的朋友和你相处的时间越长，越会感到你的魅力。你的不足是遇事缺少主见，容易改变自己的主张去适应别人，这就容易失掉个性。

名人名言

推销的要点不是推销商品，而是推销自己。

——乔·吉拉德

第4章

消费者购买过程的心理活动

知识要点

- ❖ 消费者需求理论中的兴趣、需要、购买动机在消费者购买行为中的作用
- ❖ 消费者购买决策的类型、内容及购买决策过程
- ❖ 消费者购买行为类型及购买行为过程的心理分析

能力要点

- ❖ 熟悉消费者的兴趣、需要、购买动机的不同表现
- ❖ 熟练掌握消费者购买决策与购买行为的内容，有针对性地采取营销措施，缩短购买过程，促成消费者的购买行为

导入案例

聚划算帮你搞定“头等大事”

曾几何时，脱发、秃头只是中老年人的烦恼，专属于 40 岁以上的人群。

如今这个烦恼却缠上了年轻人，脱发的人群越来越趋年轻化。根据之前中国青年网对全国 643 所高校的问卷调查，有超过 5 成的学生处于脱发状态，近 6 成学生认为脱发会让形象变差，超过 3 成学生认为脱发影响了正常的生活、学习。

1. 魔性沙雕视频，精准定位脱发人群

2019 年，聚划算针对脱发人群推出了一则宣传短片：在一个宁静的小巷街边，有一个卖洗发、护发产品的小摊。小摊主播放起了音乐，立马吸引了一大批有脱发问题的人群。这一群“秃头”聚集到小摊上，要求用上洗护产品，还开始跳起了“尬舞”！拿到洗护产品后，他们竟然真的开始在路边洗头！洗完头之后，拿毛巾一擦，各位的光头上连着亮出了 8 个大字“头等大事上聚划算”。

在人群的定位上，聚划算颇为精准。视频中的光头，在年龄上有青年、中年、老年，在脱发情况上有头发少、地中海、全秃，可以说全面覆盖了有脱发问题的人群，让有类似问题的观众产生强烈的代入感。

2. 聚划算联动 6 大品牌解救秃头，诙谐海报传达多种方式

为响应视频短片的推出，聚划算在官方微博上，联合海飞丝、霸王洗发水、云南白药养元青、袋鼠妈妈、阿道夫、triptychoflune 三谷 6 大洗护品牌，发起了“今天你头秃了吗”微博话题，阅读量超过了 4000 万次。

在产品落地方面，聚划算借助了兄弟品牌手机淘宝。消费者在手机淘宝上搜索“头秃有救了”，就会出现上述 6 大品牌的优惠护发产品。有买就送套装的“霸王育发防脱洗发水”、买一送一的“海飞丝防脱 3 件套”、第二套半价的“云南白药防脱育发套装”……

这一系列的产品涵盖了养护、防脱等功能，全方位地为消费者解决脱发秃头的烦恼，同时也借助 6 大品牌进一步扩大了活动的影响。

在推广的形式上，聚划算灵活运用了创意海报的形式，变身为“聚划算诊所”。运用精美漫画的形式，给人耳目一新的感觉，画中的主角以年轻人为主，也传达了对年轻人脱发问题的关注。

在文案上，这组海报颇有幽默诙谐之处，如“再秃的头顶都是希望的田野”（见图 4-1）、“却没想过头皮也需要做面膜”。文案的内容**对应了联合的品牌**，如老中医对应云南白药，洗头皮则呼应了海飞丝。

图 4-1　聚划算脱发广告示例

3. 线上线下联动，聚划算将治脱发进行到底

聚划算的营销阵地不只在线上，也延伸到了线下空间。聚划算在河南省许昌市举办了“聚美力假发产业带联合发布会”，探讨如何更好地用假发帮助脱发人群。在活动现场，还有专业发型师展示如何制作一顶合适的假发。

为宣传假发对脱发人群的作用，聚划算还联合国内知名植发品牌“碧莲盛”，发布了“最秃出脱发志愿者”召集令。只要年满 18 岁，有脱发的烦恼，就可以报名参加，碧莲盛将会从中选择 5 个人送出免费植发名额。

通过脱发志愿者的召集令，广泛引起人们的注意，再用免费的植发名额，为消费者提供实惠，精准击中了脱发人群的痛点。

（资料来源：营销报（ID：iyingxiaobao） 作者：孙明（营销报主笔））

【头脑风暴及实践应用】

头脑风暴：

聚划算帮你搞定“头等大事”，主要体现了消费者的哪些消费需求？

实践应用：

查阅资料，和其他电子商务网站相比，聚划算主要针对哪些消费人群？其消费行为有何不同？

消费者的购买行为是一系列环节、要素构成的心理活动过程，在这一过程中，消费者需求是购买行为产生的前奏，而购买决策最终起主导作用。聚划算在深层次挖掘了脱发人群的兴趣、需要和动机，开展针对性的推广活动，促使宣传工作顺利开展。

4.1 消费者需求理论

消费者的购买行为是在一定的目标指导下受消费者的兴趣、需要和动机等消费心理因素的影响而完成的。营销人员需研究、掌握兴趣、需要和购买动机在消费者购买过程中的作用，促进商品的销售。

消费者的购买行为是在一定的目标指导下受消费者的兴趣、需要和购买动机等消费心理因素的影响而完成的。

4.1.1 消费者的兴趣

1. 兴趣的含义

所谓兴趣，是指一个人力求接触和认识某种事物的意识倾向。消费兴趣是指消费者需要某种商品的意识倾向。在消费过程中，当消费者对某一商品或劳务有需要时，便会对该商品或劳务产生兴趣，从而成为消费者购买活动的动力因素之一。

2. 兴趣的种类

（1）依据兴趣的内容和倾向性，兴趣可分为物质的和精神的。

① 物质的兴趣是指人们对物质产品的兴趣。例如，消费者对衣、食、住、行等商品的渴望和爱好。

② 精神的兴趣是指人们为满足精神需求而形成的态度倾向。例如，对文学、艺术的爱好等。

（2）依据兴趣反映到消费者购买商品种类的倾向性的不同，兴趣可分为偏好型、广泛型、固定型和随意型。

① 偏好型。此类消费者的兴趣非常集中，甚至可能带有极端化的倾向，直接影响他们购买商品的种类。

② 广泛型。此类消费者具有多种兴趣。他们对外界刺激反应灵敏，可以受到各种商品广告、宣传、推销方式的吸引或社会环境的影响，购买不拘一格。

③ 固定型。此类消费者兴趣持久，往往是某些商品的长期品牌忠诚者。他们的购买具有经常性和稳定性的特点。其与偏好型的区别在于尚未达到成癖的地步。

④ 随意型。此类多为兴趣易变的消费者，对某种商品无特殊偏爱或固定习惯，非长期的忠实消费者，容易受到周围环境的影响，不断转移兴趣的对象，因时而异地购买商品。

讨论

你在日常购买服装、化妆品、手机等商品时，表现为以上哪种兴趣类型？

____

____

3．兴趣在商品销售过程中的具体应用

在与消费者的接触过程中，营销人员要判定消费者的兴趣类型，结合自己对产品的了解快速判定特定消费者的兴趣集中点，围绕一至两个兴趣集中点来展开推销，做到有的放矢。

一般来说，消费者购买商品的兴趣集中点主要有以下几种。

（1）使用价值。商品的使用价值是兴趣的基本集中点。详细地介绍产品的功能是必不可少的，也是首要的。对于经济上不是很宽裕的消费者，强调商品的多种功能就显得尤为重要。

（2）流行性。流行性是年轻消费者的一个重要兴趣集中点，大多数装饰品、高档日用品都应突出这一集中点。营销人员可根据消费者的着装和随身用品判断其兴趣是否集中于此。

（3）安全性。安全性对于食品、婴幼儿用品、老年用品、电器等非常重要。特别是老年消费者及为人父母的消费者的兴趣会集中于此。

近几年，儿童电话手表非常畅销。外出游玩时，父母能随时随地查看孩子所处的位置，防止孩子走丢。孩子如果遇到突发危险，按一下表上的 SOS 键，手表就会轮番拨打三个亲情号，通知家长；家长还可以给孩子设置一个安全场景，如学校，一旦孩子离开这个场景，家长的手机上就会发出提示，家长可以立即追踪过去。这一产品主要是抓住了父母对孩子安全的兴趣集中点。儿童电话手表广告示例如图 4-2 所示。

图 4-2　儿童电话手表广告示例

小天才电话手表广告完整版

（4）美观性。青年消费者及年轻夫妇较重视商品的美观性，女性消费者也比男性消费者更多地重视这一点。

（5）教育性。随着收入的提高，人们日益关注商品的教育性，尤其是婚育家庭的消费者则更为关注。

（6）保健性。对于食品、服装、用具，针对老年人要强调保健性，有财力和有时间关注健康的消费者尤其重视这一点。

（7）耐久性。耐久性作为使用价值中一个特殊方面受到大多数消费者的重视，但有些强调时尚的商品则不必强调其耐久性，对于青年消费者，这一点往往考虑不多。

（8）经济性。强调商品的性价比优势无疑会使那些经济不宽裕的消费者的承受力加强。

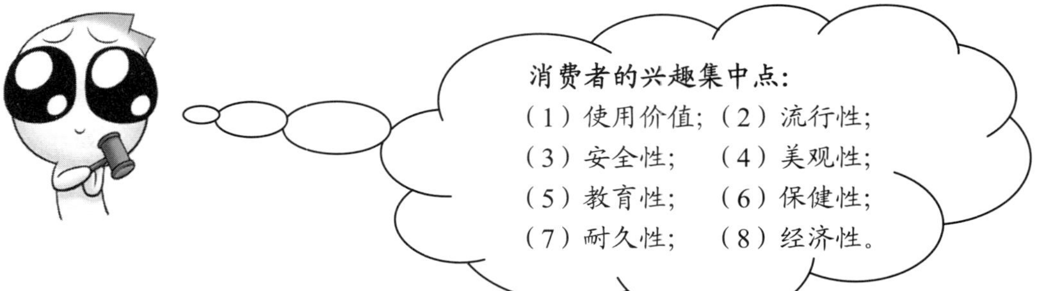

[实例链接 4-1]

方便面主流口味：南海鲜北酸菜

天猫平台发布的《泡面口味进阶图》显示，2018 年，有 4000 万人次在天猫上消费了超过 6 亿袋方便面。上海、北京、杭州、深圳、广州、武汉、南京、苏州、重庆、郑州等城市消费量居前。其中，长江以南用户偏爱海鲜口味，长江以北用户则更喜欢酸菜口味。

目前，消费者对泡面口味需求呈现多样性，已经不仅仅停留在红烧牛肉面、香菇炖鸡面和鲜虾鱼板面等口味上。数据显示，与 10 年前相比，人们对方便面的口味拥有了更多选择。除了冬阴功汤口味、咸蛋黄口味、骨汤叉烧味这样的“菜鸟级”口味，还有鸭脖子味、小龙虾口味、花雕醉鸡口味甚至蜂蜜芝士味等，如图 4-3 所示。不过，相比这些小众口味，更主流的海鲜口味和老坛酸菜口味仍是国人对泡面的最主流选择。南海鲜、北酸菜，从地域分布看，一条长江成为划分南北口味的地理分隔线。

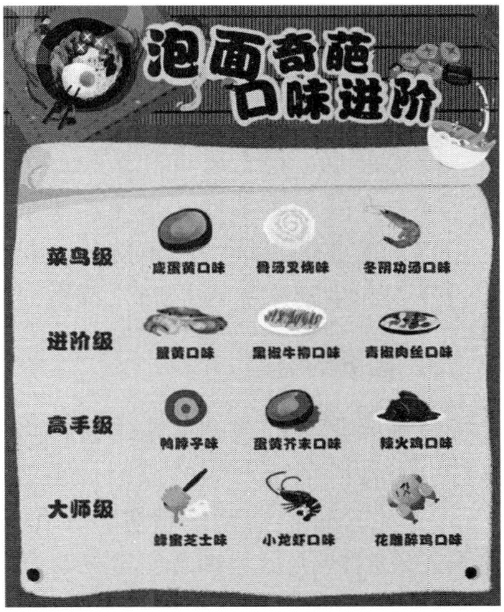

图 4-3　泡面口味进阶图

从品牌和单品来看，在天猫上，尽管康师傅仍然位居国人方便面选择的首位，但三养、统一、日清、白象、农心等品牌紧随其后，成为年轻人的最新选择，其中不乏新锐品牌，如开店不到两年的网红拉面“拉面说”。

除了口味和食材上的多元化，“颜值党们”对泡面包装也提出了更高的要求。从适应在家简餐的袋装面，到出差旅行果腹的杯装、桶装面，还出现了纸盒包装泡面等。数据还显示，在天猫消费方便面的用户中，以 95 后居多，且近 70%是女性。

世界方便面协会数据显示，2014 年，中国的方便面市场销售量达 444 亿份，但是从 2015 年开始，销量逐步下降，到 2016 年时仅售出 385.2 亿份，创下新低。2017 年仅售出 385.2 亿份，再创新低。但从 2018 年起，中国方便面市场销量明显回暖。

（资料来源：中国消费者报 · 中国消费网　作者：文可）

4.1.2　消费者的需要

1. 需要的含义

需要是指消费者生理和心理上的匮乏状态，即感到缺少些什么，从而想获得它们的状态。个体在其生存和发展过程中会有各种各样的需要。例如，饿的时候有进食的需要，渴的时候有喝水的需要，在与他人交往中有获得友爱、被人尊重的需要等。

2. 需要的特征

需要的发生、发展、变化及各种表现形式具有以下基本特征。

（1）需要的层次性。在满足各种需要的过程中，消费者将首先满足低层次的需要，之后较高层次的需要才会显现出来并逐步成为主要的满足对象。

（2）需要的多样性。需要的多样性不仅体现在每一个人的需要是多种多样的，还体现在同一种需要对于不同的人也是各不相同的。

（3）需要的互补性和互替性。消费者对某些商品的需要具有互补性的特点。例如，计算机的购买可能会附带购买打印机、扫描仪等。此外，许多商品具有互替性的特点。例如，目前旅行交通的消费，飞机、高铁、长途大巴则可以互相替代。

（4）需要的伸缩性。消费需要具有一定的伸缩性，受到货币收入、支付能力、商品供应和价格等因素的制约。

（5）需要的可诱导性。需要可以诱导，需要虽是个人消费欲望，但同时受到外界商业广告、橱窗展览、柜台咨询和销售服务等因素的影响。

（6）需要的季节性。需要的季节性是指消费者的需要随季节的变化而变化的现象。

（7）需要的发展性。消费需要是发展的，随着科学技术和生产的发展，社会在进步，人们的收入和生活水平在提高，需要也随之发生变化。

3．需要的类型

消费者需要的内容非常丰富，可以从以下不同的角度对其进行分类。

（1）按照需要产生的原因，需要可以分为生理性需要和社会性需要。

① 生理性需要是消费者为了维持和发展个体生命而产生的对客观事物的需求和欲望。例如，人们对饮食、休息、运动、御寒等的需要。

② 社会性需要是消费者为了参加社会活动，进行社会交往而产生的对客观事物的需求和欲望。例如，人们对劳动、友谊、爱情、归属、社会地位、成就、威望等的需要。

（2）按照需要的实质内容不同，需要可以分为物质需要和精神需要。

① 物质需要是指消费者在物质生活和社会交往中对社会物质产品的需求和欲望。例如，人们对食品、服装、住房、家用电器、高档家具的需要。

② 精神需要是指消费者对精神生活和精神产品的需求和欲望。例如，人们对理解、沟通、友情、关心和情感交流的需要等。

（3）按照需要的实现程度不同，需要可以分为现实需要和潜在需要。

① 现实需要是指消费者具有明确的消费意识和足够的消费能力，已经或即将实现的消费要求。

② 潜在需要是指消费者的消费意识和消费能力目前尚未完全具备，但已列入消费计划的需要。

（4）按照需要的层次不同，需要可以分为生存需要、享受需要和发展需要。

① 生存需要是指消费者为了维持生存而产生的对基本生活物品的需要。例如，人们对衣服、食品、房屋等的需要。

② 享受需要是指消费者为增添生活情趣，实现感官和精神愉悦而产生的需要。例如，人们对文化娱乐、旅游、社交活动等的需要。

③ 发展需要是指消费者为发展智力和体力，提高个人才能，实现人生价值而对所需消费品的需要。例如，人们对教育、书籍、计算机等的需要。

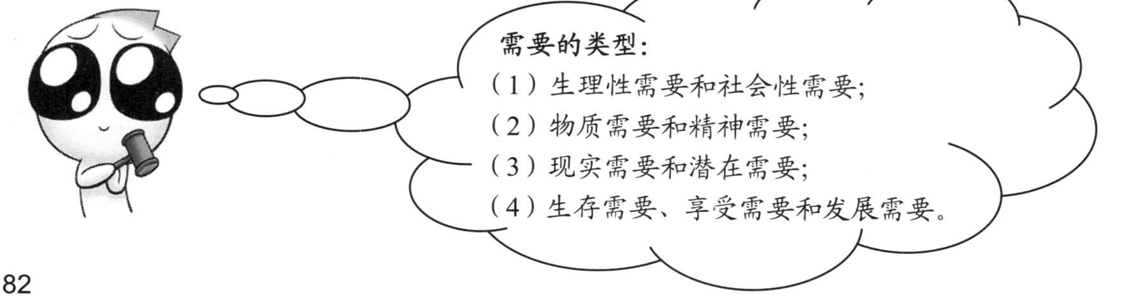

4．马斯洛的需要层次理论

美国心理学家马斯洛将人类需要按低级到高级的顺序分成五个层次，如图 4-4 所示。

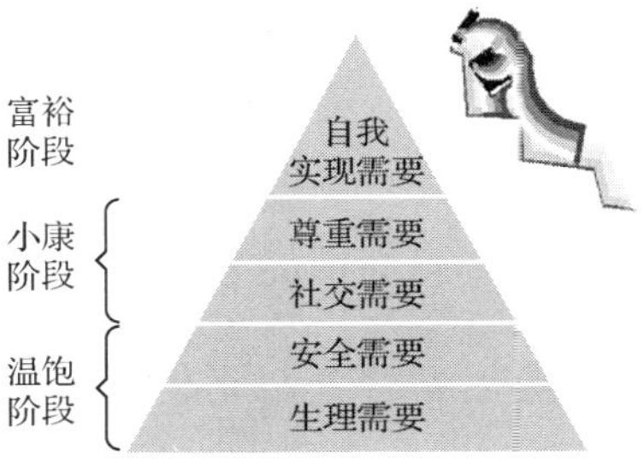

图 4-4　马斯洛需要层次

（1）生理需要。生理需要是指人为了维持和发展个体生命而对外界条件的需要，是最低层次的需要。例如，人们对衣、食、住、行等的基本需要。

（2）安全需要。安全需要是指人为了保护自己的生理和心理免受伤害，获得保护、照顾和安全感的需要。例如，要求人身的健康，安全、有序的环境，稳定的职业和有保障的生活等。

（3）社交需要。社交需要是指人希望给予和接受别人的友情与爱情，以及得到某些社会团体的重视和容纳的需要（归属感）。例如，人们对结识朋友、交流情感、表达爱情、参加社会团体活动等的需要。

（4）尊重需要。尊重需要是指人对其自尊心、荣誉感和受人尊重及其在社会获得一定地位的需要。例如，人们对独立、自由、自信、地位、名誉、认同和被尊重等的需要。

（5）自我实现需要。自我实现需要是人类最高层次的需要，是满足个体把各种潜能都发挥出来的一种需要，如不断地追求事业成功、使技术精益求精等。

[实例链接 4-2]

马斯洛需要层次理论在家居产品销售中的应用

家居销售顾问在与消费者沟通过程中，应通过消费者的言行举止分析消费者存在的不同需求，运用不同的沟通语言诱导消费者，给予相应的产品推荐。

（1）生理需要是指人为了维持和发展个体生命而对外界条件的需要。例如，刚在异地上班的大学毕业生对家居产品的基本需要。

沟通语言：“您敲一下这板材，您能感受到结实耐用，随便您怎么搬动都不会散架，没问题的。而且我们这几天正在搞活动，价格非常实惠。”

（2）安全需要是指人为了保护自己的生理和心理免受伤害，获得保护、照顾和安全感的需要。例如，消费者要求家居产品安全、环保等，如图 4-5 所示。

沟通语言：“您给孩子买家具，相信您第一考虑的肯定是健康、安全。您看我们的家具经过了××环保认证，您尽管放心。”

（3）社交需要是指人希望给予和接受别人的爱情与友情，以及得到某些社会团体的重视和容纳的需要（归属感）。例如，消费者对家庭客厅产品的需要。

沟通语言：“您可以想象一下每次您和您的爱人一起在这张精美的木桌边用餐和交谈时，你们夫妇的那种幸福感。木制品可以使房间更温暖，您不这样认为吗？”

（4）尊重需要是指人对其自尊心、荣誉感和受人尊重及其在社会获得一定地位的需要。

例如，消费者对能代表一定消费水平、品位的高档产品、品牌家居产品的需要。

图 4-5　家居产品安全需要广告示例

沟通语言：“想象一下这张纹理素雅的饭桌会怎样美化您的房间，流线型的设计会更好地烘托出主人的高雅艺术品位。”

（5）自我实现需要是指满足个体把各种潜能都发挥出来的一种需要。例如，消费者对高档次、奢侈家居品牌的消费等。

沟通语言：“一看您就是搞艺术的，这款家具我们限量销售，并且我们独家发售，专门针对您这样的成功人士。”

讨论

假设你是一位汽车公司的销售员，结合本案例，试问你将如何与消费者进行语言沟通。

____

____

4.1.3　消费者的购买动机

1．购买动机的含义

购买动机是指为了满足一定的需要而引起人们购买行为的愿望或意念，是推动购买活动的内在动力，也是消费者购买行为的直接出发点。

动机的产生必须具备两个条件，一是有一定强度的需要；二是具有满足需要的目标和诱因。

2. 购买动机的类型

购买动机的类型具有一般购买动机和具体购买动机两种划分方法。

（1）一般购买动机。消费者的一般购买动机可分为生理性购买动机和心理性购买动机两大类。

① 生理性购买动机。生理性购买动机是指消费者为了满足生理本能的需要而产生的购买动机。例如，消费者对衣、食、住、行等基本生活资料的购买动机。

② 心理性购买动机。心理性购买动机是指消费者由于心理需要而产生的购买动机。其主要是由后天的社会或精神需要所引起的，是消费者除本能以外，为满足、维持社会生活需要而产生的各种购买动机。

（2）具体购买动机。在实际购买活动中，消费者购买商品的心理活动是非常复杂的，其需要和欲望是多方面的，因而形成了形形色色的具体的购买动机。

① 求实动机。求实动机是指消费者以追求商品的使用价值为主要目标的购买动机。此类消费者购买商品时特别重视商品的实际效用、功能质量，讲求经济实惠、经久耐用等。此类消费者在消费者群中最具普遍性和代表性，是中低档和大众商品的主要购买者。

② 求新动机。求新动机是指以追求商品的新颖、奇特、时尚为主要目标的购买动机。具有这种购买动机的消费者特别重视商品的款式、颜色、造型是否符合时尚或与众不同，而不太注重商品的使用程度和价格。

③ 求美动机。求美动机是指以追求商品的艺术价值和欣赏价值为主要目标的购买动机。具有这种购买动机的消费者重视商品本身的色彩美、造型美、艺术美，注重对人的精神生活的陶冶作用，而对商品本身的使用价值不太重视。

④ 求便动机。求便动机是指以追求购买过程的方便、快捷、省时为主要目标的购买动机。特别是购买日常生活用品，如油、盐、肥皂等，求方便、简便，很少有人顾及商标和商店等。购买家电时，还考虑售后服务方便。

⑤ 求廉动机。求廉动机是指以追求商品价格低廉，希望以较少的货币支出获得较多物质利益为主要目标的购买动机。该类消费者对价格的变化反应格外敏感，对处理价、优惠价、特价、折扣价的商品特别感兴趣，这些人是低档商品、残次商品、积压商品的主要推销对象。

⑥ 求名动机。求名动机是指以追求名牌商品、高档商品或仰慕某种传统商品的名望为主要购买目标的购买动机。此类消费者追求所购商品显示自己的地位和名望，注重商品的品牌、档次及象征意义，而不太重视商品的使用价值。

⑦ 好胜动机。好胜动机又称攀比购买动机，是以争强好胜或与他人攀比并胜过他人为主要目标的购买动机。其购买某种商品大多是为了片面地超过他人而强化个人的消费欲望，以求得心理上的平衡和满足。

⑧ 嗜好动机。嗜好动机是指以满足个人特殊偏好为目标的购买动机，如喜好花木、爱古董字画、爱鸟兽鱼虫等。此类消费者的购买行为比较理智，指向也比较集中和稳定。

⑨ 安全动机。安全动机的核心是要求商品或劳务的消费不会给自己的生命和身心健康带来危害。此类消费者在药品、食品、家用电器等用品的选择上表现得较为突出。

[实例链接 4-3]

哈根达斯——高端卡位的智慧

“哈根达斯”这个听起来颇具北欧风情的冰激凌品牌，是移居美国的波兰人鲁本·马特斯在 1961 年创办的。哈根达斯进行了另类而清晰的自我定位——在大部分冰激凌品牌仍在街头流动雪糕车上销售，力图用低廉的价格和美味吸引更多回头客时，哈根达斯将自身定位为顶级雪糕的代表，以自我沉醉、愉悦万分的感官享受为卖点，占领高端成人消费市场。

20 世纪 80 年代，哈根达斯在欧美市场大获成功，除了对“尊贵、稀有”品牌气质的强调以外，与浪漫爱情的关联也成为其成功的关键要素。哈根达斯为冰激凌甜蜜香滑的口感赋予各种带有浓情意味的象征——情人的亲吻、指尖的缠绕、绵长温柔的拥抱，进而将品牌的目标顾客从尊贵一族调整为对爱情怀有旖旎幻想的女性群体。一方面，抓住了女性群体对于浪漫情调和美味食物往往难以抵抗的特质；另一方面，这种定位使产品与目标客户间产生了深层的情感维系，无论是该品牌广告中对于“爱她，就带她去哈根达斯”的极尽渲染和强调，还是顾客在品味冰品时脑中泛起的种种浮想，都将顾客群体更牢固地锁定在幻想、渴望、尝试和享受中。

围绕着情人品牌形象与尊贵冰品的定位，哈根达斯在品牌塑造上的低调路线赋予了其神秘与矜持感，契合情人间“我在你眼中独一无二”的情感需求，以精心营造出小资情调和高品位的生活，如图 4-6 所示。

图 4-6　哈根达斯冰激凌广告示例

（资料来源：《销售与市场》管理版 2015 年 03 期　作者：王新业）

3．购买动机的可诱导性

消费者的购买动机具有可诱导性。所谓诱导是指营销人员针对消费者的购买动机，运用各种方法和手段，向消费者提供商品信息资料，对商品进行说明，使消费者的购买动机得到强化，对该商品产生喜欢的倾向，进而采取购买行为的过程。

诱导方式主要有以下三种。

（1）证明性诱导。证明性诱导具体包括实证诱导、证据诱导和论证诱导三种类型。

① 实证诱导。实证诱导是指在购物现场向消费者提供实物证明的方法。例如，当场给消费者试用计算机产品、当场操作示范豆浆机等厨房小家电产品等。

② 证据诱导。证据诱导是指向消费者提供间接使用效用证据的方法。例如，向消费者提供该商品的获奖、新闻报道、民间组织如消费者协会的推荐报告等资料，作为诱导消费者产生购买动机的证据。

③ 论证诱导。论证诱导是指以口语化的理论说明取得消费者信任的方法。例如，介绍商品的成分、生产工艺、性能、使用方法等，内容要真实，切忌信口开河，劝说诱导要恰到好处，简明扼要地向消费者介绍商品，要视消费者的需要进行劝说诱导。

（2）转化性诱导。在买卖过程中，有可能出现针锋相对的局面，使买卖陷入僵局，这时就需要通过转化性诱导，缓解矛盾，缓和气氛，重新引起消费者的兴趣，使无望购买行为转变为现实购买行为。常用的转化性诱导方法有以下四种。

① 先肯定再陈述。先肯定消费者言之有理，使消费者从心理上得到满足，然后再婉言陈述自己的意见，这样容易产生好的诱导效果。

② 询问法。对消费者提出的问题，利用反问的方式提出询问的问题，请消费者再做考虑，启发消费者的购买动机。

③ 转移法。面对消费者提出的一些难以回答的问题，可采取转换话题、分散消费者注意的方法，间接地诱导消费者的购买动机。

④ 拖延法。遇到消费者提出的问题无法回答得准确、圆满时，先让消费者看商品说明书，以给消费者充分、自由的考虑时间，以便产生诱导效果。

（3）建议性诱导。建议性诱导是指在证明性诱导或转化性诱导成功后，不失时机地向消费者提出购买建议，达到扩大销售的目的。建议性诱导主要有以下五种方式。

① 建议购买高档商品。营销人员要在对消费者的购买预算做出准确判断的前提下提出该类建议，以免建议不妥伤了消费者的自尊心。

② 建议购买替代商品。该建议的条件是消费者预购买的商品本店无货，但有在质量、性能、价格上与该商品类似的其他商品，但切忌强求购买。

③ 建议购买互补商品。这类建议要注意当两种商品有主次之分时，消费者已购买主项商品，再建议其购买次项商品容易成功。

④ 建议购买大包装商品。同类商品，大包装比小包装在费用上较为经济。对于某些连续使用的消耗性商品，该类建议容易成功。

⑤ 建议购买新产品。当新产品与老产品相比有明显的性能优势时，可进行该类建议。

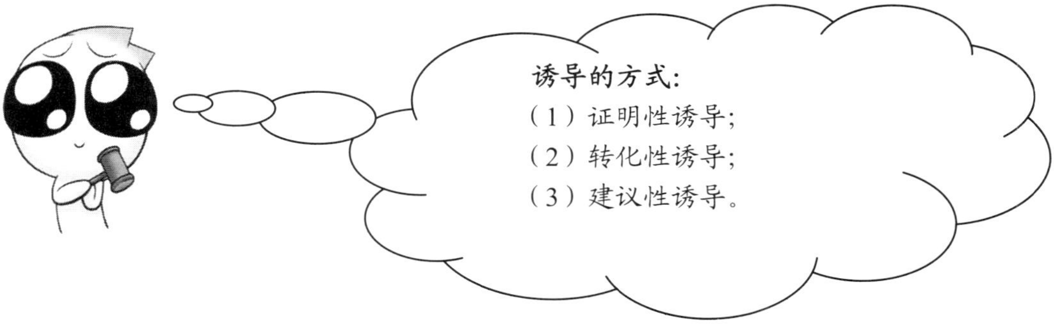

[实例链接 4-4]

最厉害的销售

一个乡下来的小伙子去应聘城里“世界最大”的“应有尽有”百货公司的销售员。

老板问他：“你以前做过销售员吗？”

他回答说：“我以前是村里挨家挨户推销的小贩子。”老板喜欢他的机灵：“你明天可以来上班了。等下班的时候，我会来看一下。”

一天的光阴对这个乡下来的穷小子来说太长了，而且还有些难熬。但是年轻人还是熬到了 5 点，差不多该下班了。老板真的来了，问他说：“你今天做了几单买卖。”

“一单，”年轻人回答说。“只有一单？”老板很吃惊地说：“我们这儿的售货员一天基本上可以完成 20 ~ 30 单生意呢。你卖了多少钱？”

“300 000 美元，”年轻人回答道。“你怎么卖到那么多钱？”老板目瞪口呆，半晌才回过神来。

“是这样的，”年轻人说，“一个男士进来买东西，我先卖给他一个小号的鱼钩，然后是中号的鱼钩，最后是大号的鱼钩。接着，我卖给他小号的鱼线、中号的鱼线，最后是大号的鱼线。我问他上哪儿钓鱼，他说海边。我建议他买条船，所以我带他到卖船的专柜，卖给他长 20 英尺有两个发动机的纵帆船。然后他说他的大众牌汽车可能拖不动这么大的船。我于是带他去汽车销售区，卖给他一辆丰田新款豪华型‘巡洋舰’。”

老板后退两步，几乎难以置信地问道：“这位顾客仅仅来买个鱼钩，你就能卖给他这么多东西？”

“不是的，”年轻人回答道，“他是来给他小孩买纸尿裤的。他说他妻子出差了。我就告诉他‘你的周末算是毁了，干吗不带着孩子去钓鱼呢？’”

4.2 消费者购买决策

消费者购买决策是指消费者为了满足某种需求，在一定的购买动机的支配下，在可供选择的两个或两个以上的购买方案中，经过分析、评价、选择并且实施最佳的购买方案，以及购后评价的活动过程。

4.2.1 消费者购买决策的内容

在市场经济中，消费者会遇到各种各样的决策问题，主要表现为以下八方面的内容。

消费者购买决策的主要内容：买什么、为什么买、为谁买和由谁买、以什么价格买、买多少、何时买、在哪里买和如何买。

1．买什么（What），即确定购买对象

决定买什么是消费者最基本的任务之一。它是决策的核心和首要问题。例如，夏季到了，为了防暑降温，需要购买空调，必须明确空调是买分体的还是买立式的？品牌是买“美的”“格力”，还是“海尔”？买什么颜色的？

2．为什么买（Why），即购买目的或购买动机

消费者的购买动机是多种多样的，需要明确。例如，同样买家庭轿车，有的人为了工作方便，有的人为了改善生活品质，而有的人则是为了显示自己的身份、地位和富有。

3．为谁买和由谁买（Who），即确定消费者和购买者

为谁买，决定着购买商品的各项基本属性，如款式、包装、装潢、性能等。而消费者所使用的商品并非都由自己亲自购买，同样，消费者购买的商品也并非都由自己使用。

4．以什么价格买（How much），即确定购买价位

消费者的经济收入在一定程度上决定了消费者的消费档次，不同的购买动机也决定了满足同样需求的商品最终的消费者支出有很大的差别。

5．买多少（How many），即确定购买数量

购买数量取决于消费者的实际需要、支付能力及市场供求情况等因素。如果某种商品供不应求，消费者即使目前并不急需或支付能力不强，也可能借钱购买；反之，如果某种商品充裕或供过于求，消费者既不会急于购买，也不会购买太多。

6．何时买（When to buy），即确定购买时间

决定何时购买受消费者对某商品需要的急迫性、市场的供应情况、营业时间、交通情况和消费者自己的空闲时间等因素的影响。此外，商品本身的季节性、时令性也影响购买时间。

7．在哪里买（Where to buy），即确定购买地点

购买地点的决定受多种因素的影响，如线上或线下、可挑选的商品品种、数量、价格、物流服务、营销人员的服务态度等。

[知识窗]

全渠道营销

全渠道营销是指企业为了满足消费者在任何时候、任何地点、任何方式购买的需求，采取实体渠道、网络渠道整合的方式营销产品或服务，为顾客提供无差别的购买体验。

实体渠道包括自营实体店、中间商实体店等。

网络渠道包括传统电子商务渠道和移动电子商务渠道，前者基于 PC 和有线互联网的连接，后者基于手机、笔记本电脑和无线移动通信网络的连接。传统电子商务渠道包括自建官

方 B2C 商城、进驻电子商务平台（如淘宝、天猫、京东、苏宁易购、亚马逊、QQ 商城、拍拍等）。移动电子商务渠道包括自建官方手机商城、自建 App 商城、微商城、进驻移动商务平台（如微淘店等）。

8．如何买（How to buy），即以什么方式购买

如何买涉及的是购买方式的确定，如是直接到商店选购，还是函购、邮购、预购或托人代购；是付现金、开支票，还是分期付款等。

[实例链接 4-5]

良品铺子的全渠道营销

作为一家传统行业中快速成长的企业，良品铺子已经建立了智慧门店、平台电商、O2O 外卖、自营 App 等全方位的互动和销售全渠道系统，会员达 4000 多万人，月活跃会员 800 万人，2017 年营业收入 54.24 亿元。

智慧门店：智慧门店的建设，是 2017 年良品铺子最重要的新零售战略步骤。从 6 月开始，直到“双十一”前夕，与阿里合作打通了 2100 家门店，完成了会员数据、支付、财务核算和大数据营销系统的对接。

平台电商：良品铺子利用平台电商开设自营品牌旗舰店和 B2B 业务。

自营品牌旗舰店：在天猫、京东、微信商城等第三方电商平台开设自营品牌旗舰店，订单由良品铺子处理。平台型电商可以消除地域的差异。

B2B：分为线上代销和线上经销，产品进入第三方电商平台仓库，订单由平台处理。

代销：包括天猫超市、一号店等平台，双方以实际销售额和约定方式结算。2017 年，天猫超市销售收入 2.97 亿元，占总收入的 5.53%。

经销：包括京东自营等渠道，良品铺子把货卖给京东，京东依靠自身渠道赚取差价。2017 年，京东自营销售收入 2.17 亿元，占总收入的 4.04%。

O2O 外卖：与美团、饿了么等合作，顾客在平台选择就近门店下单后，门店通过第三方平台在一定时间内送达消费者，速度比淘宝、京东等平台电商快。

接入外卖后，良品铺子借助 O2O 的流量，将原有门店的辐射半径从原来的 500 米变成 3000 米。此外，门店开始承担一部分仓储功能，节省了一部分物流成本。

自营 App：公司已推出了手机 App、自营 O2O 平台，并打通了美团、饿了么、京东、淘宝等第三方 O2O 平台。

全渠道覆盖了多个消费场景，实现了对消费者的网状包围。在一些门店未能触达的区域，线上渠道助力实现渠道拓展和下沉。

（资料来源：https://www.toutiao.com/i6615052184075633156）

4.2.2 消费者购买决策的类型

菲利普·科特勒先生曾经以消费者购买行为的介入度和各品牌间的差异程度为基础，把

消费者的购买决策划分为以下四种类型。

> 消费者购买决策类型：习惯性购买决策、减少失调购买决策、复杂性购买决策、多样性购买决策。

1．习惯性购买决策

消费者有时购买某一商品并不是因为特别偏爱某一品牌，而是出于习惯。习惯性购买决策经常发生在产品介入程度低，而且竞争产品之间差异又很小的情况下。

2．减少失调购买决策

当消费者高度介入某项商品的购买，但又看不出各品牌有何差异时，对所购商品往往产生失调感。为了改变这样的心理，追求心理平衡，消费者广泛地收集各种对已购商品的有利信息，以证明自己购买决定的正确性。

3．复杂性购买决策

当消费者选购的商品价格昂贵、购买频次低，或者隐藏的风险较大时，为慎重起见，往往需要广泛地收集信息，并经过认真比较，产生对该商品和品牌的信任，从而慎重地做出购买决策。

4．多样性购买决策

多样性购买决策又称广泛选择购买决策。如果一个消费者购买的商品品牌间差异虽大，但可供选择的品牌很多、商品低值、购买频率高，他们并不花太多的时间选择品牌，而且也不专注于某一商品，而是经常变换品种。多样性购买决策多发生在低介入度的购买中，对品种的更换并非对上次购买商品不满意，而是想寻找新奇、换换品牌。快速消费品大部分属于此种类型。

讨论

日常生活中，哪些商品的消费属于以上四种购买决策类型？

1．习惯性购买决策：________________________

2．减少失调购买决策：______________________

3．复杂性购买决策：________________________

4．多样性购买决策：________________________

4.2.3 消费者购买决策的过程

消费者购买决策过程较为复杂，由一系列相关联的活动构成，营销学者对决策过程阶段的划分不尽相同，菲利普·科特勒先生把决策过程划分为五个阶段。

1. 确认需要

消费者的购买行为，首先是从产生需要开始的。当消费者感到自己的某种需要必须通过市场满足时，就会集中精力到市场上去寻求该种商品，这时购买决策便开始了。

在确认需要阶段，企业必须通过市场调研，不失时机地采取适当措施，唤起和强化消费者的需要，从而有针对性地推销自己的产品。

2. 收集信息

在多数情况下，消费者在确认需要后，需要寻求商品信息，作为决定购买的依据。消费者收集的信息一般有产品质量、功能、价格、牌号、已购买者的评价等。

信息来源主要有以下四个方面。

（1）个人来源。例如，由可信度高的家庭、亲友、邻居、同事等传递的信息。此种方式是消费者收集信息的主要来源。

（2）商业来源。例如，通过广告、推销员、商品包装、商品展销及有关商品说明书等渠道获得的信息。

（3）公共来源。例如，通过大众传播媒体、消费者组织、政府机构等非营利性组织获得的信息。

（4）经验来源。例如，通过消费者自身学习、操作、实验和使用商品的经验等获得的信息。

3. 评估方案

消费者从各渠道得到的各种资料信息可能是重复的，甚至是矛盾的，因此还要进行分析、评估和选择，这是决策过程中的决定性环节。消费者进行比较评价的目的是识别哪一种品牌、类型的商品最适合自己的需要。

4. 购买决策

消费者通过对可供选择的商品进行评价并做出选择后，就形成了购买意向，这种意向趋于购买行为。消费者购买之前，需做购买决策。

消费者对商品信息进行比较和评选后，已形成购买意愿，但购买意向并不一定导致实际的购买行为，还受以下两个因素的影响。

① 他人的态度。反对态度越强烈，或者持反对态度者与购买者关系越密切，修改购买意图的可能性就越大。

② 意外的情况。如果发生了意外的情况，如失业、意外急需、涨价等，则很可能改变购买意图。

5．购后行为

对多数商品来讲，一次商品交易行为的结束应是下一次购买行为的开始。消费者购买后的满意程度决定了消费者的购后行为，决定了消费者是否重复购买该商品，决定了消费者对该品牌的态度，并且还会影响其他消费者，形成连锁效应，产生引导更多人购买或阻止别人购买该种商品的效果。

企业营销者应密切注意消费者购后行为，并采取适当措施，做好消费者购买后的满意程度的收集反馈工作，消除不满，提高满意度。例如，经常征求消费者意见，加强售后服务和保证，改进市场营销工作，力求使消费者的不满降到最低。

消费者购买决策的过程：
（1）确认需要；（2）收集信息；
（3）评估方案；（4）购买决策；
（5）购后行为。

4.3　消费者购买行为

4.3.1　消费者购买行为的含义

消费者购买行为是指消费者为满足其个人或家庭生活需要而进行的一切活动，包括寻找、购买、使用、评价商品和劳务等。

消费者购买行为是复杂的，其购买行为的产生是受到其内在因素和外在因素的促进和影响的。

消费者购买行为是指消费者为满足其个人或家庭生活需要而进行的一切活动，包括寻找、购买、使用、评价商品和劳务等。

[实例链接 4-6]

饥饿营销：不看广告看疗效

饥饿营销类似于囤积货物、待价而沽。表面上，它通过调节供求两端的量来影响终端的售价达到销售目的，赚取更高利润。实际上，它的最终作用不仅是为了调高价格，而是为了对品牌产生高额的附加价值，让消费者从对商品和服务的消费中获得满足感，从而为品牌树立起高价值的形象，打造品牌忠诚度。

2017 年，“喜茶”风靡了大江南北，风头一时无两。“喜茶”创立于 2012 年，原名“皇茶”，后因商标问题在 2016 年更名为“喜茶”，同年 8 月获得超 1 亿元融资。在资本助力下，“喜茶”开启了扩张的路径。

一般来说，只要产品有消费者的认可与接受，有足够的市场潜力，饥饿营销就会有施展空间，其中应用最为广泛的手法就是排队——通过控制消费者入场数量或产品的供给，塑造出一种“十分抢手”的形象，再利用人们的好奇心和从众心理，便能产生非常卓越的营销效果。

“喜茶”深谙这个套路。排队就是一大特色。在上海，热闹的排队场面得动用商场保安来维持；在北京，火爆的时候进店排队大约要 2 小时。而且工作人员每次只放行 6 个人以控制人数，更惊愕的是还出现了“黄牛”代购，原价二三十元一杯的茶饮，被炒到七八十元，这依然有人买单；在杭州甚至有“黄牛”专门雇人购买“喜茶”，排一次队付 30 元酬劳，全天 100 元。为避免“黄牛”贩号，“喜茶”则采取了限购措施，每人每次限购 3 杯。如此诧异的景象让人不由得开始怀疑其排队的真实性，可现实是还没开始怀疑呢，“喜茶”已经红得发紫了。同时，刷爆朋友圈的各种鸡汤、段子，发挥超强黏性转发和分享特质，起到了推波助澜的作用。“人生好幸福，一觉醒来就有喜茶喝”，“男朋友好爱我，排了一下午队给我买了一杯喜茶”……

假作真时真亦假，无为有处有还无。“喜茶”这种“人无我有、人有我无”的营销方式，勾起了人们的攀比好奇心，刺激了人们的消费欲望。于是，排长队显然不重要了，重要的是我要去和大家一起排队。

如果说当年小米是饥饿营销的基础版的话，那么“喜茶”就是饥饿营销的升级版。

尽管科技进步、时代发展都在潜移默化地改变着人们的消费习惯，影响着消费品市场，但饥饿营销却是一种永远不过时的营销模式。不断探究人的欲望，以求产品的功能性利益，通过品牌个性组织品牌形象、自我表现，情感关系打造要符合区域市场的心理，与消费者达成心理共鸣，这是“饥饿营销”运作的根本，也是“喜茶”爆红的原因。

（资料来源：《销售与市场》管理版 2018 年 05 期 P46　作者：王新亚）

讨论

在日常生活中你曾经消费过哪些科技类产品？购买过程发生了哪些消费行为？

____

____

4.3.2 消费者购买行为的特征

1．购买者多而分散

消费者购买涉及每一个人和家庭，购买者多而分散。消费者所处的地理位置各不相同，闲暇时间不一致，造成了购买地点和购买时间的分散性。

2．购买量少，多次购买

消费者购买是以个人和家庭为购买和消费单位的，受到消费人数、需要量、购买力、储藏地点、商品保质期等诸多因素的影响，消费者往往购买批量小、批次多，购买频繁。

3．购买的差异性大

消费者购买因受年龄、性别、职业、收入、文化程度、民族、宗教等影响，其需求有很大的差异性。消费者的消费习惯、观念、心理不断变化，从而导致消费者购买差异性大。

4．大多属于非专家购买

绝大多数消费者缺乏相应的专业知识、价格知识和市场知识，尤其是对某些技术性较强、操作比较复杂的商品，较容易受广告宣传、商品包装等影响。

5．购买的流动性大

在市场经济较发达的今天，人口在地区间的流动性较大，因而导致消费者购买的流动性很大，消费者购买经常在不同产品、不同地区及不同企业之间流动。

6．购买的周期性

有些生活必需品如牛奶、蔬菜等，消费者需要常年购买、均衡消费；有些商品如时令服装、节日消费品，消费者需要季节购买或节日购买；而有些商品如家用电器等，消费者则需要等商品的使用价值基本消费完后才重新购买。这都表现了消费者购买的周期性。

7．购买的时代特征和发展性

随着社会的发展和人们消费水平、生活质量的提高，新的消费需求不断产生，使消费者购买具有了时代特征和发展性。例如，随着网络技术的普及，网络电视的消费逐渐流行起来。

4.3.3　消费者购买行为的类型

1．根据购买行为主体划分

（1）个体性购买行为。个体性购买行为即购买行为主体为个体的购买行为，其不仅仅是指以个体方式实施购买，也是指以纯粹个体方式完成购买行为全过程。

（2）群体性购买行为。群体性购买行为是指以集体形式完成购买全过程的购买行为。购买主体可以是家庭、朋友、夫妻，也可以是政府、企事业单位。

2．根据购买行为特征划分

（1）理智型购买行为。理智型购买行为是指消费者在每次购买前对所购的商品进行较为仔细的研究比较。购买者一般具有理性的行为准则和评价标准，较为冷静和慎重，感情色彩较少，善于控制自己的情绪，主观性较强，不轻易相信广告、宣传、承诺、促销方式及营销人员的介绍，喜欢细心挑选。

（2）习惯型购买行为。习惯型购买行为是指消费者由于对某种商品或某家商店的信赖、偏爱而产生经常、反复的购买，形成习惯。他们对这些商品十分熟悉，体验较深，再次购买时往往不再花费时间进行比较、选择，注意力集中，行动迅速，可以轻易促成重复购买。

（3）经济型购买行为。经济型购买行为是指消费者购买时特别重视价格，对于价格的反应灵敏，善于发现别人不易觉察的价格差异。无论是选择高档商品，还是中低档商品，首选的是价格，有的消费者习惯于追求低价，唯有廉价商品才能使之得到满足；而有的消费者则喜好高档商品，信仰“一分价钱一分货”。

（4）冲动型购买行为。冲动型购买行为是指消费者容易受商品的外观、包装、商标或其他促销方式的刺激而产生的购买行为。其一般都是以直观感觉为主，从个人的兴趣或情绪出发，喜欢新奇、新颖、美观、时尚的商品，不太讲究商品的用处、性能，因而易受广告宣传、销售人员的劝说、环境气氛刺激、他人的评价的影响，购买时不愿做反复的选择比较。

（5）疑虑型购买行为。疑虑型购买行为是指消费者在购买时表现得小心谨慎和疑虑重重。其在购买时一般缓慢、费时多，常常是“三思而后行”，犹豫不决而中断购买，购买后还会疑心是否上当受骗。

[知识窗]

服装商品消费者购买行为常见心理类型

抢购心理——消费者发现哪家店的人多时，就不由自主走进去看看是不是有什么好的衣服或实惠的衣服。

待购心理——在服装经常打折出售的今天，当新款上市正价出售时，消费者只会试穿，不产生购买行为，消费者会等待促销活动。营销人员需要语言解释，给消费者马上购买的信心，或者制造新款正价热销的气氛。

从众心理——对大家争相穿戴或购买的衣服趋之若鹜，不加思考。营销人员可运用时尚、口碑、热销的促销语言趁热打铁。

逆反心理——当消费者感受到营销人员急切推销衣服时，会产生逆反心理而放弃购买。因此，营销人员可多推荐几款给她选择、多征求消费者的意见、多关心消费者的需求。

择优心理——消费者在购买衣服时希望通过比较来选择最好的一款，没有选择的余地时消费者购买欲望会打折扣。营销人员应多提供选择的款式和颜色。

烦躁心理——在购买过程中，假如试衣间脏乱，等候时间过长，付款手续麻烦，卖场拥挤、闷热、嘈杂，会使人产生烦躁不安的心理，消费者可能会走掉。营销人员应通过软、硬件服务营造舒适的购物气氛。

好奇心理——人具有好奇求新求异的天性，新奇的事物能轻易引起消费者的关注。所以新的销售技巧、新的服装陈列、新的服装款式都能够引起消费者的关注。

3．根据消费者的购买目标划分

（1）全确定型购买行为。全确定型购买行为是指消费者在购买商品以前，已经有明确的购买目标，对商品的名称、型号、规格、颜色、式样、商标及价格的幅度都有明确的要求。这类消费者进入营业现场后，一般都是有目的地进行选择，主动地提出所要购买的商品，并对所要购买的商品提出具体要求，当商品能满足其需要时，则会毫不犹豫地买下商品。

（2）半确定型购买行为。半确定型购买行为是指消费者在购买商品以前，已有大致的购买目标，但具体要求还不够明确，最后购买需经过选择比较才能完成。例如，购买空调是原先计划好的，但购买什么牌子、规格、型号、式样等心中无数。这类消费者进入营业现场以后，一般要经过较长时间的分析、比较才能完成其购买行为。

（3）不确定型购买行为。不确定型购买行为是指消费者在购买商品以前，没有明确的或既定的购买目标。这类消费者进入营业现场主要是参观游览、休闲，漫无目的地观看商品或随便了解一些商品的销售情况，有时感到有兴趣或合适的商品偶尔购买，有时则观后离开。

4.3.4　消费者购买行为模式

消费者购买行为具有明显的差异性，但差异中带有某种共同的规律性。这种消费者购买行为中的共性或一般规律，即消费者购买行为模式。

1．刺激-反应模型与 AIDMA 模型

消费者购买行为是由刺激引起的，在各种因素的刺激下产生动机，在动机的驱使下做出购买商品的决策，实施购买行为，最终做出购后评价，由此完成一次完整的购买决策过程。这种消费者购买行为模式由三部分构成，如图 4-7 所示。

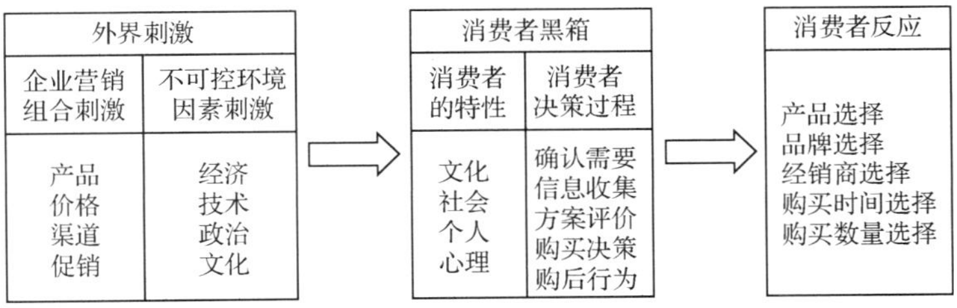

图 4-7　消费者购买行为模式

（1）外界刺激。外界对消费者的刺激有两类。

① 企业营销组合刺激，主要包括产品、价格、渠道和促销等刺激因素。

② 不可控环境因素刺激，主要包括经济、技术、政治、文化等刺激因素。

（2）消费者黑箱。消费者黑箱是指消费者的神秘心理如同黑箱一样，人们无从窥视其内容。它是消费者接受外界刺激时的所思所想，是消费者进行信息处理的过程。消费者黑箱由两个部分组成：一是消费者的特性（文化、社会、个人和心理）；二是消费者决策过程（确认需要、信息收集、方案评价、购买决策、购后行为）。

（3）消费者反应。消费者将外界刺激经过黑箱处理后，便会产生一系列看得见、摸得着的反应，即对产品、品牌、经销商、购买时间、购买数量等的选择。

1898年，美国广告学家E.S.刘易斯提出了AIDMA模型，总结了消费者在购买商品前的心理过程，即由最开始的引起注意（Attention）、产生兴趣（Interest）、激发欲望（Desire）、形成记忆（Memory），到促成最终购买行动（Action）。

AIDMA模型适用于传统的大众传播环境，消费者多从报纸、杂志、广播、电视等媒介获取相应的产品信息，被广告吸引，产生兴趣和认同感，当消费欲望被激发后，就会记住产品信息，最终购买产品。

2．互联网时代的消费者AISAS模型

（1）互联网时代消费者消费行为特征。与传统的消费行为相比，互联网时代的消费者的消费行为呈现出以下特征：消费者消费个性回归；购买行为的主动性增强；消费行为相对理性化；追求购买的便利性及购物乐趣；网络消费具有层次性。同时，在网络消费中，安全性和信任感、购物的便捷、支付方式、物流配送成为影响消费的重要因素。

（2）AISAS模型。AISAS模型是日本电通公司针对互联网时代消费者需求的变化提出的一种全新的消费行为分析模型。AISAS模型同样具有五个环节：首先通过广告吸引消费者的注意（Attention），激发其产生兴趣（Interest），随后消费者通过网络搜索（Search）信息为购买决策提供依据，在实现购买行动（Action）后，消费者在各种网络平台分享（Share）其消费经验与产品信息。

基于互联网的AISAS模型不仅要引起消费者的注意使其产生兴趣，更重要的是能够让消费者通过主动搜索信息参与消费的全过程，并在消费后自发向周围分享传播信息。其中**搜索**和**分享**体现了互联网时代与之前传统媒体时代的本质差别。

3．消费者购买行为心理活动过程

AIDMA模型、AISAS模型各自关注了消费行为中的五大重点要素。从整个消费者购买全过程角度，消费者在购买过程中八个发展阶段的心理状态值得营销人员关注。

（1）引起注意。营业现场中鲜明突出的广告和装饰，新颖的商品包装，变化多端的商品功能展示等，都会引起消费者的注意。营销人员要充分调动消费者对所经营的商品产生注意，激发消费者的购买欲望，才能实现商品的销售。

（2）激发兴趣。若消费者认为商品的功能、价值能满足自己的物质或精神的需要，就会产生兴趣并进一步强化，引起消费者愉快的情绪体验，推动消费者购买行为的发展。

（3）产生联想。在购买活动中，消费者对某种商品产生了兴趣并有了一定的认识之后，将会进一步激发联想。通过联想，消费者往往会获得更丰富的有关商品的知识和强烈的情绪体验。

（4）形成欲望。在购买过程中，随着消费者联想的深化，消费者购买商品的欲望就会随着对该商品的认识及个人情绪的变化由潜伏的状态转入活动状态，真正地起到推动消费者购买过程的作用。在这个阶段，消费者购买欲望的现实性已十分明显，即想要购买。

（5）比较判断。面对琳琅满目的商品，当消费者产生购买某种商品的欲望后，根据自己的观察或营销人员的介绍，将开始对商品的特征、功能、外观、质量、价格等方面做出比较、

权衡。消费者对商品的相关属性表示肯定或否定的判断，为最终的购买决策提供依据。

（6）赋予信任。在购买过程中，消费者通过多方面的比较，对商品的特性有了较好的把握，确定出自己对某种商品的肯定程度，从而也就选定了自己所要购买的商品。消费者对该商品产生信任，即愿意把自己购买欲望的实现寄托在该商品、营业现场及营销人员身上。

（7）实施行动。消费者确信经过比较、判断后某商品是自己所必需的，并对该商品产生信任时，就会果断地做出购买的决定，并迅速实施购买行为。

（8）达成满意。在购买过程中，消费者买到了称心如意的商品，或者是在购买过程中享受到了良好的服务，就会产生高兴、愉悦的情绪体验，即产生满意感。具有满意情绪体验的消费者，大多会成为该营业现场或该品牌的回头客。

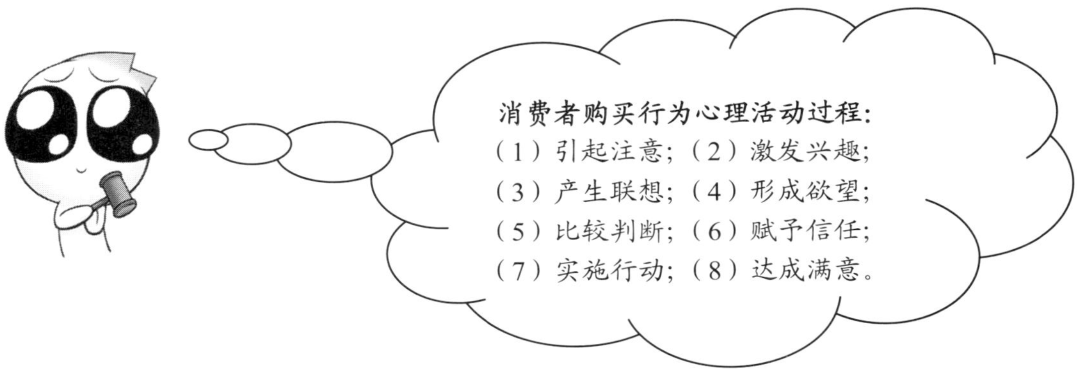

知识练习与思考

1. 填空题

（1）依据兴趣反映消费者购买商品种类的倾向性的不同，可分为（　　　　）、（　　　　）、（　　　　）和（　　　　）四种兴趣类型。

（2）马斯洛将人类需要按低级到高级的顺序分成（　　　　）、（　　　　）、（　　　　）、（　　　　）和（　　　　）五个层次。

（3）证明性诱导具体包括（　　　　）、（　　　　）和（　　　　）三种。

（4）消费者购买决策的内容的八个 W 主要是指（　　　　）、（　　　　）、（　　　　）、（　　　　）（　　　　）、（　　　　）、（　　　　）和（　　　　）八个方面。

（5）根据购买行为特征划分，消费者的购买行为类型主要有理智型购买行为、习惯型购买行为、（　　　　）、（　　　　）和疑虑型购买行为五种类型。

2. 判断题

（1）消费者需要是指消费者生理和心理上的匮乏状态，即感到缺少些什么，从而想获得它们的状态。（　　）

（2）从消费者购买商品的原因和驱动力而言，消费者的购买动机可分为生理性购买动机

和理智型购买动机两大类。（　　）

（3）菲利普·科特勒先生曾经以消费者购买行为的介入度和各品牌间的差异程度为基础，把消费者的购买行为划分为复杂性购买行为、减少失调购买行为、多样性购买行为、习惯性购买行为四类。（　　）

（4）营销学者对决策过程阶段的划分不尽相同，菲利普·科特勒先生把决策过程划分为确认需要、收集信息、评估方案、购买决策和购后行为五个阶段。（　　）

（5）消费者在购买过程中的心理状态一般都表现为引起注意、激发兴趣、产生联想、形成欲望、比较判断、赋予信任、实施行动及达成满意八个发展阶段。（　　）

3. 复习思考题

（1）在商品销售过程中消费者有哪些兴趣集中点？

（2）简要介绍马斯洛需要层次理论的含义。

（3）消费者购买行为过程中有哪些具体购买动机？

（4）诱导消费者产生购买动机有哪些方式？

（5）消费者的决策过程包含哪些基本步骤？

（6）消费者购买行为心理活动过程包括哪些环节？

职业技能训练

1. 思维训练题

色盲指示灯

色盲、色弱的人不能成为驾驶员，这是国际上一个不争的共识。北师大南山附属学校六年级学生 11 岁的马梦谦发明的“色盲指示灯”则解决了色盲开车这一国际难题。2009 年 4 月 30 日，马梦谦带着她的专利发明前往巴黎，参加 2009 年巴黎国际发明展览会。

谈到“色盲指示灯”，马梦谦其实是在很偶然的情况下发现的。2007 年的一个周末，爸爸妈妈开车带她出去，经过红绿灯时，她想到要是色盲肯定就看不清红绿灯了，那过马路时肯定很危险。而她家正好有这么一位色盲邻居，于是她想，要是能发明一项东西让有色盲的人也能开车就好了。经过一段时间的思考，她突然想到如果使红绿灯不仅有颜色，而且能显示出形状，问题不就解决了吗？但颜色该与形状如何搭配呢？在马梦谦的爸爸和老师的指导下，马梦谦想到了解决问题的办法：只需要在光源与灯罩之间设置一个局部透光遮挡层，而透光形状可以是三角形、正边形、圆形，通过不同的形状和颜色搭配来发出信号。例如，“红灯 + 三角形”表示禁行，“绿灯 + 圆形”表示通行，“黄灯 + 正边形”表示等候。

马梦谦在 2007 年 9 月 28 日对“颜色加形状指示灯”（色盲指示灯）的小发明进行了专利申请，并在 2008 年 9 月 24 日顺利通过审批获得授权。

问题：为什么很多人都未能解决色盲的人的开车问题，却被一个 11 岁的小学生解决了，你认为主要原因是什么？

2．案例分析题

六个核桃：为什么成功？

1. 精准的产品定位

首先，六个核桃产品定位非常清晰、准确，在健脑益智饮品这个细分产品领域占据了先机，如图 4-8 所示。

图 4-8　六个核桃广告

植物蛋白饮料属于大饮料概念里的一个重要的分支。在植物蛋白饮料这个领域，市场上有椰树椰汁、露露杏仁露、银鹭花生奶等品牌，各自有其品牌诉求：椰树椰汁是“白白嫩嫩”，露露杏仁露是“更滋润”，银鹭花生奶是“白里透红”。大都集中在美容养颜的功效诉求，集体偏向食补养颜。

但凡成功的产品，必定有自己独特的产品定位。六个核桃瞄准了健脑益智饮料这个市场空白点，定位为健脑益智饮料，抢占了先机，为后续的成功奠定了坚实的基础。

市场调研发现，面临激烈的竞争，无论是企事业单位领导、职员，还是在校的学生，都需要经常用脑。与此同时，核桃“健脑益智”的功效早已深入人心，因此用核桃为主要原料做成的健脑益智饮料具备了成功的基础条件。

换言之，六个核桃定位在健脑益智饮料这个细分产品领域，一是具备了巨大的潜在消费市场，发展前景看好；二是核桃天然所具有的健脑益智功能为六个核桃饮料提供了最好的、天然的物理证明，无须太多的市场教育和动员。

2. 品牌传播的助推器

在品牌建设和传播方面，品牌识别很重要。为了建立个性鲜明的品牌识别，养元智汇启用“六个核桃”作为产品名。

六个核桃的命名可谓是险中取胜、平中出奇的典范，直观、明白，让人过目难忘，也让人半信半疑。不少人说这个标新立异的名字玩数学游戏，涉嫌虚假宣传，因为按照成本核算，“六个核桃”里面根本不可能真浓缩了六个核桃的精华。

但是，争议性同时意味着话题性和关注度，数字的真假尚在其次，敢于将营养含量体现在名称之中，至少体现了养元智汇对于产品营养价值的信心。在消费者心目中，六个核桃不知不觉完成了一次概念替换，一举成了核桃饮料的代言人。

这个命名是客户的灵感产物。在命名中，直接突出核桃，有利于突出产品自身的特性，“六个”的组合也符合“每天吃6、7个核桃”有利于身心健康的常识。再通过个性化的组合，突出了命名的独特性，更容易记忆。另外，在中国传统民俗文化中，“六”代表“顺”，六六大顺，有吉祥、好运的寓意。

在品类名称“核桃露”和“核桃乳”的取舍上，养元智汇果断启用“核桃乳”。品类名称要求通俗、容易理解、具有通用性，“核桃乳”被确定为品类名。为什么不叫“核桃露”？“露”容易让人联想到“露水”，显得水分更多一些；“乳”容易让人联想到“乳汁”，就像牛奶一样嫩白浓郁，似乎更有营养。从字面上消费者的联想可能会是：核桃乳营养成分比例大，干货多，下料足，相反核桃露则显得稀、薄、水。

在产品定价方面，作为原料核桃比杏仁贵，作为能健脑的饮料，在逻辑上应该比其他植物蛋白饮料要贵。所以，“六个核桃”的定价比一般的蛋白饮料高。“六个核桃”整箱零售价要高于市场领导品牌5元以上。这样的高价不仅是产品品质和功效的保障，同时还是品牌档次联想的直接营销武器。当然，它也给渠道留足了运作空间。

在品牌传播方面，六个核桃的广告语先是“六个核桃，好在六点”，然后在2009年，转变为“经常用脑，多喝六个核桃”。怎么找到“健脑益智”与现代消费者需求之间的结合点？怎么让核桃乳成为人们日常生活的必需品，尽可能地覆盖更大范围的目标消费群体？这是六个核桃的品牌诉求需要解决的问题。“经常用脑，多喝六个核桃”这句朗朗上口的广告语一下子击中了学生和都市白领的下怀，六个核桃也借此走进了千家万户。

在2009年以前，六个核桃充其量只是一个地方品牌，2010年8月，养元智汇斥资数千万元签约央视，并携手凤凰卫视主持人陈鲁豫推出了新版广告，启动了六个核桃在央视的广告宣传，吹响了从区域进军全国市场的总号角。

3. 强劲的市场开拓和维护

在渠道开拓方面，在河北，露露是当之无愧的行业霸主，在超市、批发部等传统渠道上有着当仁不让的话语权。作为后起之秀，六个核桃很难在露露的“地盘”取得突破。

六个核桃采取了“围点打圆”的思路。首先划定一个圆心，一个地区先以市区为主，一个县级市场先以县城为主，一个乡镇市场先以乡镇的街道为主。再一个就是，先抓领袖消费群。它首先展开的是社区推广、校区推广。做完推广之后，消费者有了认知，才开始做铺货。

在农村市场，主要是在乡镇一级的校区推广，“乡镇抓校区，县城抓社区”，在农村推广完全是用打动家长的一种方式。就像生命一号，在中考、高考之前都大力打学生牌。春节期间则推广礼品渠道。概括来说，其实行的是两区推广模式，“校区作先导，社区做基础”。

同时，养元智汇制定了非常优厚的经销商产品代理政策。例如，经销商星级服务体系（强调对经销商的优质服务，吸引优秀经销商资源，加大促销力度等）；零风险代理产品（如代理期限已到不再续约的代理商，原价收回所有产品）等。

（资料来源：中国广告网 http://www.cnad.com/html/Article/2013/0327/20130327150713189.shtml）

问题：

（1）六个核桃品牌推广的成功，主要抓住了消费者的哪些消费需求？

（2）查阅资料，市场上还有哪些与六个核桃相类似的饮料品牌？这些产品如何进行的产品定位？

3．章节综合实训

消费者购买过程的心理活动分析之产品推广实战

实训目的：

结合本章“消费者购买过程的心理活动”的知识内容，熟练掌握消费者需求，消费者购买决策和消费者购买行为对消费心理的影响，以产品销售实战的形式，对消费者的购买过程进行分析，并有针对性的提出建议。

实训课时：

4 课时。

实训内容：

（1）组建销售项目团队。（提前安排）

（2）团队讨论选择推销产品类型，制定销售推广计划。（注意：产品可以代销等形式与校园内外商家协议开展合作。）

（3）在校园内以行销或实体场地的形式开展推销。

（4）针对实战推销的结果对该类产品的消费者购买行为进行分析。

（5）撰写产品推广实训总结。

（6）PPT 分组汇报。

（7）教师点评。

实训条件：

校内创业街或商业街。

实训要求：

项　目	内 容 要 求	分 值 比 例
项目推广产品选择	注意可行性分析	10%
销售推广计划	注意成本与风险、利润分析	10%
推销实战过程	注意推广方式的总结与调整	30%
实训总结报告	一份，注意文字、图片、视频等使用	20%
汇报效果	汇报视频录像一份，现场汇报，注意展示效果	30%

名人名言

营销并不是以精明的方式兜售自己的产品或服务，而是一门真正创造消费者价值的艺术。

——营销大师 Kotldr

第5章

消费群体与消费心理

知识要点

- ❖ 消费群体的概念与分类
- ❖ 家庭消费群体的消费行为特点
- ❖ 不同年龄阶段的消费群体的消费行为特点
- ❖ 男女群体的消费行为特点

能力要点

- ❖ 熟练掌握家庭不同阶段的消费行为特点，开展有针对性的营销活动
- ❖ 熟练掌握不同年龄阶段、性别的消费群体的消费行为特点，开展有针对性的营销活动

导入案例

突破行业营销瓶颈，吉列用“电竞”对话年轻人

作为经典品牌的吉列，近年来年轻化革新的步伐不断。2019 年，吉列通过圈定电竞这一年轻人青睐的元素，并借势父亲节的营销氛围，突破了品牌的界限，打破了行业的疆界。

1. 情感沟通，直戳电竞一代的成长痛点

在网游妖魔化的语境下，电子竞技一度被认为是“不务正业”的标签，是游戏人生的代名词。不过，在其被确认为正式的体育项目之后，舆论的风向有所改变。但是父母一辈由于存在代沟，仍秉持着传统观念。特别是在中国式的家庭关系里，由于父亲对孩子“望子成龙”的殷切期盼，使得许多年轻人的电子竞技梦想被扼杀在摇篮之中。

吉列洞察到了年轻群体的这一心理，拍摄了一部传递电竞正能量的温情短片，打动了很多观众。这个故事的原型正是来自 QGhappy 成员 hurt 的真实经历，吉列根据他的故事进行延展从而呈现了当下中国父子关系面临的严峻问题。同时，其还将父子关系用镜头语言刻画地细致入微，既给那些心怀梦想的年轻人以鼓舞，支持他们坚持自我，又给父亲一辈的群体呈现电竞行业的正面形象，鼓励他们与孩子沟通，如图 5-1 所示。

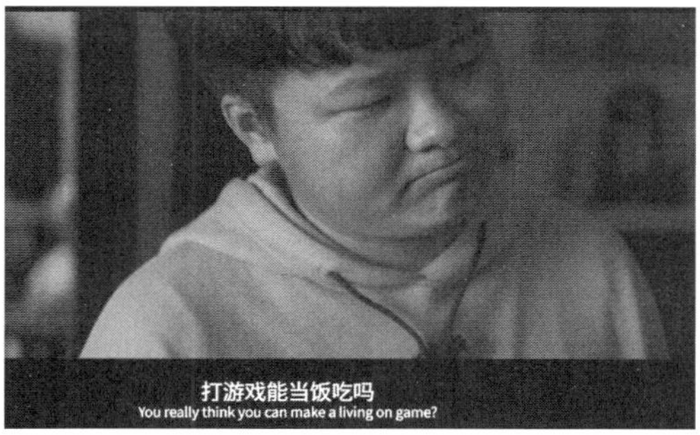

图 5-1　吉列电竞微电影

吉列 2019 父亲节 video——老爸的荣耀

在短片的最后，吉列还通过父亲观看儿子赢得电竞比赛的情节去揭开中国式父子关系的密码——对于儿子来说，我所做的一切，都是为了让你更有面子；而对于父亲来说，儿子从来都是我最大的荣耀。这真实且有力地触碰到了许多电竞玩家的情感痛点，引发了他们的强烈共鸣。基于日常生活中的细致观察，孩子在父亲节时十分体贴地送给他一个吉列引力盒剃须刀，以一种内敛的方式表达了自己的关心。

吉列这个以当下中国父子关系为切入点的情感视频，经过了微博、微信、抖音、B 站等多平台的联合发声后，引发了电竞爱好者的广泛热议。

2. 打造赛事，以用户兴趣点引爆社交舆论

后期，吉列用精彩纷呈的赛事引爆了舆论，牢牢抓住了电竞爱好者的眼球。在 2019 年 6 月 14 日与京东联合举办以“王者锋芒自有面子”为主题的电竞直播大赛，邀请五位 KPL 明星选手与粉丝进行现场 PK，并通过直播手段将赛事实况传输给更多用户。同时，配合线上 KOL 直播，吉列联合虎牙多位主播扩大传播范围，吸引更多用户关注赛事。

在赛事现场，吉列用剃须刀刮气球的有趣互动方式让明星对产品进行安全性测试，潜移默化地输出吉列的产品信息和核心功能诉求。为了调动直播观众的参与热情，其采取直播问答的形式，与观众充分互动，直接引爆了年轻群体，促成了吉列产品销量的爆发。

3. 产品关怀，打破传统思维实现品效合一

围绕电竞，吉列通过一系列的营销活动促成了销量的爆发，实现了品牌形象的革新。就吉列推出的产品来说，极简的设计和科技感的包装既表达着品牌的质感，也给予了年轻用户视觉上的刺激。而磁力刀托、FLEXBALL 顺贴球科技、双层亲肤润滑条等设计也让年轻群体使用起来更加方便快捷，能够最大程度提升他们的使用体验。

在线上，吉列通过情感内容的催化，让用户产生共鸣，为品牌主动打 call。在线下，其打造赛事活动助力品牌传播提升，紧跟电商的活动周期，助力电商层面的转化，达到了品效合一的目的。

从品牌层面来看，在与电竞接触的过程中，吉列将自己回归普通人，融入年轻人日常生活，与年轻人开展了一场深度的对话。在这一过程中，吉列巧妙为品牌注入了年轻化的因子。

（资料来源：微信公众号：公关界的 007）

【头脑风暴及实践应用】

头脑风暴：

吉列此次营销活动的目标客户群是谁？本次活动对该群体的消费心理产生了何种影响？

实践应用：

对班级男、女同学的洗护用品的品牌选择开展调研，学生群体对洗护用品的消费有哪些消费特征？

面对纷繁复杂的产品，消费者的需求千差万别，但总有具有某种共同特征的消费者存在，从而构成一个个各具特色的消费者群体。吉列针对电竞爱好者，借势父亲节开展的营销活动，在年轻人中引起了共鸣。

5.1 消费群体概述

5.1.1 消费群体的概念与分类

1. 消费群体的概念

消费群体是指由在消费心理特征、购买行为及购买习惯等方面具有某种共同特征的若干消费者组成的群体。根据多种特征对消费者进行区分，就形成了多个不同的消费群体。

消费群体的形成对企业生产经营和消费活动具有重要的影响。首先，消费群体的形成能够对企业提供明确的目标市场。其次，消费群体的形成对消费活动的意义在于调节、控制消费，使消费活动向健康的方向发展。

2．消费群体的分类

根据不同的分类标准，消费群体的分类方法很多，如表 5-1 所示。

表 5-1　消费群体的分类

分类标准		消费群体的类别
消费心理学因素	组织形式	正式群体、非正式群体
	心理归属	所属群体、参照群体
	行为模式	自觉群体、回避群体
自然地理因素	国际地区	国内消费群体、国外消费群体；中东地区、东南亚地区消费群体；华北地区、东北地区消费群体等
	自然、环境、经济因素	山区、平原、丘陵地带消费群体；沿海、内地、边远地区消费群体；城市、乡村消费群体等
人口统计因素	性别	男性消费群体、女性消费群体
	年龄	少年儿童消费群体、青年消费群体、中年消费群体和老年消费群体
	教育程度	小学文化、中学文化、大学文化消费群体
	职业	工人、医生、知识分子、经理人员、政府公务员等消费群体
	收入水平	高收入、中等收入、低收入消费群体等
	家庭类型	多代家庭、核心家庭、单亲家庭、个人家庭等消费群体
	民族	汉族、回族、满族、藏族、苗族、壮族等多个消费群体
	宗教	信仰佛教、基督教、天主教、伊斯兰教等消费群体
消费者心理因素	生活方式	不同民俗民情的消费群体、不同生活习惯的消费群体、紧追潮流的消费群体、趋于保守的消费群体等
	性格	勇敢或懦弱、支配或服从、积极或消极、独立或依赖等消费群体
	心理倾向	注重实际相信权威、犹豫怀疑等消费群体
消费者对商品的现实反应	购买动机	求实、求新、求廉、求美、求奢、求同等消费群体
	品牌偏好	非常偏好、比较偏好、一般偏好、无偏好、反感、很反感等消费群体
	使用程度	未曾使用、初次使用、长久使用、潜在使用等消费群体
	使用量	大量使用、一般使用、少量使用、不使用消费群体
	对商品要素的敏感性	对价格敏感、对质量敏感、对服务敏感等消费群体

（1）正式群体和非正式群体。

① 正式群体。正式群体是指组织形式较为固定且有特定目标的群体。例如，家庭、邻里、班级、工作单位等。消费者一生的消费行为都要有意无意地受到其正式群体成员的影响。

② 非正式群体。非正式群体是指结构比较松散，由于个体某种专门兴趣、某种信念或某方面的特殊需要而从属或参加的群体，如业余篮球队、跆拳道协会等。非正式群体成员之间存在直接交往，从而影响个体的消费行为。

（2）所属群体和参照群体。

① 所属群体。所属群体是指一个人实际归属和参加的群体。所属群体的构成有两种情

况：一种是由具有相同或相似价值观、审美观的人构成的，是个体自愿的结合，如冬泳协会；另一种是受自然、社会因素的制约而形成的，是不以个人的意志为转移的，如学生、知识分子等。所属群体对消费者的影响是直接的、显现的和稳定的。

② 参照群体。参照群体是指消费者做出购买决策时的比较群体。消费者常把他们的规范和准则作为自己消费行为的标准，会不自觉地把自己的消费行为与这种标准进行对照，力图改变与之不适应的地方。例如，一些年轻人把明星作为自己崇拜的偶像，试图从各个方面进行模仿。因此，许多厂商请明星拍广告，做该产品的代言人，就是因为他们充分认识到了这一点。贝克汉姆广告代言如图 5-2 所示。

图 5-2 贝克汉姆广告代言

讨论

请问你和你周围的同学崇拜哪些明星？他们代言了哪些产品广告？

____

____

（3）自觉群体和回避群体。

① 自觉群体。自觉群体是指消费者按自己的年龄、性别、民族、教育、职业等因素自动地将自己归属于某个群体，从而有意识地用这一群体的特征约束自己的消费行为。

② 回避群体。回避群体与自觉群体相反，它是个体消费者自认为与自己不相符的、极力避免归属的群体。此类情况可以影响市场上某种商品的销售或工商企业的形象。

[实例链接 5-1]

女明星尴尬了！化妆品集体找男明星代言，粉丝狂买单

近几年有一个奇怪的现象，当你走进商场，各化妆品店里的海报清一色都是男明星，小到屈臣氏，大到兰蔻、迪奥，通通是男性。即便在线上视频网站追剧，遇到化妆品护肤品广告，也是男明星代言。

1. 美妆爱找男明星代言

据媒体统计，继 2018 年有超 18 个美妆品牌启用男明星代言后，截至 2019 年 9 月已有 24 个美妆品牌签约男明星代言。新签约的男明星代言人有个特点，即普遍年轻化，出生在 1995 年之后的超过一半，且不乏“00 后”代言人。

有的男明星因为一部电视剧或综艺节目迅速走红后，美妆品牌们迅速签约。线下做活动，线上做生意，迷妹粉丝们纷纷“为爱买单”。

2019 年 9 月，雅诗兰黛宣布李现成为品牌亚太区护肤及彩妆代言人。该消息在雅诗兰黛官微发布后，转发量突破 43 万，评论 3.4 万，点赞近 30 万。评论区内，李现的粉丝们相互提醒，纷纷晒单。粉丝们除了花钱支持代言，还要做数据，打榜投票浏览，转赞评。

近年来，品牌与明星合作时，分派的头衔愈发五花八门，除高阶的全球代言人、亚太区代言人、大中华区代言人、中国区代言人外，还有品牌大使、单系列大使、品牌挚友、品牌体验官等新名头。同一品牌旗下，代言男明星的头衔比女明星高的情形屡见不鲜。受近两年来频频出现的代言人负面新闻影响，品牌方通过多矩阵代言将此类风险降到最低。

2. 流量小生带货能力强

提起男明星代言美妆，一定离不开木村拓哉。1996 年，木村拓哉接拍佳丽宝（Kanebo）的唇膏广告，开启了男明星代言口红的先河，广告中涂抹口红的木村拓哉带来了该款口红两个月卖掉 300 万支的销售神话，如图 5-3 所示。

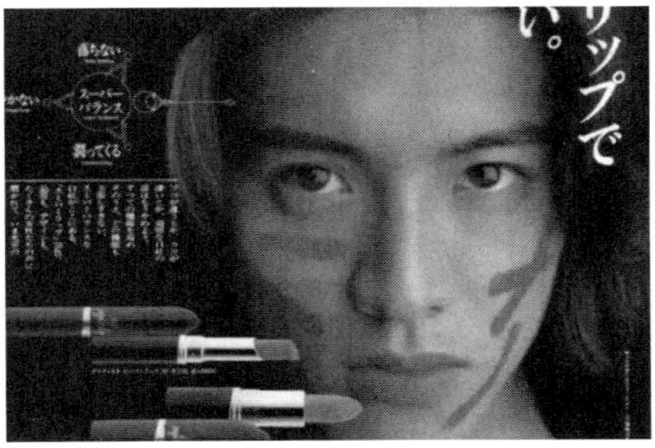

图 5-3　木村拓哉广告代言

为何找男明星代言美妆产品？一来男明星粉丝大多是由女粉丝构成，二来男明星拍摄的广告具有反差性更吸引人的目光。

根据 2019 年 5 月天猫联合阿里数据对外发布的《明星带货力排行榜》，2018 年在天猫搜索“明星同款”的人次接近 1 亿。“女友粉”在天猫成为最舍得花钱的追星族，男明星们的带货力相比前一年有显著提升。

在“带货力”top10 明星中，男明星带货力显著提升，不但人数由 2018 年的 3 位数增加到 4 位数，而且前 3 甲皆为男明星。排名前 10 的明星依次是：吴亦凡、易烊千玺、鹿晗、周冬雨、赵丽颖、杨幂、迪丽热巴、朱一龙、杜鹃和刘涛。其中，吴亦凡一跃从 2017 年的第 7 名升到第 1 名，成为名副其实的天猫“带货王”。

消费者对女明星的要求更苛刻一些，有无作品和口碑都成为考量因素。遭遇婚姻变故的杨幂由2017年的带货力第1名直接跌出了前5，普遍被认为时尚资源很好的Angelababy或许因为忙于生孩子，也跌出了前10。周冬雨、赵丽颖则后来居上，一跃成为女星中的第1名、第2名。

另外，据返利网发布的最新消费数据显示，2018年3月至2019年3月，平台产生的追星相关消费高达2亿元，人均约1233.1元，比往年同期增长15.1%。明星同款服装最受欢迎，订单量高达36.4万，总额突破9628万元。

与女生的"情绪式"消费不同，"直男"的示爱更加"克制"。返利网的统计数据显示，追星消费群体中男女比例约为1∶4。这意味着，每10个"为爱买单"的人中有8个为女性，而仅有两个是男性。

男明星代言之风愈演愈烈，难道男明星适合代言所有的女性产品吗？并不是。新广告法规定，广告代言人不得为其未使用过的商品或未接受过的服务做推荐、证明。

（资料来源：环京津网　廊坊广播电视台）

5.1.2 消费群体心理现象对消费心理的影响

市场营销者研究消费群体，主要是通过对消费群体的分析，揭示消费群体以什么样的形式及在哪些方面对消费心理产生影响，主要表现在以下几个方面。

1. 从众

从众现象在消费领域中是一种普遍存在的心理现象，既有积极意义，也有消极意义。例如，宣传消费要量力而行，合理安排，讲究实效，不图虚荣等。如果不顾自己的收入水平，盲目攀比，借债，甚至以非法手段来达到目的，显然是消极有害的。

2. 模仿

模仿是普遍存在的一种心理现象，从个体对他人的无意识的动作到衣、食、住、行，以及对他人的风度、性格、工作方法、生活方式，乃至对整个社会生活有关的风俗、习惯、礼节等，都存在着模仿。

3. 流行

消费行为的流行，是一定时期内形成的对某种商品、劳务的需求热，以及对某种消费形式的追求热。消费者通过对所崇尚的商品的追求，从而获得一种心理上的满足，如购房热、购车热、国外旅行热等。

4. 暗示

营销活动中运用暗示对消费者的心理和行为施加影响，可以使消费者产生顺从性的反应。例如，看到有人排队，马上就会有人跟着排队的盲目抢购现象，就是行为暗示的结果。

[实例链接 5-2]

汉服热升温衍生大产业：消费人群超过 200 万人

齐腰襦裙、琵琶飞袖、点绛红唇……每年中秋，在城市游园、热门景区及大学校园，有越来越多身着汉服出行的年轻人，他们把这个传统节日过得古色古香。

随着汉服热越发升温，加之抖音等互联网平台的助推，汉服这个小众爱好已经不小，正衍生出了一个大产业。目前，全国汉服市场的消费人群已超过 200 万人，产业总规模约为 10.9 亿元。越来越多的年轻人不仅着迷于汉服的复古之美，更热衷于其背后的深厚文化内涵。

1. 汉服热背后的文化自信

提起汉服热，不仅学生拥趸众多，在社会上，不少白领也会通过购物网站置办汉服的行头，出门游玩时装扮起来拍下写真。更有不少年轻夫妇在结婚照或全家福的拍摄上，一改以往西服配白纱的西洋款式，选择中式风格，营造出一份古风古韵。在各大热门景区穿汉服拍照的游客甚至成了一道风景线。

而在年轻人积聚的互联网社交平台，从早前的贴吧、微博，到今日的 B 站、抖音等，汉服文化传播的边界被不断拓宽，散发出惊人的力量，让汉服走到了大众的面前。截至目前，抖音 App 上排名第一的汉服话题视频数量达到 67 万个，累计播放量突破 180 亿次。

汉服不仅是衣服，更是一种文化符号，它承载着民族文化，是文化复兴的一部分。“汉服热”逐渐升温不仅源于汉服本身的古韵之美，背后更多的是国人文化自信的回归，是年轻人对于传统文化的热爱。

在很多高校，学生们着汉服，颂赞辞，行跪、拜、祭、祝之礼的复古式成人仪式成为一种新风尚。在一些地方，年轻人遵循汉婚礼节举办汉式集体婚礼具有超高的人气和关注度，人们在追求仪式感的同时，感受着中华优秀传统文化带来的无限魅力。

另外，以汉服为代表的古装热，让近年来的影视古装剧在服装和造型的设计上更加“走心”，如《长安十二时辰》。电影《哪吒之魔童降世》的热播，也让大众看到中国的传统文化的一种复兴，尤其是在抖音、快手、B 站、微博的推波助澜下，汉服热潮正急速膨胀，成为不可小觑的商机。

2. 汉服热带来不少新商机

随着古风文化的兴起，汉服爱好者群体的不断扩大，汉服、汉元素物件受到不少人追捧。线上线下，汉服、汉元素店铺也越来越常见。

根据某电商平台的统计数据，今年以来，汉服的销售同比增长 146%，国风创意类饰品的销售也同比增长了 94%。随着汉服的兴起，一些提供私人定制的高端汉服品牌，更是出现了供不应求的现象。

因为看准了高端汉服市场的潜力，一些传统的服装销售公司也开始纷纷代理汉服品牌。同时，汉服周边产业链也为他们争取了更多的销售额。

之前，汉服市场整体以消费为主，但是现在，各类线下汉服实体体验店也如雨后春笋般纷纷开业，有的线下体验馆门庭若市，靠一己之力带火了一条街。这也成为不少“80 后”“90 后”的热门创业项目，只要集齐化妆师、摄影师，加上 30 套汉服，便可“出道”，10 万元开店，最快 3 个月回本。

随着汉服被推广，汉服周边产业也受此影响而快速发展。从汉服周边配饰，到汉服租赁、旅拍，汉服产业发展欣欣向荣。不仅如此，还有许多摄影店纷纷推出了包含汉服妆造、汉服约拍等在内的主题摄影套餐。

因为热爱汉服文化，一些年轻人逐渐由满足个人穿着，到开始通过选择购买汉服配饰，如发饰、鞋子、团扇等，进而逐渐了解和喜爱传统服饰和周边物品。

（资料来源：工人日报 2019-09-18　作者：徐潇）

5.1.3 文化因素对消费群体的影响

1. 文化的含义

文化的概念有广义、狭义之分。广义的文化是指人类在社会历史发展过程中所创造的物质财富和精神财富的总和。它包括风俗习惯、行为规范、宗教信仰、生活方式、价值观念、态度体系及人们创造的物质产品等。狭义的文化是指社会的意识形态，以及与之相适应的制度和组织机构。

亚文化是文化的细分，对消费者购买心理与行为有着更为直接的影响。

（1）民族亚文化。不同的民族在观念、信仰、语言、文字和生活方式等方面，都有各自独特的文化特征。中国有 56 个民族，各自有着各不相同的亚文化特点。

（2）种族亚文化。不同的种族不仅生理结构有所不同，其消费心理活动也各有特色，尤其是在化妆品、服装、鞋帽、手袋、饰物等颜色选择和搭配上，种族差异尤为突出。

（3）地域亚文化。不同地域的人，由于生活环境和文化的影响，在需要、兴趣、爱好等方面表现出明显的差异。中国地域辽阔，各个省份都有各自的地域亚文化。

（4）宗教亚文化。不同的宗教有不同的教规和禁忌，而它们对教徒的思想和行为有重要影响。

（5）职业亚文化。不同的职业受不同的生活、工作环境、收入水平等因素的影响，具备不同的消费心理特征。

[实例链接 5-3]

“非洲之王”传音手机的差异化战略

如果在 2019 年要问“谁是非洲最畅销的智能手机”，相信很多人都会说出“传音手机”这家公司的名字。

2018 年，传音手机出货量达到 1.24 亿部，在非洲手机市场（功能机+智能手机）的占有率高达 48.71%，排名第一。此外，传音招股书显示，2016—2018 年，该公司在非洲市场的收入占比分别达到 88.62%、76.86%、77.30%。

“非洲之王”的名声，传音手机当之无愧。但如果放到一年多之前，传音手机在中国国内的感知，远没有像现在这样“威名远扬”。2017 年，英国《金融时报》的一篇报道揭开了传音手机神秘的一角。《金融时报》在文章中说道："坚固的设计和低廉的价格帮助传音手机在 2017 年超越三星，成为非洲销量最大的智能手机公司。"

2006 年 7 月，曾是波导手机海外市场负责人的竺兆江，创办了传音。2007 年传音手机正式进军非洲，由此也开始了"非洲之王"的征程。

传音手机之所以在非洲能获得巨大成功，主要有以下三点。

第一，产品成功做到了本地化。由于非洲大陆聚集着大量发展中国家，高端手机在非洲很难有市场，因此中低端手机成为众多手机厂商在非洲重要的产品线，传音手机也不例外。数据显示，传音智能手机大约 95%的产品价格都在 200 美元以下。

但廉价不是传音手机获得成功的最重要原因。传音手机成为"非洲王"的秘诀就是本地化、差异化、贴近消费者需求。

传音手机刚刚征战非洲的时候，非洲不同运营商的电话费是不一样的，跨网络通话的费用十分贵。因此，为了节约花费，非洲手机用户通常需要多张 SIM 卡，以便打给不同网络运营商的用户，但这对消费者来说操作起来非常麻烦。

当时，垄断非洲手机市场的是知名大牌诺基亚和三星，但这两家国际巨头的机型以单卡手机为主，传音正是看到了这样的机遇，率先在非洲推出 TECNO 品牌的双卡手机，后来甚至又推出了四卡手机，一下子为自己在非洲打开了销路和品牌知名度。

拍照功能，是各大手机厂商都会在发布会上花费大量时间宣传的重要特性。但对于非洲用户来说，由于肤色的缘故，无论是自拍，还是和其他人拍照，在很多情况下，只能看到大白牙。

为了满足非洲用户的需求，传音研发了适用于黑肤色用户的美肌模式，通过眼睛和牙齿来定位，并在此基础上加强曝光。

针对非洲用户热爱音乐的需求，传音还专门推出了音乐手机——Boom J8，配备多个大功率的扬声器，开机时音乐似乎永远不结束，来电时铃声大到恨不得让全世界听到。传音手机非洲市场广告如图 5-4 所示。

图 5-4　传音手机非洲市场广告

第二，渠道铺天盖地。非洲的手机渗透率非常低，很多手机厂商都知道这是一个增长潜力很大的市场。但由于当地市场的散乱，经销商们往往难以和手机品牌之间形成稳定的长期合作，因此也难以获利。

基于非洲的市场情况，传音在与当地的电信运营商合作的同时，也注重与被冷落的经销商合作，在非洲超过30个国家内建立了零售网络，在利益和价格上保护了这些经销商。

传音也将“农村包围城市”的战略应用到非洲市场。把渠道渗透到了非洲大大小小村落，当覆盖完农村后才开始进军城市。

与此同时，传音在非洲的营销也和早期国产手机的策略一样“简单粗暴”，广告采用在中国农村最通用的“刷墙”模式。

第三，售后体系完善。传音是第一个在非洲本土建立售后服务网络的外国手机企业。早在2009年，传音推出了统一的专业新售后服务品牌Carlcare，不仅负责处理传音手机自己的售后问题，还可以负责维修其他品牌的手机。

公开资料显示，传音已经在非洲建立起86个世界范围的售后服务中心和超过1000个售后维修服务点，拥有超过1100名高级技术服务人员，成为非洲最大的手机用户服务网络。

（资料来源：微信公众号：甲方研究社 有删减）

2. 文化对消费者的影响

文化对消费者心理及行为上的影响表现在以下三个方面。

（1）文化对消费者观念的影响。不同文化背景下的消费者，其消费观念有着很大的差别。在中国，人们大都崇尚节俭，常常有计划地储蓄和花钱。西方人则较少有积蓄，挣钱就花掉，甚至借钱、贷款来消费。

（2）文化对消费者生活方式的影响。人们的生活方式与社会文化有着密切的关系。一方面，文化直接影响人们的行为方式；另一方面，文化通过观念影响人们的行为。例如，美国人去一次超级市场购物，往往一次会购买一周或两周的东西，因为他们中午以吃快餐为主，只有晚上才可能动手做饭。在中国，人们一般喜欢买一次吃一次，餐餐都要自己做。

（3）文化对消费习惯的影响。不同文化影响下的风俗习惯，一方面规范着社会成员按一定的方式去活动；另一方面如果有人违背了风俗习惯，还会受到社会舆论的谴责和惩罚。因此，不同的社会文化总会形成一些独特的消费行为习惯。

[知识窗]

消费习俗

人们在社会活动中，由于所处时代的政治经济发展水平不同，民族的文明程度、宗教信仰及民族与地理位置等不同，消费习俗也千差万别，种类各异。其常见的有以下五种类型。

（1）喜庆性的消费习俗。它是消费习俗中最主要的一种形式。它往往是人们为表达各种美好愿望而引起的各种消费需求。例如，各国都有自己的传统节日，像中国的春节、西方国家的圣诞节等。

（2）纪念性的消费习俗。它是指人们为了表达某人对某事的纪念之情而形成的消费风俗与习惯。它是一种十分普遍的消费习俗，因各国家、民族的不同而形式各异。例如，中国人在清明节以扫墓祭祀祖先或烈士，在农历五月初五吃粽子纪念战国时期爱国诗人屈原；西方人吊丧习惯穿黑衣、送鲜花等。

（3）信仰性的消费习俗。它是由于宗教信仰而引起的消费性的风俗习惯，此类习俗受宗教教义、教规、教法的影响，并由此衍生而成。例如，由宗教信仰而形成的禁食习惯、服饰习惯或由民间各种神话传说形成的消费形式等。

（4）社会文化性的消费习俗。它是在较高文明程度基础上形成的消费习俗。它的形成、变化和发展与社会经济、文化水平有密切关系。例如，中国各地的地方戏剧，如京剧、越剧、黄梅戏等是社会文化性消费习俗的体现，它代表着不同地区的文化消费习俗。

（5）地域性的消费习俗。它是由于地理位置的差别而形成的消费风俗习惯。不仅国家之间不同，同一国家由于地域不同，习俗也不同。就中国来讲，俗语说“南甜、北咸、东辣、西酸”，这反映了不同地区的消费者有不同的口味与饮食习惯。北方人喜欢吃饺子，南方人爱吃汤圆等。

5.1.4　经济因素对消费群体的影响

1．社会经济发展水平对消费行为的影响

社会生产力发展程度、社会经济发展水平，反映了社会能为消费者提供消费品的数量、品种和质量，同时也影响整个社会的消费结构、消费者购买方式、消费方式、消费水平等。

2．消费者的经济收入对消费者购买行为的影响

每个消费者的经济收入是不同的，而且常常在变化。消费者个人的收入水平必然要影响其消费观念和购买行为。

（1）消费者的绝对收入变化影响消费者的购买行为。一般情况下，消费者的绝对收入增加了，则购买行为向购买量大、频次增加或购买价格高的耐用消费品方向发展，绝对收入降低则反之。

（2）消费者相对收入变化影响消费者的购买行为。消费者的相对收入变化是指消费者的绝对收入不变时，由于其他社会因素，如价格、分配等的变化引起原对比关系发生变化，而使收入发生实际升降变化。当相对收入减少时，会导致消费者改变其消费结构和消费方式，促使购买行为发生收缩性变化。

（3）消费者预期收入的变化影响消费者的购买行为。消费者的实际收入和名义收入的变化，都会对消费者现在和未来的购买行为产生一定的影响。

5.2　不同消费群体的消费心理分析

属于同一群体的消费者，在消费心理特征、购买行为等方面具有许多共同之处。因此，企业必须研究不同群体的群体消费心理，才能有针对性地制定营销策略，形成竞争优势。

5.2.1　家庭的消费心理

家庭是人类基本的消费单位。家庭的社会地位和经济条件不仅决定了家庭的购买能力，也决定了家庭成员的需求层次和消费水平、消费结构。

1．家庭结构

（1）家庭结构的内容。

① 数量结构。数量结构是指家庭成员数量的多少。2016 年 1 月 1 日，我国正式实施全面二胎政策，30 多年的独生子女政策所带来的传统三口之家逐步被四口之家所取代，如图 5-5 所示。

② 年龄结构。年龄结构是指家庭成员在年龄上的分布，也与家庭的数量结构有关。

③ 文化结构。文化结构是指家庭成员的教育水平情况。

图 5-5　二胎政策放开漫画

家庭的构成主要是指家庭成员的数量、年龄、文化结构等。

（2）家庭结构的类型。家庭结构的类型一般有以下几种：

① 单身者或个人家庭。

② 尚无子女的年轻夫妇或与子女分居的老年夫妻家庭。

③ 有子女的单亲家庭或不完整家庭。

④ 有子女的双亲家庭或完整家庭。

⑤ 复代家庭或延续式家庭。

（3）家庭结构对消费结构的影响。二胎政策虽已放开，但很多家庭结构仍表现为小型化，对家庭消费结构带来重大影响。具体为：

① 家庭小型化的结果，使儿童消费品趋于高档化、多样化。例如，儿童娱乐用品、服装、营养品的需求量将逐步增大。

② 随着家庭规模趋小，家庭生活用品也趋向小型化。例如，家庭用炊具、锅碗的小型化等。

③ 家庭购买耐用消费品的数量、种类都会增多。

④ 食物支出结构同时也会变化。例如，在外吃饭的人数和次数增多，方便食品的消费量会增加。

⑤ 家庭用于医疗、文化娱乐等方面的支出比重增大。

2．家庭消费决策

（1）家庭消费决策的含义。家庭消费决策是指家庭在发挥其消费职能的范围内，从实际出发，确立所要达到的消费目标，选择正确的途径和方法，使预定的目标能够最大限度地实现。

不同的家庭成员对购买商品具有不同的实际影响力，扮演着五种主要角色。

① 提议者：促使家庭其他成员对商品发生兴趣的人。

② 影响者：提供商品信息和购买建议，影响挑选商品或服务的人。

③ 决策者：有权单独或与家庭其他成员一起做出买与不买决定的人。

④ 购买者：购买商品的人。

⑤ 使用者：使用所购商品或服务的人。

至于家庭中多少人充当这些角色，什么人充当哪些角色，则要根据家庭的不同和他们所买商品的不同而变化。

讨论

最近一段时间，你的家庭支出最大的一次消费是什么？在这次消费中，家庭成员都扮演了以上哪几种角色？

____

____

（2）家庭消费决策类型。从家庭权威的中心点角度，家庭消费决策可以划分为五种类型。

① 各自做主型：每个家庭成员都有权相对独立地做出有关自己的决策。

② 丈夫支配型：家庭购买决策权掌握在丈夫手中。

③ 妻子支配型：家庭最终决策权掌握在妻子手中。

④ 调和型：大部分决策由家庭各成员共同协商做出。

从所购商品的因素来划分，对于不同的商品，家庭成员发挥的作用也不同。例如，家庭食品、日用杂品、儿童用品、装饰用品等，女性影响作用大；家用电器、家居产品、房屋、汽车等，男性影响作用大；价格高昂、全家受益的大件耐用消费品，文娱、旅游方面的支出，往往共同协商。家庭中孩子可以在家庭购买特定类型产品的决定上产生某些影响，如对购买玩具、文体用品、图书等商品有较大影响。

3．家庭生命周期

家庭生命周期是指一个家庭从建立、发展到分解过程中所经历的不同生活阶段。消费心理学对家庭生命周期的分析，就是根据家庭存在的各个不同阶段，确定每一个阶段的家庭生活特征，再按照这些特征来分析消费过程和消费结构的变化。

（1）家庭生命周期的划分。家庭生命周期一般分为六个阶段。

① 单身期：已长大成人，但尚未结婚者。

② 新婚期：筹备新婚用品至结婚，建立起独立的家庭。

③ 生育期：生育第一个孩子至最后一个孩子。

④ 满巢期：子女长大尚未成年时期。

⑤ 离巢期：孩子成年后相继离开家庭，自主独立消费，直到原来的家庭中只剩父母二人。

⑥ 鳏寡期：夫妇两人的一方丧偶期。

家庭生命周期分为单身期、新婚期、生育期、满巢期、离巢期和鳏寡期六个阶段。

（2）家庭生命周期中的消费变化。随着家庭生命周期的变化，家庭的需求结构、经济能力和消费水平也相应变化。

第一阶段，单身期。大部分单身期青年，家庭无经济负担，消费以自我为中心，购买欲望强烈，购买易冲动，往往将收入大部分用于自己的穿着、娱乐、交往、发展等方面的需要；而小部分家庭经济状况不好的单身期青年则有了储蓄的习惯，消费和储蓄都具有一定的计划性。针对该消费阶段前一部分消费者的消费弹性大、稳定性差及超前消费等特点，多被商家看好，已成为营销获利锁定的新目标。

第二阶段，新婚期。新婚期的家庭，由于处于人生的重要阶段，故消费显示了较强的规模性、集中性、时尚性、享乐性和档次性，以及二人共同决策的特点。消费主要是商品房、汽车、家电、家居、服饰、化妆品等，具有一定的求新性和求异性。新婚产品市场也是部分商家发现商机的目标之一。

第三阶段，生育期。生育期的家庭，由于孩子的出生，家庭开支增大，购买频率增高，购买心理随孩子的成长而发生变化，以孩子为中心，重视儿童食品、玩具、服装和教育费用的开支。这一时期的消费表现出对家庭和社会的责任感。

第四阶段，满巢期。满巢期的家庭，夫妇从青年到中年，子女逐渐长大。满巢期前期阶段随着子女的入学教育，家庭消费以子女为中心，在教育方面投资较大；后期随着子女慢慢长大成人，家庭收入达到高峰，家庭支出开始稳定，家庭有了储蓄，医疗支出下降，日用品、穿着、文化娱乐、户外消费支出上升。受年龄、阅历和经验影响，消费特点趋于理智，子女在家庭消费决策中起的作用增大。

第五阶段，离巢期。夫妇已到老年，子女相继成家。该时期的消费特点呈现两种类型：第一，崇尚节俭，重视储蓄，以抵御外来疾病等风险或用于养老，实际支出比例下降；第二，购买活动开始更多地投向满足自己需要的商品，具备一定的补偿性心理，营养、身体保健、娱乐、旅游、自我修养等享乐型消费支出上升。

第六阶段，鳏寡期。此阶段的家庭由于衰老和丧偶、生活自理能力较差、进而转向依靠子女或寻求社会性服务。家庭收入明显减少，消费能力大大下降，以满足日常生活需要和健康保健为主，社会交往和户外消费减少，服务性消费增加，消费决策较为慎重、缜密和稳健。

讨论

针对以上家庭生命周期不同阶段的特点，你认为有哪些商业机会？

____

____

4．家庭经济收入

家庭经济收入制约着家庭与个人的购买能力、购买方式、消费结构和生活习惯等。从消费结构中生存、享受、发展三种属性进行分类，家庭类型划分为以下三种类型。

（1）生存消费型家庭。这类家庭用于生存资料消费开支占绝大部分，所消费的消费品质量不高，以维持正常生活为标准，文化精神方面的消费比重小，家庭消费内容较为单调。

（2）生活享受型家庭。这类家庭在物质生活方面向高、精方向发展，享受资料的消费在家庭消费资金中占相当大的比重，文化精神消费欲望强烈，家庭消费内容比较丰富。

（3）生活发展型家庭。这类家庭消费内容已达到相当丰富的程度，开始追求高质量、高品位的物质、文化精神方面的消费，发展型消费资料的消费在家庭消费中已占较高的比重。

[实例链接 5-4]

“90 后”“无产中产阶级”消费图鉴

以中产之姿态，过无产的生活。无产中产阶级是形容像无产阶级一样没有固定资产和生产资料，靠出卖劳动力赚钱，同时又积极用中产阶级的消费习惯和审美情趣要求自己的群体。简而言之，这个阶级里的“无产”代表收入，“中产”代表品位。

数据显示，“90 后”人均消费上涨速度远超“70 后”“80 后”。他们有着良好的生活品位，但伴随着的是收入较低的窘境……

这群人的特点是什么？

如今的“90 后”年轻一代伴随着中国互联网的发展成长起来，品质、版权意识、多元、体验、参与感等成了他们的消费标签。

而在这群人里被划分为“无产中产阶级”有何特点？

收入中等：每个月最有钱的时期，就是刚发工资的那天。

学历不低：大多数是大学毕业。

品位不俗：社会的进步让人们的追求不再是吃饱穿暖，而是强调“精致”。

强调有态度：爱自由，他们大多数在大城市中追求温暖、对于一切自有任性傲娇的想法。

穷而奢华：超前消费来享受“美好人生”。为了把生活过得尽量精致一些，他们超额消费、透支消费。

这群人的消费行为是什么？

用无产阶级的资金能力来过中产阶级的生活，试图用那些中产时刻来点亮自己的庸常生活。这也会促进商家见缝插针推新，挖空心思营销，促使年轻人“买买买”！

1. 网红餐饮店如数家珍

这群“无产中产阶级”饮食品位相当高，“吃饱吃好”早已不是他们的标准，不管是街头巷尾的风味小吃，还是星级餐厅的西洋大餐，除了满足“好吃”这一属性外，他们尤为钟爱环境好、格调高的网红餐厅。他们逢周末去网红店打打卡，彰显生活品位，其朋友圈就是这些网红餐厅的靓照。

2. 重金花在“行”上

虽然环保出行、共享单车也在年轻人中比较盛行。但对于稍有一点经济能力的“无产中产阶级”还是很愿意把钱投在“行”方面，因为他们觉得打车总比骑自行车舒服，而且还在一定程度上风雨无阻。

此外，他们也有一部分人考虑通过分期付款的形式拥有一辆代步工具，而新能源汽车则成为他们的主要选择，因为它在用车成本和环保方面更具优势。

3. 舍得花钱在科技产品上

追求“潮流”是很多“无产中产阶级”的共同特征，为了能赶上“潮流”，现在手机型号更新换代越来越快，国产品牌如华为、OPPO 几个月就能更新一个型号。

此外，在各种生活用品上，他们更愿意用高科技电子设备来解决家务问题，他们青睐口碑品牌的智能产品，如小米的家电，重视科技呈现之余，价格也不贵，这符合他们享受生活的预期。

4. 为“有趣的灵魂”买单

“无产中产阶级”大多数是一线和二线城市的职场白领，工作时总是感觉自己在专业知识上欠缺很多。因此，他们就想利用各种碎片化的时间来好好地补充自己所欠缺的知识，不断地完善自己的知识体系。而知识付费的出现，也刚好是为了满足各种白领的这些刚性需求。

此外，“无产中产阶级”的兴趣追求也日益多元化，这也让在线学习兴趣类课程的日渐普及，为内容付费成为习惯提供一系列契机。

5. 开启“追星 3.0 时代”

在日新月异的互联网环境下，追星成为“无产中产阶级”的生活方式，他们通过娱乐资讯和明星结交朋友，引发社交话题。由于年轻消费者更愿意为明星同款支付溢价，明星各品类跨界周边带动了粉丝经济不断升温。数据显示，“90 后”尤其喜欢购买明星同款，其中，女性贡献了 3/4 的消费。

如今，偶像粉丝经济变现的方式更是五花八门。粉丝不仅可以购买演唱会门票，以及写真、文具、应援物等周边产品，还可以购买握手券和投票券。

除了俊男靓女的偶像派，网上还出现了另类自媒体吸粉达人借助新浪微博和微信公众号迅速兴起，依靠独特的内容聚拢了大量粉丝，部分靠广告等方式达到了粉丝变现。

（资料来源：CEO 品牌观察　ID：new_shop_）

5.2.2　不同年龄阶段的消费群体的消费心理

按照年龄指标，消费者可以分为婴幼儿消费群体（0～3 岁）、少年儿童消费群体（4～18 岁）、青年消费群体（19～35 岁）、中年消费群体（36～55 岁）、老年消费群体（56 岁以上）五类。

在上述五类消费群体中，婴幼儿消费群体非常特殊，他们是使用者，却不是消费决策者或购买者，决策者和购买者是其父母、亲属等，所以下面仅介绍后四类消费群体。

1．少年儿童消费群体的消费心理

少年儿童消费者主要是指学龄前期到学龄中期的消费者。

（1）儿童消费心理特征。儿童的消费心理特征表现为以下五点。

① 从纯生理性需要逐渐向带有社会内容的需要发展。

② 从模仿性消费逐步向带有个性特点的消费发展。

③ 消费情绪从很不稳定向稍微稳定发展。

④ 对消费品的购买行为逐渐从依赖型向独立型发展。

⑤ 儿童消费品中娱乐用品的消费比重较大。

（2）少年消费心理特征。少年的消费心理特征主要表现为以下四点：

① 喜欢与成人比拟。

② 购买独立意识逐渐形成。

③ 消费意识方面的矛盾性增强。

④ 为满足成长性需要的消费所占比重增加。

（3）少年儿童消费与营销心理策略。根据以上少年儿童的消费心理特征，企业应采取不同的营销心理策略，以满足少年儿童的消费心理需要。

① 区别购买与消费对象，采用不同促销方式。3 岁以前的儿童用品，一般是由家长和其他长辈作为其消费品的主要购买者。因此，企业在商品的开发、设计、定价策略上应从年轻父母的消费心理出发，考虑儿童的实际需要。3 岁以后的儿童，在儿童用品、图书等的商品选择上，儿童参与购买、表达喜爱与否的心理直接影响家长的决策。所以，这类商品的生产和销售要充分考虑儿童的特点，在商品陈列展示和促销活动中，应将吸引儿童的注意力、刺激儿童的购买愿望放在突出的位置上。

② 改善商品的外观形象，发挥商品的直观形象作用。作为生产企业和经销商而言，为了吸引儿童注意力，刺激其购买，在文具（如铅笔、文具盒、书包）的设计和色彩上，要从儿童心理出发，外观形状要丰富多样、图案生动活泼、色彩斑斓艳丽；但是，从家长的消费心理考虑，还要注重商品的质量、实用性、价格等因素。

③ 建立商品品牌形象，提高品牌忠诚度。建立商品品牌形象，是为了使少年儿童加深对商品的印象，使其成为忠诚的消费者。在市场营销中，企业要面向少年儿童，特别是对于商标图案、品名、色彩、广告宣传要针对少年儿童的心理偏好进行设计，使少年儿童好懂易记、热爱喜欢，使他们能够产生对品牌的深刻印象。肯德基儿童套餐玩具广告如图 5-6 所示。

图 5-6 肯德基儿童套餐玩具广告

④ 注重满足消费者的多元化消费。随着生活水平的提高和社会竞争的加剧，消费不断趋向于多元化。商家应不断丰富商品的功能，挖掘市场潜力，满足不同消费者的多样化需求。

2. 青年消费群体的消费心理

青年是人生中从少年向中年过渡的阶段。这个阶段的人群有两种情况：一种是继续在校深造；另一种是就业。青年向中年的过渡期一般是 35 岁左右的年龄阶段。

（1）青年消费群体的消费心理特征。目前，中国青年的消费心理具有鲜明的时代特征。

① 追求时尚，强调实用。

② 意愿强烈，需求多样。

③ 消费能力相对最强。

④ 消费倾向标新立异。

⑤ 冲动购买，计划筹款。

⑥ 注重情感，直觉选购。

（2）青年用品市场的营销心理策略。根据青年消费群体的消费特点，企业可采取以下营销心理策略，以满足青年的消费心理需要。

① 满足多层次的心理需要，刺激产生购买动机。青年时期的消费者除了生理、安全的需要之外，还产生了社会交往、自尊、成就感等方面的精神需要。例如，名牌皮包和服饰、高档手机等用品深受青年人所喜爱。

② 开发时尚商品，引导消费潮流。青年人学习和接受新事物快，富于想象力和好奇心，因此，在消费上追求时尚、新颖，企业在商品的开发、设计中，要注重开发时尚商品，以推动消费潮流。

③ 注重个性化商品的生产、营销。个性化的商品、与众不同的商品被青年人称为“酷”而大受欢迎，企业在商品设计、生产、销售中，要注重面向青年人开发个性商品。

④ 推出同类不同档次商品，满足不同收入水平的青年需要。青年人由于职业、收入水平不同，产生了不同的消费阶层，他们在商品的购买上表现出一定的差别。

⑤ 做好售后工作，推动市场开拓。青年人往往是新商品的率先使用者，在购买后，就会即时把他的购买预期与商品性能进行比较。若性能与预期相符，就会基本满意，进而向他人推介此商品；如果发现商品性能超过预期，就会非常满意，进而大力向他人展示、炫耀，以显示自己的鉴别能力；相反，若发现商品达不到期望，感到失望和不满，就会散布对此商品的否定评价，进而影响该商品的市场销路。

[知识窗]

粉丝经济与网红经济

粉丝经济泛指架构在粉丝和被关注者关系之上的经营性创收行为，是一种通过提升用户黏性并以口碑营销形式获取经济效益与社会效益的商业运作模式。以前，被关注者多为明星、偶像和行业名人等，如粉丝购买歌星的专辑、演唱会门票，以及明星所喜欢或代言的商品等。现在，互联网突破了时间、空间的限制，粉丝经济被广泛地应用于文化娱乐、销售商品、提供服务等领域。此外，商家会借助一定的平台打造网络红人，通过网红聚集消费者、粉丝，以此来推动产品和服务的销售，形成基于网红的粉丝经济，即网红经济。

（资料来源：AdMaster 联合宝宝树发布第五届《中国家庭育儿方式研究报告》）

[实例链接 5-5]

“得小镇青年者得天下！”

2018 年，拍拍贷和南方周末联合发布了《2018 中国小镇青年发展现状白皮书》。根据这份报告的定义：小镇青年泛指出生在三四线及以下的县城、乡镇的年轻男女。

2017 年，“小镇青年”捧红了一部电影《前任 3》，这部电影来自三四五线城市的票房贡献超过 50%，《前任 3》的票房奇迹使“小镇青年”第一次出现在公众视野，也使“小镇青年”越来越受到公众和媒体的关注。

2018 年，“小镇青年”以“阅读”造就了趣头条、以“消费”捧热了拼多多、以“观看”

带火了抖音、快手等短视频平台。凭着对短视频、手游和网购的热爱，他们已经成为新的流量之源和各大互联网企业争相竞逐的最广阔蓝海，近几年的现象级爆款均受益于此。

移动互联网的用户占比，进一步验证了“小镇青年”这一群体的庞大基数：在 2018 年中国移动互联网用户中，“小镇青年”占比 54.6%，比重已经超过一二线城市。在 2018 年增量最大的 10 款手机应用中，来自“小镇青年”的用户增量全部超过 50%、个别甚至高达 60%。“小镇青年”已成为中国互联网下半场流量增长的中流砥柱。

虽然农村收入并不高，但他们有宅基地，有自留地，他们可以将自留地租出去，每年收取租金。某些地区，他们的幸福指数很高，远远高于发达地区。虽然对比一二线城市，三四五线城市的整体经济水平依旧落后，但受益于一二线城市的产业转移，以及电商的快速发展，增加了“小镇青年”的就业机会和创业机会。

“小镇青年”的消费观虽与上一辈大不相同，但当他们进入社会几年后就慢慢和上一代人趋同，并且更愿意提前完成这种认同感的消费。在人口相对不那么局促、不用背负贷款买房的重压、工作之外有冗长时光的小镇里，加上消费能力的提升，“小镇青年”对精神生活的追求越来越高，对生活品质的要求也越来越高。看电影、旅游这些以往被认为是大城市人群休闲的方式，近几年的增长绝大比例来自乡村。金融产品的丰富，也使“小镇青年”同样具有提前消费的意识。

一线城市从来不等于中国，它只是代表了中国最繁荣、最先进的那一部分，但中国更多的人口，还是在三四五线城市。愈发高涨的房租、艰难的交通、上提的物价、堪比登天的子女入学问题……遭遇的难题与压力，让很多人选择返乡回家，或者去往下一层级的城市。另外，电商兴起带动的新兴产业链，打破了地域的壁垒，为下线城市提供了更多机遇、商机，也吸引了越来越多的人选择返乡回家工作、创业。

（资料来源：《销售与市场》管理版 2019 年 6 月 P57　作者：周春燕）

3．中年消费群体的消费心理

中年期是由青年向老年过渡的时期。中年消费者约占中国总人口的 10%～15%。

（1）中年消费群体的消费心理特征。中年人一般是指 35 岁至退休年龄阶段的人，在家庭中一般是购买商品的决策者。中年群体在购买活动中表现出以下心理行为特征：

① 购买的理智性胜于冲动性。

② 购买的计划性多于盲目性。

③ 购买求实用，节俭心理较强。

④ 购买有主见，不受外界影响。

⑤ 购买随俗求稳，注重商品的便利。

（2）中年用品市场的营销心理策略。中年消费者购买力强，购买活动多，争取此消费者对于企业巩固市场、扩大销售具有重要意义。

① 注重培育中年消费者成为忠诚消费者。中年消费者在购买家庭日常生活用品时，往往表现为习惯性购买。生产者和经营者要满足中年消费者的这种心理需要，使其消费习惯形成并保持下来；不要轻易改变本企业长期形成的历史悠久的商品品牌包装，以免失去消费者；商品的质量标准和性能价格比，要照顾到中年消费者的购买习惯，也不要轻易变动。

② 在商品的设计上要突出实用性、便利性，提供良好的现场服务。中年消费者消费心理稳定，追求商品的实用性、便利性，华而不实的包装往往不被中年消费者喜爱。

③ 重视售后服务。中年消费者购物后发现问题，多直接找经营者解决，而且态度坚定，理由充分。经营者应切实帮他们解决问题，冷静面对，切忌对他们提出的问题推诿、扯皮，不负责任，因此而失去忠诚消费者。

④ 促销广告活动要理性化。面向中年消费者开展商品广告宣传、现场促销活动要理性化。要靠商品的功能、效用打动消费者，靠实在的使用效果、使用者的现身说法来证明商品的优越性。

4．老年消费群体的消费心理

在中国，老年消费群体约有 1 亿人，占人口总数的 10%以上。因此，开展对老年消费群体心理与行为特点的研究是非常重要的。

（1）老年消费群体的消费心理特征。老年消费群体作为一个特殊的消费群体，在购买活动中表现出以下特有的心理行为特征：

① 消费习惯稳定，消费行为理智。

② 追求商品的实用性。

③ 消费追求便利，要求得到良好的服务。

④ 消费需求结构发生变化，保健食品和医疗保健用品的支出增加。

⑤ 较强的补偿性消费心理。

（2）老年用品市场的营销心理策略。研究老年人用品市场，要注意采用以下心理策略。

① 开发适合老年人需求的各类商品。老年消费市场广阔，消费潜力大，目前市场上适合老年人的商品品种仍显单调，大有潜力可挖。例如，可专为老年人生产各种食品、保健品，并直接面向老年人销售；挖掘传统商品并赋予时代特色，则更能适合老年人消费心理。

② 重视全方位的良好服务。在销售老年人用品时，应提供良好的专门服务场所，以满足老年人心理上所要求的方便、舒适的购物环境，并提供亲切、体贴的服务。营销人员要满足老年人自尊的心理要求，耐心、热情地服务，开展上门送货、安装、调试等。

③ 开展对老年人及其子女的双重促销。商品促销活动不但要针对老年人，还可以针对老年人的子女开展。有些商品，不但可以面向老年人设计广告，还可以面向青年人，提倡尊老敬老的社会风尚，激发青年人孝敬老人的心理，从而产生购买行为。因此，老年人用品的广告面向青年人，也常能取得较好的销售效果。

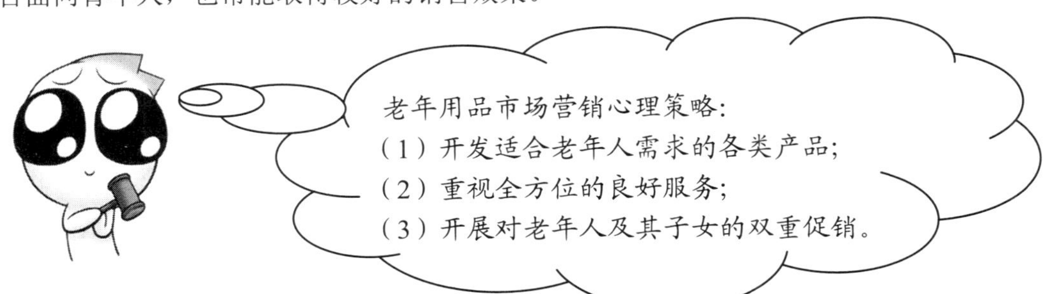

讨论

针对老年人的消费心理特点，目前老年人市场存在哪些商业机会？

____

____

5.2.3 不同性别的消费群体的消费心理

不同性别的消费者，由于其生理和心理特点不同，因而表现出不同的消费特征。一般认为，独立、自信、外向、竞争等特征常属于男性，而依赖、顺从、文静等特征通常属于女性。这些不同的特征形成了不同性别的消费心理。

1．女性群体的消费心理

中国人口普查资料表明，女性人口占总人口的 48.7%，在购买中起着特殊的作用。女性消费者在家庭中担当妻子、母亲、女儿等角色，经常是男性用品、儿童用品、老年用品的购买者。

（1）女性消费心理特征。女性消费者在购买商品时往往表现出以下特点：

① 注重商品的外观形象与情感特征。

② 注重商品的实用性与实际利益。

③ 注重商品的便利性与生活的创造性。

④ 有较强的自我意识与自尊心。

⑤ 挑选商品通常是“完美主义者”。

[知识窗]

“网易”网上调查显示：不管女性的社会地位如何，在家庭消费上，女性可谓绝对地当家做主。在家庭消费中，女性完全掌握支配权的占到了 51.6%，与家人协商做一半主的占到 44.5%，两者合计达 96.1%。同时，女性的审美观影响着社会消费潮流，年轻女性的心境和感性支配着流行，女性不仅自己爱美，还注意恋人、丈夫、儿女和居家的形象。因此，商品的流行大多是随女性审美观的变化而变化的。

（2）女性用品市场的营销心理策略。针对女性消费心理与行为特征，相应的营销策略主要有：

① 销售环境布置要典雅温馨、热烈明快，具有个性特色。

② 商品外观与包装设计要注重细节、色彩、款式、形状，要体现流行、时尚，并且使

用方便，以最大限度地吸引女性消费者的注意。

③ 注意开展多种形式的促销活动，巧妙利用口头传播渠道，注意传递商品的相关信息，激发女性消费者的购买欲望。

④ 强化销售服务，提高服务水平，讲究语言、服务艺术，以满意的服务促进销售。

2．男性群体的消费心理

中国男性人口占总人口的 51.3%，男性用品市场相当广阔。但与女性相比，男性用品市场较为简单。

（1）男性消费心理特征。男性消费者的消费心理有以下明显的特征：

① 购买行为的目的性强且理智。

② 购买动机形成的迅速性及被动性。

③ 购买过程的独立性与缺乏耐性。

④ 购买商品的性别特征明显。

（2）男性产品市场的营销心理策略。针对男性消费心理的特点，企业应采取以下营销策略。

① 注意商品内在价值与外在价值的统一，以完善的商品吸引此类消费者。

② 注意品牌形象的塑造，争创名牌，巩固名牌地位。

③ 注意商品信息传播的科学性与完整性，尊重消费者的自我判断。

知识练习与思考

1．填空题

（1）儿童消费心理特征：由生理需要向带有（　　　　）的需要转变；从模仿型消费发展为（　　　　）；从消费情绪不稳定发展到（　　　　）。

（2）人们在群体中相互作用、相互影响，就产生了群体心理，如从众、（　　　　）、（　　　　）和（　　　　）等。

（3）家庭消费决策类型有（　　　　）、（　　　　）、（　　　　）和（　　　　）。

（4）消费群体一般有以下分类：（　　　　）群体和（　　　　）群体；（　　　　）群体和（　　　　）群体；所属群体和参照群体。

（5）家庭的生命周期一般分为：（　　　　）、（　　　　）、（　　　　）、（　　　　）、（　　　　）和（　　　　）六个阶段。

2．判断题

（1）有成人感是儿童消费者自我意识发展的显著心理特征。（　　）

（2）消费者都会严格按照消费所属群体的要求进行消费行为。（　　）

（3）研究老年人的消费心理，开拓老年用品市场是解决好社会问题的重要方面。（　　）

（4）中年人的消费行为有典型的冲动购买、计划筹款的特点。（　　）

（5）男性在购买商品时，具有较强的注重商品外观形象，追求情感满足的心理。（　　）

3．复习思考题

（1）家庭生命周期分为几个阶段，各阶段的消费特点是什么？
（2）少年儿童用品市场的消费特点是什么？相对应的营销心理策略有哪些？
（3）青年用品市场的消费特点是什么？相对应的营销心理策略有哪些？
（4）中年、老年用品市场的消费特点是什么？相对应的营销心理策略有哪些？
（5）男性、女性用品市场的消费特点是什么？相对应的营销心理策略有哪些？

职业技能训练

1．思维训练题

苏轼和佛印的故事

苏轼是个大才子，佛印是个高僧，两人经常一起参禅、打坐。佛印老实，老被苏轼欺负。苏轼有时候占了便宜很高兴，回家就喜欢跟他那个才女妹妹苏小妹说。

一天，两人又在一起打坐。苏轼问：你看看我像什么啊？佛印说：我看你像尊佛。苏轼听后大笑，对佛印说：你知道我看你坐在那儿像什么吗？就活像一摊牛粪。这一次，佛印又吃了哑巴亏。

苏轼回家就在苏小妹面前炫耀这件事。

苏小妹冷笑一下对哥哥说，就你这个悟性还参禅呢，你知道参禅的人最讲究的是什么吗？是见心见性，你心中有眼中就有。佛印说看你像尊佛，那说明他心中有尊佛；你说佛印像牛粪，想想你心里有什么吧！

问题：以上故事对你有何启发？你是否也会犯同样的错误？

2．案例分析题

型男驱动“他经济”升级

得益于中产阶级的崛起，男性网民的经济实力提升及自我价值的发现，“他经济”领域，也一样呈现出健康美丽、有型有面的悦己消费趋势。一系列悄然崛起的男性垂直电商，正在掀起一股“品质型男”的消费潮流。

升级化的“男色”经济

颜值经济的爆发，使得“变美”不再只是女性的特权。近两年偶像选秀节目的火热引发了一股“花美男”热潮，受到广大女粉丝追捧，这也激发了男性开始为自己的形象做改变。

数据显示，2018 年全年男士化妆品类销售中，彩妆品销售额的同比增长速度居于化妆品类之首，高达 89%，有关男性消费者的化妆品与护肤品等品牌已经形成一种市场发展趋势，并且不断趋向于精细化、专业化和高端化。

男性消费力还体现在网络购物上，淘宝发布的 2018 年“中国男性消费报告”显示，女性用户每人每天打开淘宝 10 次，而男性用户也高达 7 次。其中，“潮牌”是“00 后”男性搜索高频词汇，搜索量超 3 亿。

除此之外，不同于女性消费较为固定的服饰、珠宝和美妆三大领域，男性消费在体育、游戏、3C 电子、汽车、旅游和健身等细分领域均有不同程度的增长，不同年龄段的男性消费者侧重点有所不同。16～25 岁：消费支出主要在体育、游戏、服饰、美妆等领域；26～36 岁：主要消费领域开始向 3C 电子产品、汽车、旅游、保健等倾斜；37～50 岁：主要为手表、奢侈品、汽车、旅游等；51 岁以上：更注重个人健康的消费支出。

总体来看，男性在消费中越来越注重“展现自我”，并倾向于通过消费彰显自己的消费个性、社会地位和生活品质。理智果断的男性消费者，呈现出客单价高、品牌忠诚度高的消费特征。

“型男”养成记：种草不如中毒

在移动互联网电商领域，女性消费叫“种草”，男性消费却成了“中毒”，“毒”这个词悄然成为男性垂直电商的关键词。例如，一个叫“得物”的 App，就在一些潮流男士中兴起，这个典型的男性潮流运动电商平台，不同于小红书的内容分享种草模式，而是以球鞋潮服鉴别为核心业务，为用户购买的商品做鉴别查验，搭建了“社区互动+交易撮合+鉴别服务”的潮流电商平台，升级了用户网购权益保障。这对于重视个性与品质的男性消费者而言可谓爱不释手，在“得物”App 的用户画像中，30 岁以下的年轻用户占到了 60%，其中，一半以上都是“90 后”的男性用户。

此外，斗牛、Nice、XY 等都在将男性品质用户作为主打，除了同为主打球鞋交易的特质之外，斗牛将男性用户作为主打目标人群，平台以高客单价、高垂直细分的特点独树一帜；而 Nice 平台则增添了更多社交元素——“标签”和“贴纸”，成为当下年轻人的时尚潮流聚集地；男性跨境电商平台 XY 所呈现出来的则是要“为男性消费者提供一站式生活用品解决方案，引导男性高端生活方式”等。

知乎也在 App Store 上线了男生种草社区——CHAO，主要为男性用户推荐好物，并提供关于潮流单品的试用测验，在应用界面设置上分为社区精癖生活方式、吃喝玩乐、极客科技等多个常规频道，据悉现在 CHAO 社区大部分流量和种子用户来自知乎，而 CHAO 是否可以成为男性版的小红书，也值得关注，如图 5-7 所示。

图 5-7　知乎 App 社区——CHAO

这些定位于品质男性或“型男”的电商平台，强调具有冲击力的画面，简洁不缺乏深度的内容，希望实现男性“即看即买”的解决方案，以进一步促进男性的消费效率，对于男性而言，视觉冲击力和沉浸感及逻辑上的说服力更为重要。

从万众一致的工人装，到一年逛两次的海澜之家，再到现在的潮牌抢购，随着社会发展进度的变化，男性消费品位也在发生着改变，“他经济”将成为消费市场新的发展趋势。

（资料来源：微信公众号：肖明超—趋势观察　作者：趋势君　节选）

问题：

（1）不同年龄的男性消费者在消费侧重点中有哪些差别？

（2）男性消费者和女性消费者相比，有何独特的消费特征？

3. 章节综合实训

消费群体与消费心理活动营销案例分析

实训目的：

结合本章“消费群体与消费心理”的知识内容，熟练掌握家庭、不同年龄、性别的消费者的不同消费需求，以调研报告的形式，分析营销人员应采取哪些营销对策，并有针对性地提出建议。

实训课时：

2课时。

实训内容：

（1）班级分组，5～6人一组，并给予不同的分工。

（2）选择不同家庭生命周期阶段（单身期、新婚期、生育期、满巢期、空巢期、鳏寡期等）、不同年龄（儿童、少年、青年、中年、老年等）、不同性别（男、女）的消费群体，对其消费心理进行分析。

（3）针对所选择的消费群体的消费心理，从网络收集营销案例资料，看看企业开展了哪些有针对该群体的消费心理营销活动，效果如何？

（4）制作案例汇报PPT。

（5）PPT分组汇报。

（6）教师点评。

实训条件：

带学生电脑的多媒体实训室。

实训要求：

项　目	内容要求	分值比例
团队分工	注意团队分工	10%
知识点的选取及案例内容选择	注意是否有普遍性及应用价值	20%
PPT制作	一份，注意文字、图片、视频等使用	30%
汇报效果	汇报视频录像一份，现场汇报，注意展示效果	40%

名人名言

满足消费者是第一，也是永远的一种心态与行为……是一种每一天每一分钟的执着。

——美国MBNA银行总裁考利

第6章

商品名称、品牌、包装与消费心理

知识要点

- ❖ 商品名称的心理功能及商品命名的心理策略
- ❖ 商品品牌与商标的含义及相应的心理策略
- ❖ 商品包装的功能及心理策略

能力要点

- ❖ 熟悉商品命名的基本方法
- ❖ 熟练掌握商品品牌与商标的含义，开展相应的品牌与商标活动
- ❖ 熟练掌握商品包装的心理策略，开展相应的商品包装活动

导入案例

国家博物馆跨界中华牙膏，诠释“国潮时尚之美”

2019年8月，中华牙膏加入国潮跨界的队伍中，和国家博物馆（以下简称“国博”）一同推出了三款潮流限量版产品。其一上市就凭借其高颜值的外观，赢得了追求“颜值为王”的年轻人的心。

1. 抓住最后1秒钟，牙膏也能变成一种时尚潮流

在这个万物皆媒介，产品即营销的时代，包装就是产品到消费者最后那1秒钟的距离。尤其对于年轻人来说，符合他们口味的包装的确能让产品在白热化的竞争中赢得先机。所以，中华牙膏和国博合作的核心之一就在于他们共同推出的联名款产品。

这可能是最具有文化韵味的时尚牙膏了！——这是很多消费者看到中华牙膏与国博的这几款联名产品的第一个反应。此次联名产品共有“恬姜味”“牡丹味”“淡竹味”三种口味供消费者选择，不同口味的包装对应了不同的国博宝藏元素进行设计，如图6-1所示。

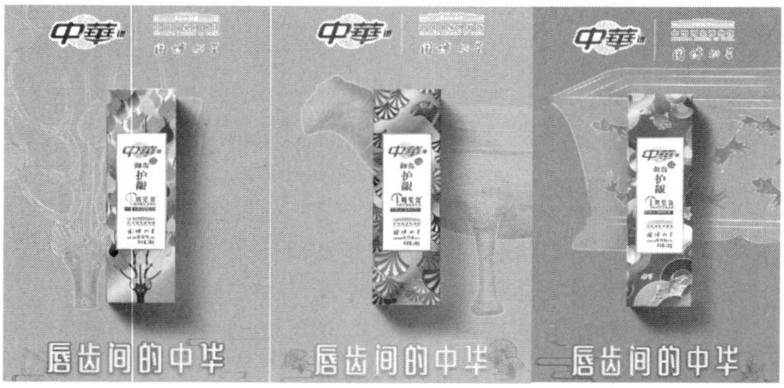

图6-1　中华牙膏与国博联名款产品

中华牙膏选择的设计元素都是与生活息息相关的历史文物，表现了古人精致考究的生活方式。这背后蕴藏着中华牙膏意求与中华千年文明一脉相承，用国风美学为品牌加持的野心。通过惊艳创新的传神演绎，这些构筑了数千年前潮流的物件不仅重新焕发了生机，也赋予了中华牙膏更多美学韵味，提升了产品的“货架”效应。更重要的是，包装不仅仅代表产品本身，还是一个流动的广告平台，对于爱分享的年轻人来说，更是一种社交符号。

2. 给年轻人贴“宝藏”标签，优质的创意表达才能获得认同

都说年轻人不喜欢被贴标签，拒绝被定义。但中华牙膏用一种符合年轻人潮流文化的广告给大家贴上了“宝藏”的标签，成功地吸引了年轻人的注意力。

这个广告以各式各样的宝藏为灵感起源，并结合年轻人的流行文化创造了脑洞大开的特殊语境，让你看到了不一样的国潮风。年轻人对于国潮的追求，本质上就是一种表达自我的精神需求，也是内心文化认同感的觉醒。

通过历史文物与年轻流行文化进行融合的创意表达，这个广告更好地助力品牌塑造了好玩、有梗的人格化形象，并在消费者层面将国潮、国货之光这类积极的标签与品牌进行了强关联，令中华牙膏的国潮跨界不仅有形还更有神。

3. 国潮背后的中华牙膏如何应对时代挑战

中华牙膏作为最为国人所知的国产牙膏品牌之一，已经拥有 65 年的品牌历史，但和其他传统国货品牌一样，也曾被年轻消费者贴上“老化”“土”等标签，亟须通过品牌革新去激活新一代年轻消费者的热情。

了解到年轻消费者更加注重消费过程中的情感体验，中华牙膏提炼出了“酸甜苦辣，百味人生 ”的沟通理念，试图从情感层面去影响年轻消费者。而且，在选择品牌代言人上，选的都是十分青春阳光的新生代力量。从里到外，中华牙膏其实一直都在试图用新的方式和渠道与年轻人进行对话。

（资料来源：微信公众号：公关界的 007）

【头脑风暴及实践应用】

头脑风暴：

你认为中华牙膏与国家博物馆推出的联名产品有何亮点？目标客户群有哪些？对消费者的消费心理及行为会有什么影响？

实践应用：

选择周围某超市开展调研，消费者对中华牙膏的接受程度如何？与其他牙膏品牌相比，中华牙膏在产品、包装、产品定位上有何特色？

企业的产品能否被消费者接受，产品的名称、品牌、包装及产品开发等因素将产生重要的影响。其能否对消费者产生足够的吸引力，关键在于企业能否深入了解消费者的心理特征，使消费者从心理上接受、认可企业的产品。中华牙膏与国家博物馆联名产品的推出，成为企业进行产品设计和推广的很好范例。

6.1　商品名称与消费心理

6.1.1　商品名称的含义及其心理功能

1. 商品名称的含义

商品名称是指企业为商品取的名字，是运用语言文字对商品的主要特性概括反映的称号。企业在生产商品的同时，必须考虑到借助语言文字给不同品质的商品起一个能吸引消费者的名称。

商品名称是指企业为商品取的名字，是运用语言文字对商品的主要特性概括反映的称号。

2. 商品名称的心理功能

商品的命名虽多种多样，但基本效能主要有以下四个方面。

（1）认知商品。通过高度概括，用简洁凝练的文字，告之消费者商品的称谓、用途和特点，如“净水器”“电风扇”“黑芝麻糊”（见图 6-2）等。

图 6-2　黑芝麻糊产品示例

（2）便于记忆。通过音、形、意的有机结合，创造言简意赅、易读易懂的商品名称，如“登山鞋”“加湿器”“刮胡刀”等。

（3）诱发情感。商品名称如具有某种情绪色彩和特殊意义，符合消费者某方面的心理需要，将会得到消费者的信任和偏爱，如“亲子装”“情侣衫”等。

（4）启发联想。商品名称应清新脱俗、寓意深远、风趣幽默、内容丰富、情调动人，能够启发消费者对美好事物的回忆和想象，加深对商品性能的理解。例如，福州的传统名菜“佛跳墙”，名字生动、传神。佛本不食荤，但闻此菜肴的香味，也按捺不住跳出寺墙而食之。

6.1.2　商品命名的心理策略

1. 商品命名的原则

在为商品命名时，要注意以下五个方面。

（1）商品的名称要简单，易记忆，激发兴趣。

（2）商品的名称要与商品本身的特性或基本效用相符合，有利于帮助消费者迅速掌握商品的主要性能。

（3）商品名称要有较强的传播力。

（4）商品名称要有较浓的亲和力，激发消费者的联想。

（5）避免禁忌。

2. 商品命名的主要方式

（1）以商品的主要效用命名。该命名方法能直接反映商品的主要性能，帮助消费者迅速了解商品的功效，如“防晒霜”“充电宝”“感冒清”“健胃消食片”等。

（2）以商品的主要成分命名。该命名方法能突出商品的主要成分及主要材料，有效地吸引消费者由名知实，便于消费者选购，如“冰糖雪梨”“八宝粥”“酸菜牛肉面”等。

（3）以商品的产地命名。该命名方法常用在颇具名气或颇具特色的地方名优产品的命名上，以突出该商品的地方风情而使其独具魅力，增加商品的名贵感和知名度，如“北京烤鸭”“西湖龙井”“德州扒鸡”等。

（4）以人名命名。该命名方法是利用历史人物、创造者的名字给商品命名，可以给人以商品历史悠久、工艺优良、正宗独特、质量上乘等印象，如“中山装”“东坡肉”“麻婆豆腐”等。

（5）以商品的制作方法命名。该命名方法可以使消费者从商品的名称中了解其研制方法和某些特殊的制造过程，提高商品的信任感，满足消费者求知的需求，如“古法小榨花生油”（见图 6-3）、“二锅头”等。

图 6-3　古法小榨花生油广告示例

（6）以商品的外形、色彩命名。该命名方法具有形象化的特点，突出商品的优美造型和色彩，迎合消费者爱美的心理要求，如“碧螺春”“珠茶”“花脸雪糕”等。

（7）以外文译音命名。该命名方法常被用在进口商品的命名上，既可以克服某些外来语翻译上的困难，又能适应消费者求新、求奇、求异等心理要求，如“咖啡”“可乐”“沙发”“嘉年华”等。

（8）以美好形象的事物命名。美好食物和美好名称，将给消费者留下美好的印象，拉近消费者与商品的距离，如“百岁酒”“长寿面”“元宵”等。

商品命名的主要方式：

（1）商品的主要效用；（2）商品的主要成分；

（3）商品的产地；（4）人名；

（5）商品的制作方法；（6）商品外形、色彩；

（7）外文译音；（8）美好形象的事物。

6.2 品牌与消费心理

6.2.1 品牌的内涵

1. 品牌的含义

品牌，即商品的牌子，是用以识别某个或某群销售者的商品或服务，并使之同竞争对手的商品或服务相区别的名称、术语、标记、符号或设计及其组合（LOGO）。例如，三只松鼠的品牌构成如图 6-4 所示。

图 6-4 三只松鼠的品牌构成

品牌，即商品的牌子，是用以识别某个或某群销售者的商品或服务，并使之同竞争对手的商品或服务相区别的名称、术语、标记、符号或设计及其组合（LOGO）。

在品牌的构成要素中，通常把可读的称谓部分（包括单词、字母和数字）叫作品牌名称，把不可读的非称谓部分叫作品牌标志。

三只松鼠品牌标志（LOGO）的内涵：

（1）以三只松鼠扁平化萌版设定为主体，突出公司极力推崇企业动漫化，以动漫形象为品牌核心的概念。

（2）整体呈现三角趋势，图形下边缘有圆润的弧度，象征公司稳固而和谐的发展。

（3）小美张开双手，寓意拥抱和爱戴每一位客人；小酷紧握拳头，象征企业拥有强大的团队和力量；小贱手势向上，象征青春活力和永不止步，勇往直前的态度。

[实例链接 6-1]

美团变“黄”，一场品牌色之战

百度蓝、阿里橙、头条红……到了美团就是：点评橙，外卖黄，美团青不青绿不绿，给人的辨识度很低。

随着移动互联网的不断发展，美团从团购延展到选座买电影票、酒旅、订外卖，美团 App 的图标也一直介于蓝色和绿色之间来回“变色”。2015 年，美团开启了外卖自配送业务，穿着黄色衣服的美团骑手将外卖送到几亿消费者手中，“黄色”也逐渐成了美团外卖的识别色。与此同时，外卖业务场景从“用户到店”拓展到“服务到家”。直到 2018 年 9 月 20 日，美团在中国香港上市，穿着黄衣的外卖骑手和王兴一起敲响铜锣。

2019 年 6 月 13 日，美团宣布品牌变色，从此前的蓝色变为黄色。除线上 App 变更为黄色外，美团的线下触点和交互入口也整体变为黄色，包括线下商家使用的相应物料，如美团标志、扫码机和二维码标志等都会变成黄色。消费者扫码点餐时，不再需要寻找蓝绿色标签，取而代之的是“美团黄”，如图 6-5 所示。

图 6-5　美团品牌变色广告

用户打开美团 App，会先看到一段“新色彩，更精彩”的开屏视频，进入 App 后内页主色调变成了黄色，在首页左下角出现了最新版 LOGO。手机桌面上的美团 App 图标下方也出现了标注“全新”字样的黄色标志。此外，美团微信小程序、官方微博、微信等线上品牌视觉也整体变更为黄色。

这次美团变颜色，是想将所有线上线下曝光进行视觉化统一，从流量到品牌一体化，消费者看到黄色就会想到美团的贴心服务，这个黄色叫作——美团黄。

1. 品牌创新，迫在眉睫

目前，市场上的商品多元化，很多企业都有一个独有的品牌色，如微信的绿色、淘宝的橘黄色、天猫的红色……如何让用户第一时间就想到你的商品，在竞争中至关重要。

调查发现，很多人在挑选商品和服务时都存在“7 秒钟定律”：人们只需要 7 秒钟就可以确定是否感兴趣，而在这短暂的 7 秒钟内，色彩的作用占到了 67%。

“品牌的竞争，是关于潜在用户心智的竞争。”品牌颜色的变化是用户最直接、最容易感知出的变化，品牌色是最容易吸引用户，占领用户心智的方式。

2. 品牌升级，定调黄色

相较于美团此前的青绿色，黄色作为一种颜色鲜明，代表着热情、温暖和积极向上的颜色，一直都是服务行业的最佳颜色选择之一，这也契合了美团“帮大家吃得更好，生活更好”的使命。

美团的四大业务支柱是：外卖、到店、酒店&旅游、出行；其中外卖的流量最大，每天外卖的订单有数百万计，这是一个巨大的流量，所以变身外卖“黄”也是为了流量和品牌更好的绑定。

美团变黄是从美团外卖开始的，黄色的骑手服、黄色的头盔、黄色的袋鼠标志，醒目、耀眼。黄色成为满大街流动的颜色已经好多年了。“黄色+电动车+小哥=外卖到了”这样的公式，已深深根植在消费者脑海。

3. 品牌统一，增强曝光度

为了加强品牌统一和增强线上众多业务的曝光度和普及度，美团把颜色全部统一换为黄色也是顺势而为的表现。

外卖小哥从头到尾的黄，在马路上呼啸而过，给人强烈的冲击力。这是美团巨大的优势。“视觉即符号，符号即品牌。”只要品牌能够在消费者心中建立起与之匹配的符号，那么就可以降低品牌营销的成本，即被发现和被记住的成本。当“黄色就是美团，美团就是黄色”，黄色成为帮助美团拉流量和扩散品牌认知的武器。

（资料来源：http://www.cmmo.cn/article-215868-1.html）

2. 品牌的本质

品牌的本质包含以下六个方面的内涵。

（1）属性。品牌应该能够向消费者提示自身所属的产品类别。例如，“奔驰”代表高档、制作精良、耐用和声誉。

（2）利益。品牌应该能够向消费者暗示其具有的功能性利益和情感利益。例如，作为海尔品牌一部分的“真诚到永远”则代表了海尔品牌的真诚服务。

（3）价值。品牌应该能够向消费者显示其自身价值的高低。例如，可口可乐多年蝉联全球最具价值品牌的首位。

（4）文化。品牌应能够向消费者展示不同企业创造的企业文化理念。例如，“舍得酒”以继承和弘扬中国国学文化的精髓为己任，在传播中华文化的同时树立了高端白酒实力品牌形象。

（5）个性。品牌应能够向消费者显示其在产品制造方面的独特专业性。例如，酒鬼酒有一首诗：“酒鬼背酒鬼，千斤不嫌赘，酒鬼喝酒鬼，千杯不会醉，酒鬼出湘西，涓涓传万里。”饮者的肆意洒脱、物我两忘的痴醉，完美地诠释了酒鬼酒的此中真意，如图6-6所示。

图6-6　酒鬼酒品牌形象

（6）使用者。品牌应能暗示其产品专属的消费者群体。例如，“百事可乐”被定位成“新一代的可乐”，其使用者主要是年轻人，百事可乐就是“年轻、活泼、时代”的象征。

[知识窗]

品 牌 资 产

品牌资产也称品牌权益、品牌价值，是指商品和服务冠以品牌后所产生的超越产品功能价值的附加价值。这种附加价值是顾客愿意购买有品牌的产品，为此支付高价格而使企业获得的额外收益。从顾客的角度，它表现为顾客对品牌的偏好、态度和忠诚；从财务的角度，品牌资产可以直接用货币的价值表现，如为收购品牌而支付的价格。

[实例链接 6-2]

《福布斯》发布 2019 年“全球最具价值品牌排行榜”

2019 年 5 月，《福布斯》（Forbes）公布了 2019 年度全球最具价值品牌排行榜，其中苹果、谷歌和微软分别以 2055 亿美元、1677 亿美元和 1253 亿美元的品牌价值位居品牌榜前三名，如表 6-1 所示。自《福布斯》2010 年举办“全球最具价值品牌排行榜”以来，苹果连续 9 年蝉联冠军宝座。

在这份全球最具价值品牌排行榜（共 100 个品牌）中，科技行业占据了 20 席。上榜品牌共来自 16 个国家，其中美国公司占据榜单的半壁江山，达到了 56 家，其次是德国（11 家）、法国（7 家）及日本（6 家）。前 10 名的企业中，科技公司有 6 家，美国公司有 8 家。中国仅有华为一家上榜，位居第 97 位，品牌价值为 80 亿美元。

由于《福布斯》评估的全球品牌被要求需要在美国进驻，而腾讯、阿里巴巴、百度作为我国的三大互联网企业虽具备了超高的市值（2019 年数据：腾讯 4200 亿美元，阿里巴巴 4164 亿美元，百度 411 亿美元），但由于未进驻美国，因此无缘入列《福布斯》榜单。

表 6-1　《福布斯》2019 年度全球最具价值品牌前 10 名

排名	品 牌 名 称	品牌 LOGO	价　值	行业	国家（或地区）
1	苹果（Apple）		2055 亿美元	科技	美国
2	谷歌（Google）		1677 亿美元	科技	美国
3	微软（Microsoft）		1253 亿美元	科技	美国
4	亚马逊（Amazon）		970 亿美元	科技	美国
5	脸书（Facebook）		889 亿美元	科技	美国

续表

排名	品 牌 名 称	品牌 LOGO	价　值	行业	国家（或地区）
6	可口可乐（Coca-Cola）	Coca-Cola	592 亿美元	饮料	美国
7	三星（Samsung）	SAMSUNG	531 亿美元	科技	韩国
8	迪士尼（Disney）	Disney 迪士尼	522 亿美元	休闲	美国
9	丰田（Toyota）	TOYOTA	446 亿美元	汽车	日本
10	麦当劳（McDonald's）	McDonald's	419 亿美元	餐饮	美国

6.2.2　品牌与商标

1. 商标的含义

商标是指商品生产者或经营者为使自己的商品在市场上同其他商品生产者或经营者的商品相区别，而使用在商品及其包装上的文字、图案或由文字与图案组合而成的一种标志。商标一般标注在商品、商品包装或广告上。商标根据其组成可以分为三种类型：文字字母型、图案型、组合型，如图 6-7 所示。

注册商标是指商标使用人将自己所使用的商标，向国家商标主管部门申请载入特定的簿册。凡经国家商标主管机关依照法定程序载入簿册的商标，就叫作“注册商标”。商标在注册的有效期内，他人在同一类或类似的商品上，无权使用相同或相近的注册商标，否则就构成侵权行为。被侵权人有权就此向工商行政管理局或人民法院起诉，情节严重的，法律部门将对直接责任人依法追究法律责任。在一些商品的商标中，英文字母“R”代表该商标已经核准注册，其商标所有人享有该商标的专用权。

（a）文字字母型　（b）图案型　（c）组合型

图 6-7　商标的三种类型

讨论

在很多商品的外部包装上经常看到“TM”的字样，请查阅资料，分析“TM”与“R”的区别。

____

____

2．品牌与商标的关系

品牌与商标是两个不同的概念。品牌是产品的牌子，商标是商品的标志。二者既有联系又有区别。其联系表现在：

（1）它们都是无形资产。

（2）都具有一定专有性。

（3）目的都是区别于竞争者，有助于消费者识别。

商标与品牌有本质的区别，主要表现在：

（1）商标是一个品牌或品牌的一部分，其内涵小于品牌的内涵。

（2）商标一般都要注册，是受法律保护的一个品牌或品牌的一部分，其产权可以转让和买卖。而品牌无须注册，一经注册，品牌就成为商标。

（3）品牌主要表明产品的生产和销售单位，而商标则是区别不同产品的标记。

（4）一个企业品牌和商标可以是相同的，也可以是不同的。

（5）品牌比商标有更广的内涵，品牌代表一定文化，有一定个性，而商标则是一个标记。

综上所述，品牌不同于商标，品牌是个市场概念，商标是个法律概念。在市场经济中，能称得上品牌的实际上也就是在某个行业中具有一定美誉度和知名度的商标，实际上，这种商标也称为名牌。

3．商标的心理功能

一种商品能畅销，在很大程度上是凭借其商标在消费者心中所建立的品牌形象。商标具备以下基本功能。

（1）识别商品的功能。企业必须精心设计自己的商标，注意文字精练，形象生动，构思新颖，使消费者易识、易记。例如，真功夫的商标如图 6-8 所示。

（2）形成印象的功能。一个设计出色的商标，可以通过广告等各种宣传媒介，给消费者以深刻的感受和难忘的印象。

图 6-8　真功夫的商标

[实例链接 6-3]

我不在办公室，就在星巴克，我不在星巴克，就在去星巴克的路上

在小资当中流行着这样一句很经典的话：我不在办公室，就在星巴克，我不在星巴克，就在去星巴克的路上。泡星巴克，是小资们生活中不可或缺的节目。毫无疑问，这杯名叫星巴克的咖啡，是小资的标志之一。

星巴克创办于 1971 年，从西雅图的一间咖啡零售店，发展成为今天全球最大的咖啡连锁店品牌，创造了一个企业扩张的奇迹。截至 2015 年，星巴克在全球 68 个国家拥有超过 2.3 万家门店，在中国内地拥有 1700 家门店。星巴克咖啡广告示例如图 6-9 所示。

星巴克给品牌市场营销的传统理念带来的冲击，同星巴克的高速扩张一样引人注目。在各种产品与服务风起云涌的时代，星巴克公司把一种世界上最古老的商品发展成为与众不同的、持久的、高附加值的品牌。然而，星巴克并没有使用其他品牌市场战略中的传统手段，如铺天盖地的广告宣传和巨额的促销预算。

图 6-9　星巴克咖啡广告示例

星巴克宣传片

“我们的店就是最好的广告”。星巴克除了利用一些策略联盟帮助宣传新品外，几乎从来不做广告。因为根据在美国和中国台湾的经验，大众媒体泛滥后，其广告也逐渐失去公信力，为了避免资源的浪费，星巴克故意不打广告。

星巴克认为，在服务业，最重要的宣传途径是分店本身，而不是广告。如果店里的产品与服务不够好，做再多的广告吸引客人来，也只是让他们看到负面的形象。星巴克不愿花费庞大的资金做广告与促销，但坚持每一位员工都拥有最专业的知识与服务热忱。“我们的员工犹如咖啡迷一般，可以对顾客详细解说每一种咖啡产品的特性。透过一对一的方式，赢得信任与口碑。这是既经济又实惠的做法，也是星巴克的独到之处！”

另外，星巴克的创始人霍华·舒尔茨意识到员工在品牌传播中的重要性，他另辟蹊径开创了自己的品牌管理方法，将本来用于广告的支出用于员工的福利和培训，使员工的流动性很小。这对星巴克“口口相传”的品牌经营起到了重要作用。

（3）传播促销的功能。出色的商标设计加上高质量的商品，能够迅速将商品的形象和声誉进行广泛传播，使得更多的消费者加深对商品和服务的了解。例如，农夫果园的商标如图 6-10 所示。

（4）保护的功能。商标一经注册，便受法律保护，注册商标具有排他性和享用专权，他人不得仿造、假冒，对仿冒已注册商标者，要追究刑事责任。

（5）监督产品质量的功能。商标同产品一起代表着企业的形象和声誉。企业欲维护其商标的影响，必须尽力维护其商品的质量。

4．商标设计的心理策略

商标设计必须考虑到商品的特色和消费者的心理，可以采取以下策略。

（1）个性鲜明，富于特色。商标的设计要与众不同，以精巧的构思突出个性，以显著性和奇特性昭示消费者。例如，“雕爷牛腩”在商标设计上充分突出了个性和独特性，将“牛”字直接化身为牛头，吸引了大众的目光，如图 6-11 所示。

（2）造型优美，文字简洁。设计商标时，应力求生动优美、线条明快流畅、色彩搭配和谐、富于感染力。商标语言应做到简洁鲜明、易记上口。例如，美国著名品牌“耐克”的商标是一个小钩子，造型简洁有力、富于动感，一看就让人想到使用耐克体育用品后所产生的速度和爆发力，充分体现了耐克所经营的运动服装和运动鞋的特点。

图 6-10　农夫果园的商标

图 6-11　雕爷牛腩商标

（3）具有时代气息，反映社会的潮流趋向。商标的名称要能体现时代的气息甚至赋予一定的社会政治意义，可以激起消费者的购买热情，从而赢得消费者的青睐。例如，“大自然地板”，真实地反映了现代家庭对于居住环境环保、绿色、无污染的时代需求。

（4）与商品本身的性质和特点相协调。商标要准确地体现所代表商品的性质，突出商品的特色。例如，可口可乐公司的“雪碧”体现了饮料“晶晶亮、透心凉”的冰凉、清爽的特点，在炎热的夏季引起了广大消费者畅快的感觉。

（5）遵从法律规定，顺应不同国家、民族、宗教、地域消费者的心理习惯。商标的设计要独特，不能照搬别人的创意，同时各个国家的商标法都有明文规定不允许注册为商标的事物。另外，由于不同的国家、民族、宗教、地域的消费者有着不同的心理习惯，从而产生了很多不同的偏好和禁忌，在设计商标时也应予以充分考虑。例如，加拿大人忌讳百合花，喜爱枫叶图案；澳大利亚人忌讳兔子，喜爱袋鼠图案。

[实例链接 6-4]

adidas 痛失“三道杠”！

2019 年 6 月 20 日，欧盟法院做出判决，宣布阿迪达斯的三条纹商标无效，理由是缺乏足够的特色。欧洲知识产权公司的商标律师表示，阿迪达斯没有足够的说服力，可以证明当消费者在服装鞋类或头饰上看到三个条纹时会联想到阿迪达斯。

换言之，“三道杠”不再是阿迪达斯的专属，其他品牌以后也可以使用“三道杠”符号。

目前，阿迪达斯拥有三大系列：运动时尚系列 neo（圆球形 LOGO）、运动传统系列 originals（三叶草）和运动表现系列 performance（三条纹），如图 6-12 所示。

在阿迪达斯的标志中，注册于 1949 年的三道杠，是历史最悠久的一个。提起运动品牌阿迪达斯，很多消费者都会想起“三道杠”标志！

使用“三道杠”已有 70 年的阿迪达斯，表示将会向欧盟最高法院提出上诉。

（资料来源：4A 广告文案　ID：AAAAIdea　作者：欧阳睿）

图 6-12　阿迪达斯三大系列品牌标志

5．商标运用的心理策略

在使用商标时，应针对消费者的心理特点采取不同的心理策略。

（1）使用还是不使用商标。优秀的商标不仅仅起着区别不同厂家或商家的商品的作用，而且起着诱导消费心理，促进销售的作用。但是，对于消费者而言，并非所有的商品都需要商标，属于下列情况的商品就不需要使用商标：

① 无差别商品，如电力、天然气、木材等。

② 差别小的商品，如食用盐、蔬菜、肉、蛋等。

③ 临时性或一次性生产的商品，如纪念品。

（2）使用制造者商标还是销售者商标。一般情况下，商标是商品制造者的标记，商品的质量特性是由制造者确定的，如“华为”“格力”“海尔”等。一些大型的零售商和批发商，如世界著名的零售商沃尔玛、家乐福等也都拥有自己的商标品牌。在制造商具有良好的市场声誉，拥有较大市场份额的条件下，应多使用制造商商标。相反，当经销商商标在某一市场领域中拥有良好的信誉及庞大的、完善的销售体系时，使月经销商商标也是有利的。

（3）使用统一商标还是独立商标。统一商标是指企业生产的若干类产品都使用同一种商标。对于那些享有良好声誉的著名企业，全部产品采用统一商标可以充分利用其名牌效应，使企业所有产品都畅销，而且企业宣传介绍新产品的费用开支也相对较低，有利于新产品快速、顺利地进入市场。例如，美国通用电气公司的所有商品都用 GE 商标，在全世界获得了广泛的认知度。但是，使用统一商标时，低档劣质商品会给高档高质量商品带来不良的影响，尤其是当该企业的各种商品质量有明显差别时，这种策略会影响企业整体的声誉。因此，企业可以对不同商品采用不同的商标，即独立商标。例如，宝洁公司就是个使用众多独立商标的多品牌策略的典型代表，如图 6-13 所示。

图 6-13　宝洁公司多品牌图

讨论

选择日常生活中你较喜欢的某一品牌，分析其商标和 **LOGO** 的设计有何特色？

____

____

[实例链接 6-5]

达利集团多品牌战略

为了满足日趋多样化、差异化的消费需求，达利食品集团从 2002 年起就开始实施多品牌战略，为每一个独立品类，量身打造各具特色的子品牌。达利园、可比克、好吃点、和其正、乐虎、优先乳、蓝蒂堡……随着集团大规模品牌攻势的铺开，这些风格各异的“名字”已深植消费者心中，真正成为消费者“喜爱和信赖的大品牌”。

达利园：作为达利集团多品牌战略的开山之作，达利园品牌旨在将原汁原味欧式风格的休闲食品奉献给中国消费者，让更多消费者足不出户便能享受来自欧洲的纯粹美味。2002 年，达利园品牌一经推出，即以亲切温馨的调性，成为人们心目中的美味家园。

可比克：可比克薯片是达利集团休闲膨化食品的主品牌。品牌以“友情、欢乐、时尚、个性”为品牌理念，将欢快的气息融入产品。2003 年可比克品牌的推出，改写了薯片类市场只有进口产品的市场格局，并迅速发展成为最受中国消费者喜爱的休闲膨化食品品牌。

好吃点：为打破国际品牌在休闲食品高端市场的垄断，2004 年，达利集团推出高端饼干品牌——“好吃点”。“好吃你就多吃点”这一句耳熟能详的广告语，传达出“相互分享、美味传递”的概念和品牌内涵，把营养健康、精致美好的健康生活理念传递给更多的消费者，如图 6-14 所示。

图 6-14　好吃点饼干广告示例

好吃点香脆系列，在饼干上撒满坚果薄片，一经推出就风靡全国，创下三个月占领全国市场的佳绩；好吃点高纤系列饼干，更是被中国营养学会授予“营养健康标示”产品，号称“中国饼干类烘焙食品领先品牌”。

和其正：2007 年，和其正品牌的推出，旨在将中国凉茶这一蕴含中华药食同源文化智慧的传统饮料发扬光大。中国凉茶和其正，源自传统配方，精选植物原料，传承萃取工艺，率先推出 PET 瓶装、大罐装等不同规格，受到消费者的喜爱，在短短几年内一跃成为中国凉茶的领军品牌，开创凉茶大时代。

优先乳：“优先乳”代表优先的品质、优先的口感；在产品中特别加入膳食纤维，实现优先的营养吸收方式，形成独具特色的产品。“我是女生我优先”时尚宣言，令优先乳的名字迅速响遍大江南北，青春活力的产品调性显露无遗，“营养吸收双优先”品牌主张和产品优势，更凸显出现代人怡悦、健康、方便的消费时尚。

乐虎：随着工作、生活节奏的加快，人们尤其是年轻白领人群，越来越需要“提神醒脑、补充体力”的能量饮料。针对这一市场需求，达利集团蓄势而发，于 2013 年推出真正的保健功能饮料——乐虎。“喝乐虎，提神抗疲劳，激发正能量！”“乐虎”品牌名称简单易记、响亮有力，无时无刻不在传递着一种正能量。乐虎上市后迅速发展成为功能饮料市场的新兴力量！

6.3　包装与消费心理

6.3.1　商品包装的含义及其功能

1. 商品包装的含义

商品包装是指商品流通过程中为保护商品、方便储运、促进销售，按一定技术方法而采用的容器、材料及辅助物等的总体名称；也指为达到上述目的而采用的容器、材料和辅助过程中施加一定技术方法等操作活动。

商品包装是指商品流通过程中为保护商品、方便储运、促进销售，按一定技术方法而采用的容器、材料及辅助物等的总体名称；也指为达到上述目的而采用的容器、材料和辅助过程中施加一定技术方法等操作活动。

2．商品包装的功能

商品包装的功能主要有以下几点。

（1）保护商品。包装的基本功能是使商品在流通领域中，保证其内在质量、使用价值和附加价值不受损害。商品从企业到消费者手中的过程，要经过多次的搬运、装卸和储存，如果没有良好的包装，商品必然要受到不同程度的损伤，从而丧失商品的使用价值和附加价值。

（2）吸引注意。在超级市场，商品琳琅满目，如果没有营业员的拿递、介绍，或者消费者没有明确的购买目标和特定的品牌偏好，则购物时往往会感到茫然无措。因此，那些具有色彩鲜明、构图精美、造型奇异、文字醒目等特征的包装，往往使消费者爱不释手，促成购买。

（3）传递信息。包装上有关商品功能作用、使用方法、注意事项的表述，能使消费者增长知识，加深对商品的认识；有关商品质量、效能参数、优点特色等说明介绍，便于消费者对商品进行比较；有关原料成分、加工方法、出厂日期、检验标记等内容，可以解除消费者的疑虑。

（4）提供便利。在销售过程中，根据商品的性质、形状和用途等设计包装的结构、形状、材料、规格及开启方式，可以方便消费者选择、携带、运输、保管与使用。例如，铁盒罐头、罐装啤酒等采用拉环式的开启方式让消费者感受到了便利。

（5）提升商品价值。包装使用不同的原料质感，不同的颜色图文，可以使商品所包含的象征意义、审美价值等心理功能得以更好地显现。包装的安全便利、复合用途、突出商品，都能从不同角度迎合消费者多方面的心理需要，增加商品的魅力和价值。

（6）促进销售。随着自动售货方式的扩大、消费者生活习惯的变化等因素的影响，包装已从最初的防损、防污的功能逐步扩大到促销活动等具有附加意义的功能。在现代经营中，绝不可低估包装对促进销售的作用。因此，如何设计适应先进的销售方式和消费者乐于接受的商品包装，已经日益为商品生产者和经营者所重视，如图 6-15 所示。

图 6-15　商品包装示例

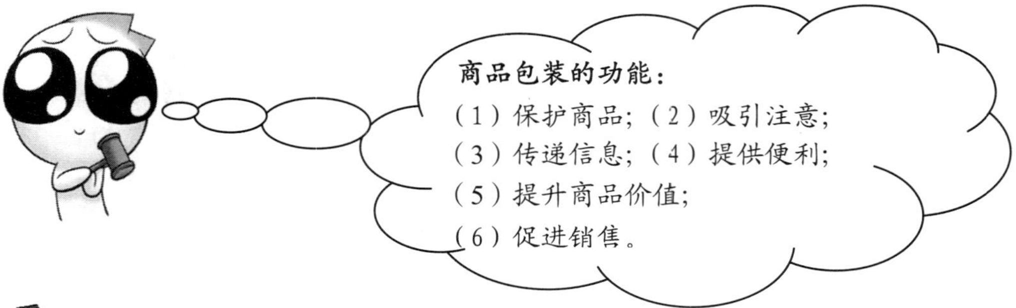

[知识窗]

美国当今化工行业中最大的杜邦化学公司曾提出著名的“杜邦定律”：消费者第一次买的是包装，第二次买的才是质量，63% 的消费者是根据商品的包装装潢而进行购买决策的。另外，据全球的市场调查报告表明，在商场中购物的消费者，由于受精美包装的吸引，往往会产生冲动性购买，所购物品通常超过原本打算购买数的 45%。对于那些没有使用过某种新商品的消费者来说，因为没有对该商品的使用经验，也没有口碑相传，这时商品的外包装就是其决定购买与否的关键。

6.3.2 商品包装设计的心理要求

商品包装对消费者心理的影响依赖于消费者内在的需求特征，包装设计应满足如下需求。

1．方便性

消费者要求商品携带、开启、使用和保存都非常方便，为满足这些要求，在设计包装时为消费者提供方便，也可更大限度地满足消费者需求。

2．适应性

包装必须有一个理想的形状，大小适宜，恰当地配合商品的用途。例如，儿童食品分量不宜过大、工具类商品包装不宜过重等。

3．安全性

消费者对商品尤其是对需要多次分量消费和自行配制使用的商品，希望其包装牢固、耐用、安全。对产品内容的介绍，特别是对食品成分或药物疗效的介绍，或标明甜食中有无糖精和其他添加剂，或标明药品有无副作用，都会让消费者食用或服用时放心。

[实例链接 6-6]

能吃的肯德基包装纸

“双层炸鸡汉堡”是肯德基一款不含面包的三明治汉堡，它用炸鸡代替面包胚，食用起来虽能带来双倍满足感，但汁水不免弄脏双手令人尴尬。为了解决这个问题，肯德基设计了一款可食用的包装纸。

这款包装纸以大米为原料，如我们所熟悉的包裹奶糖的“糯米纸”及包裹糖葫芦的“糖纸”均是该原料做的。此外，包装纸上的图案及文字也采用的是可食用墨水，不仅安全卫生，而且创意十足，如“Finger licking，wrapper eating.Good！（舔舔手指，吃掉包装纸。很好！）”“A wrapper you can eat.What world is this？（可以吃的包装纸？天下无奇不有！）”等。

这已经不是肯德基第一次在包装上“动手脚”了，之前它在英国推出过可食用性咖啡杯，在印度还推出过可食用玉米碗……它们有一个共同点，就是环保意识满分。而肯德基此次推出的可食用包装纸，不仅深入洞察了消费者的真实需求，同时延续了绿色环保理念，既体现了作为全球知名企业的社会责任感，又提升了品牌形象。

（资料来源：《销售与市场》管理版 2019 年 08 期　作者：王卓慧）

4．直观性

包装的直观性是针对商品而言的。即对于那些构造独特、选择性强的商品，消费者要求其包装能直接反映商品的特性，并突出显露商品的形象，消费者可以在不开启包装的情况下也能清晰地观察到商品的外观形象，从而诱发消费者的积极情感和购买动机。

5．诱发联想

合适的包装能引发消费者良好的想象，给消费者以想象的暗示，引发消费者的购买需求。同时，包装还有利于显示商品的社会象征作用，消费者经常通过商品的包装来显示自己的社会地位、身份、威望和经济实力。

6．艺术性

商品的包装设计是美的体现，具有艺术魅力的包装可以带给消费者美的享受，同时提升商品的收藏价值，有效地激发消费者的购买欲望。酒类产品艺术包装示例如图 6-16 所示。

图 6-16　酒类产品艺术包装示例

[实例链接 6-7]

时间橙汁，看得见的新鲜

8:36、9:32、10:15，这不就是一串简单的时间数字吗？而法国连锁超市 Intermarché，则因为这些包装上的时间数字大大提高了自己鲜橙汁的购买量，3 个小时赢得了 5000 万次曝光量，同时增加了 25%的顾客流量，如图 6-17 所示。如此具有魔性的包装设计是怎样吸引人们的目光的呢？

欧洲人对鲜橙汁尤为喜爱，消费量几乎占到全球二分之一，而对于橙汁的新鲜程度更是看重和敏感。在这个背景下，法国连锁超市 Intermarché 用一个最简单的创意——以榨汁时间作为每瓶鲜橙汁的名字。这个做法抓住了用户对于“新鲜”的需求，将橙汁榨取的时间标注在包装上，很好地将用户对于新鲜的抽象需求，用时间数字具体地表达出来。创意简单而直接，引导用户通过榨取时间来感知果汁的新鲜品质。包装上不可重复的时间标志，也给了用户每瓶橙汁都是独一无二的新奇感。满足新奇感之下，随手拍照、上传社交媒体，自然是可以预见的结果，由此产生的二次传播又进一步为超市的鲜橙汁增加了不少曝光度。

图 6-17　Intermarché超市鲜橙汁广告

6.3.3　商品包装设计的心理策略

1．按照消费习惯和实用需求心理设计包装

（1）惯用包装。这种方法是沿用长期以来所形成的并为消费者非常熟悉的商品包装，适应消费者的消费习惯和传统观念，便于识别和记忆商品。例如，香烟采用 20 支纸盒包装。

（2）分量包装。这种方法是根据消费者的购买、使用习惯和特点，将商品按一定的数量或重量进行大小不同的包装。例如，洗衣粉、洗发露的大、中、小号不同的包装等。

（3）配套包装。这种方法是针对消费者的使用习惯，把多种有关联的产品配套包装在一起成套供应，便于消费者购买、使用和携带，同时还可扩大产品的销售。例如，市场上的咖啡、酒、化妆品、文具等的配套包装。

（4）系列包装。系列包装是指企业将其生产的功能相似、品质相近的商品，设计图案、形状、色彩相同或相近的包装。该方法可以节约设计、促销宣传费用。例如，洋河蓝色经典系列包装如图 6-18 所示。

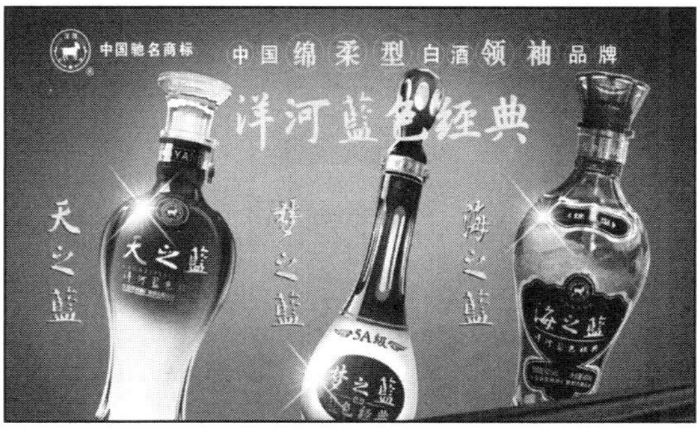

图 6-18　洋河蓝色经典系列包装

2．按照消费者消费水平设计包装

（1）等级包装。等级包装是对不同档次、不同质量等级的商品分别使用不同的包装，并在包装材质、装潢风格上力求与商品档次相适宜。高档包装采用高档材料、豪华包装以迎合消费者显示地位、身份的心理需要；而低档低价的同类商品包装设计可以突出经济实惠、物美价廉的特点，尽量降低包装的成本，以满足低收入消费者的需求。例如，烟、酒等产品的精包装与简包装。

（2）特殊包装。这是一种专门为市场稀缺、用途特殊、价格昂贵的商品设计的具有较高欣赏价值和专门用途的包装形式。例如，名贵药材、文物古董、珠宝首饰、艺术珍品等包装。这种包装设计构思奇妙独特、用料考究名贵、制作工艺精湛，既能显示内装商品的贵重特点，又能激起消费者的珍爱情感。

（3）礼品包装。这是一种专为用于赠送他人的礼品而制作的装饰华丽、富有欢庆情调和美好寓意的特殊包装形式。礼品包装不仅可以增强喜庆气氛，而且还能增加礼品的价值。

（4）简便包装。这是一种成本低廉、构造简单的包装，如利用塑料袋、纸袋包装，一般用于日用品和低值消费品，目的是降低销售价格，以迎合普通大众的消费心理。

（5）复用包装。复用包装是指原包装的商品用完之后，空的包装容器可移作其他用途。这种策略可大大节省资源。例如，驴胶补血冲剂的瓷碗式包装，用完后，剩下的瓷碗既可盛装其他物品，也可作为儿童的玩具。

3．按照消费者性别、年龄设计包装

（1）女性化包装。对于女性用品采用女性化包装，重点体现女性温柔、雅洁的形象特征，突出艺术性和流行性，可采用优美的线条、艳丽的色彩、高雅的形象，以增强商品的女性魅力。例如，东阿桃花姬阿胶糕的包装如图 6-19 所示。

（2）男性化包装。对于男性用品采用男性化包装，重点表现男性粗犷、豪放、刚劲、稳重的形象特征，突出实用性和科学性，可采用黑色为主的色调进行包装设计。

（3）少儿用品包装。针对少儿活泼好动、求知欲强的心理特点，利用生动的形象、鲜艳的色彩、趣味性、知识性的画面设计包装，可以引起少年儿童的兴趣，激发购买欲望。

（4）青年用品包装。针对青年人精力充沛、喜欢追求时髦、标新立异的特点，设计新颖、美观和具有流行性的包装，能引起他们的好感，从而促进销售。

图 6-19　东阿桃花姬阿胶糕的包装

（5）老年用品包装。根据老年人求朴实、庄重、便于携带的心理需求，设计具有实用性和传统性的商品包装，可以满足他们的需要，引起购买和重复购买。

知识练习与思考

1．填空题

（1）商品名称的首要心理功能是（　　　　）。

（2）商标的功能有（　　　　）、（　　　　）、（　　　　）、（　　　　）、（　　　　）。

（3）“龙井茶”“茅台酒”“漳州水仙”等商品是以（　　　　）命名的。

（4）商品外观包装设计的心理要求主要表现在（　　　　）、（　　　　）、（　　　　）诱发联想和艺术性等方面。

（5）（　　　　）是指原包装的商品用完之后，空的包装容器可移作其他用途。

2．判断题

（1）商品品牌和商标是完全相同的。（　　）

（2）商品的名称是区别不同竞争者产品的标志。（　　）

（3）企业只要使用商标就享有商标的专用权，受法律保护。（　　）

（4）商品包装可以提升商品的价值，促进商品销售。（　　）

（5）商品包装设计应满足消费者求便、求实、求新、求信、求美、求趣和求异的心理。（　　）

3．复习思考题

（1）常见的商品命名方法有哪些？

（2）什么是品牌和商标？品牌具有哪些基本功能？

（3）常见的品牌心理策略有哪些？

（4）商品包装的作用有哪些？

（5）商品包装设计的心理策略有哪些？

职业技能训练

1．思维训练题

两个青年人的故事

有两个青年人一同去开山，一个把石块砸成石子料运到路边卖给建房的人；另一个则直接把石块运到城市，卖给城里的花鸟商人，因为这儿的石头奇形怪状，他认为卖重量不如卖造型，结果前者卖十车赚的钱还不如后者卖一车赚得多。几年下来，卖怪石的青年人成为村里第一个盖起大瓦房的人。

后来不许开山，只许种树，于是满山都栽了果树，成了一个很大很大的果园，每到秋天，满山遍野的梨、苹果招来了八方客商。这里出产的梨、苹果汁浓肉脆，香甜无比，产品销往北京、上海等好多大城市。就在村里的人为水果带来的幸福日子欢呼雀跃时，曾经卖过怪石的青年人却砍掉果树，大面积种植柳树。因为他发现，来这儿的客商不愁挑不上好梨、好苹果，只愁买不到盛水果的筐。几年后，他赚了比果农多 10 倍的钱，率先在城里买了房子，做了更大的买卖。

日本一个著名公司的人员来华考察，当他听到这个故事后，被此人的商业头脑所震惊，当即决定寻找此人。当历尽艰辛找到此人时，他正在自己的店门口与对门的店主吵架。原来，他店里的西装标价 800 元一套，对门商店却把同样的西装标价 750 元；他标价 750 元，对门就标价 700 元。一个月下来，他仅批发出 18 套，而对门的客户一下子就批出了 900 多套。日本人看到这情形对此人非常失望。然而当他弄清真相后又惊喜万分，当即决定以百万年薪聘用他。原来对面那家服装商店也是他开的。

问题：以上案例中两位青年人中的第二位青年人的成功对企业经营者有何启示？

2．案例分析题

“只送不卖”背后隐藏的营销秘密

无论是星巴克的猫爪杯，还是麦当劳和可口可乐的联名款可乐杯，他们的营销都有一个共同点，就是跨界出的杯子只送不卖。

2019 年 7 月，麦当劳联合可口可乐推出可乐杯。颜值在线，8 种颜色（炫彩粉、珊瑚橙、霓虹紫、青苔绿、冰晶蓝、银河灰、黛墨青、松石绿）总有一种会吸引到你，如图 6-20 所示。

每一种颜色的杯子，都搭配了文案，彰显出夏天活力满满的气息。炫彩粉（一杯炫彩粉，少女心爆棚）、珊瑚橙（来杯珊瑚橙，沉浸在海底的梦）、霓虹紫（一杯霓虹紫，呈现不一样的城市）、青苔绿（一杯青苔绿，看见自然的美丽）、冰晶蓝（来杯冰晶蓝，让夏天的风更凉）、银河灰（来杯银河灰，发现更多未知之美）、黛墨青（来杯黛墨青，发现角落中的生命）、松石绿（一杯松石绿，清新而活力）。

图 6-20　麦当劳推出可乐杯图例

依然是让人熟悉的操作只送不卖，这背后隐藏了哪些营销秘密？

1. 只送不卖，提高客单价

购买麦当劳的三件套并加收 6 元，升级为“那么大套餐”，就可以获得可乐杯一个。

无论消费者选择哪一个超值三件套，都需要增加 6 元。言下之意是，每一个想要杯子的顾客都提高了 6 元的客单价，如果每天有 10 万个顾客参加此次活动，30 天为期限，那麦当劳在活动期间就提高了销售额 1800 万元。成本原本已经分摊给了升级之前，那 6 元就只分摊杯子的成本 2.3 元（网络查询结果，大量定制成本可能更低），那麦当劳的此次活动每单即增加了 3.7 元。

加 6 元升级送杯的方法，实际上也是利用消费者占便宜的心理。很大一部分消费者购物是以冲动购买为主，遇见品牌有促销活动，并不会理智地去计算其合理性，而是感觉便宜就购买。麦当劳加 6 元升级套餐赠送杯子的促销活动，很大程度上给人一种占了便宜的感觉，让人感觉是“加 6 元=升级+杯子”，也让商品本身更有吸引力。

2. 稳固受众，拓展新的消费人群

麦当劳的 6 元“升级+送杯子”，除了维系老顾客，更是吸引了那些喜欢买可口可乐杯子的用户。

品牌的跨界营销，一方面是稳固老顾客，另一方面则是看中对方品牌目标受众的行为，实现相互导流，为品牌拓展新的消费人群。

时代在变，消费者从“60 后”“70 后”，逐渐演变成“80 后”“90 后”，再过几年“00 后”将是这个消费市场的主力军。为了吸引千禧一代，品牌需要在他们成为消费主力军之前，靠广告去占领他们的心智，以便于在他们有能力消费时，首先想到该品牌。

3. 跨界是形式，旨在提升用户体验

跨界营销，更多的时候能给人耳目一新的感觉。例如，麦当劳在给消费者提供安全、可口食物及周到服务的同时，还需要找到与消费者情感联系的纽带。在为消费者奉上饱含诚意产品的同时，让品牌散发着新鲜感，并能在跨界中给顾客提供更好的品牌体验。

4. 玩转社交媒体，强社交更具话题性

在微信、微博、抖音、快手等社交软件技术急速发展的今天，更多的品牌看到了社交媒体的红利，抓住当今受众喜欢炫耀晒单和分享新鲜事的特质，纷纷在社交媒体上去建立话题，引起消费者的注意，从而引发传播。

在麦当劳推出活动后，就建立了话题“麦当劳出可乐杯”，高颜值引发网友纷纷晒单，增加了话题的讨论性。有网友表示，为了杯子可以暂时放弃减肥，足见可乐杯的强大号召力。

5. 注入新活力，增加品牌记忆点

品牌的跨界营销既是在已有认知的基础上去创造品牌新的价值，更是为品牌注入新活力，在提升品牌美誉度的同时，为品牌带来价值。麦当劳推出可乐杯，除了极具话题性，满足消费者求新求奇的心理，更是为品牌增加了新的记忆点。

（资料来源：微信公众号：营销兵法（ID：lanhaiyingxiao）作者：兵法先生）

问题：

（1）麦当劳可乐杯只送不卖的主要原因是什么？

（2）麦当劳近几年还开展了哪些活动加强与年轻消费者的沟通？

3. 章节综合实训

食品商品品牌命名及包装特色状况调研

实训目的：

结合本章“商品名称、品牌、包装与消费心理”的知识内容，熟悉商品品牌的命名及包装，以调研报告的形式，了解目前品牌命名、包装策略如何影响消费心理。

实训课时：

4 课时。

实训内容：

（1）班级分组，5～6 人一组，并给予不同的分工。

（2）选择调研选题：A 选题—食品商品品牌命名调研；B 选题—食品商品包装特色调研。

（3）针对所选择的选题，以学校周边某大型零售超市为调研场所，开展实地调研。（注意文字、图片、视频资料的收集）

（4）根据调研收集的典型商品的命名及包装情况撰写调研分析报告。

（5）PPT 分组汇报。

（6）教师点评。

实训条件：

带学生电脑的多媒体实训室。

实训要求：

项　目	内容要求	分值比例
团队分工	注意团队分工	10%
实地调研	注意文字、图片、视频资料的收集	30%
调研报告	一份，注意文字、图片、视频等使用	20%
PPT 制作	一份，注意文字、图片、视频等使用	20%
汇报效果	汇报视频录像一份，现场汇报，注意展示效果	20%

名人名言

随便哪个傻瓜都能达成一笔交易，但创造一个品牌却需要天才、信仰和毅力。

——广告之父大卫·奥格威

第7章

商品价格与消费心理

知识要点

- 消费者的价格心理特征
- 商品定价的心理策略
- 商品降价的心理策略
- 商品涨价的心理策略

能力要点

- 熟悉商品定价的心理策略，并制定相应的价格策略
- 熟练掌握商品降价和涨价的方法和技巧

导入案例

Roseonly 把鲜花当作钻石卖：月销售额过千万元

2013 年 1 月 4 日，一个象征着“一生一世”的日子，Roseonly 怀着传播“爱情唯一”的使命正式上线。以厄瓜多尔高级玫瑰，以“一生只能送一人”的承诺，唤起人们内心深处对爱情的纯真向往。Roseonly 在世界上首创了“爱情唯一、一生只送一人”的理念，如图 7-1 所示。

信者得爱，Roseonly 一生只送一人

图 7-1　Roseonly 广告图

上线 10 个月，月销售额过千万元。用尽浑身解数将“卖商品”转化为“卖感情”，赋予商品独特价值观，是 Roseonly 留给业界的主要印象。

1. 雕刻无可复制产品，丰富爱的表达

以高端玫瑰及珠宝品牌作为品牌定位的 Roseonly，旨在专注于打造爱情信物的一个高端品牌，以“一生只爱一人”为理念及销售卖点，打造产品系列。

（1）鲜花玫瑰。精选厄瓜多尔玫瑰分为“经典永续”“恒久真爱”“爱在满怀”等多线系列，种类缤纷绚烂，气质神秘浪漫，满足不同客户在不同场合下的需求。售价往往是与情人间用以表达甜言蜜语的语言相似发音的数字组合，如售价 520 元意为“我爱你”，售价 1314 元意为“一生一世”。

（2）永生玫瑰。将古老的永生花工艺引入国内，率先开创了永生花产品系列，经历 109 道百年工艺精雕细琢，将鲜花恒久保存。此外，还将永生玫瑰搭载更多浪漫表达元素，如推出定制音乐玫瑰、永生玫瑰花盒等衍生产品。

（3）玫瑰珠宝与玫瑰蜡烛。设计师从玫瑰中获取灵感，经悉心打磨，让珠宝玫瑰绽放在美丽的爱情世界里。同时，推出玫瑰珠宝、星座经典、玫瑰熊、音乐球。2017 年圣诞节前夕推出全新产品——香氛玫瑰蜡烛。

通过不断丰富产品线，Roseonly 形成了以玫瑰作为主灵感“打造完整爱礼系列”的概念。

2. 精准高端定位，发挥明星号召力

多年来，Roseonly 成为鲜花领域乃至互联网创业领域的“标准教科书”。

Roseonly 以品牌理念取胜，传递给用户一种“爱下去”的信念，是对爱情的一份坚持和坚守。Roseonly 让鲜花更具故事性，推崇“唯一性”“排他性”，对爱好浪漫的女性来说，具有绝对杀伤力。

Roseonly 借助用户群体的“高端性”，为品牌打上“高大上”的标签。拥有 Roseonly 不仅是拥有爱情的象征，还是拥有身份与财富的象征。

明星是最有号召力的媒介。从成立开始，Roseonly 便受到很多当红明星的青睐，章子怡、林志颖、李晨、郑恺等上百位明星都曾在重要场合送出或收到 Roseonly 玫瑰；马思纯、王子文、欧阳娜娜等纷纷在杂志大片中选择 Roseonly 作为时尚配饰。

2016 年 3 月 20 日，备受关注的刘诗诗与吴奇隆婚礼在巴厘岛浪漫举行。婚礼现场，Roseonly 玫瑰花海浓情绽放，创造了一场美轮美奂的梦中婚礼。

2017 年 11 月 6 日，人气“小鲜肉”优质偶像王俊凯成为 Roseonly 代言人。

2018 年 1 月 2 日，陈漫成为 Roseonly 全新珠宝代言人。

（资料来源：微信公众号：互联网观察　作者：观察君　有增删）

【头脑风暴及实践应用】

头脑风暴：

Roseonly 鲜花的成功推出，主要针对哪些消费群体？体现了消费者的何种价格消费心理？

实践应用：

结合本案例，你认为目前市场上还存在哪些以情感营销为基础的高价位消费现象？

通过以上案例可以看出，Roseonly 高端鲜花的价格远远超出了它自身的价值，其中消费者感性消费心理起到了决定性作用。企业需深入研究价格对消费者的心理影响，研究消费者价格心理与购买行为的关系，正确定价，从而顺利实现企业的经营与发展目标。

7.1　商品价格

7.1.1　商品价格的含义

价格是商品的交换价值在流通过程中所取得的转化形式。

商品的价格虽然是价值的表现形式，但是，仍然存在商品价格和商品价值不一致的情况。在简单商品经济条件下，商品价格随市场供求关系的变动，直接围绕它的价值上下波动；在资本主义商品经济条件下，由于部门之间的竞争和利润的平均化，商品价值转化为生产价格，商品价格随市场供求关系的变动，围绕生产价格上下波动。

7.1.2　商品价格对消费心理的影响

商品价格作为一个客观因素，它对消费者的购买心理必定产生影响，从而在一定程度上影响消费者的购买行为，这种影响作用称为价格的心理功能。

1. 价格是消费者衡量商品价值和品质的直接标准

许多人认为“一分钱，一分货”“便宜没好货，好货不便宜”。所以，便宜的价格不一定能促进消费者购买，相反可能会使人产生对商品品质、性能的怀疑。适中的价格可以使消费

者对商品的品质、性能更“放心”。

2．价格是消费者社会地位和经济收入的象征

一些消费者往往把某些高档商品同一定的社会地位、经济收入、文化修养、生活情趣、生活观念更新等联系在一起，认为购买高价格的商品可以显示自己优越的社会地位、丰厚的经济收入和高雅的文化修养，可以博得别人的尊敬，并以此为满足；相反，使用价格便宜的商品，则感到与自己的身份地位不符。

[知识窗]

炫耀性消费

美国制度学派经济学家凡勃伦（1857—1929 年）最早注意到了这一现象，故将此命名为“凡勃伦效应”。由于消费者想通过使用价格高昂、优质的商品来引人注目，具有一定的炫耀性，所以这种现象又被称为“炫耀性消费”。它是指存在于消费者身上的一种商品价格越高反而越愿意购买的消费倾向。

这种消费的目的并不仅仅是为了获得直接的物质满足与享受，在更大程度上是为了获得一种社会心理上的满足。由于某些商品具有炫耀性的效果，如购买高级轿车显示地位的高贵、收集名画显示雅致的爱好等，这类商品的价格定得越高，需求者反而越愿意购买，因为只有商品的高价才能显示出购买者的富有和地位。这种消费随着社会发展有增长的趋势。

凡勃伦效应：商品价格定得越高越能畅销。它是指消费者对一种商品需求的程度因其标价较高而不是较低而增加。它反映了人们进行挥霍性消费的心理愿望。

3．价格直接影响消费者的需求

一般来说，在同等条件下，价格上升会引起消费者需求下降，抑制消费；而价格下降则会增加需求，刺激消费。但有时情况也相反，各种商品价格普遍上升时，会使消费者产生紧张心理，预期未来价格将继续上升，从而增加即期需求，最终刺激了购买行为；反之，则预期未来价格将继续下降，减少即期需求，产生“买涨不买落”心理现象，最终抑制了购买行为。这种调节功能还取决于商品的种类和消费者对此商品的需求程度。

[实例链接 7-1]

吉列按刮脸次数卖剃须刀

生产个人护理用品的吉列公司，是世界 500 强企业，知名度历来很高，每天全球有数千万男士在使用吉列剃须刀。在 19 世纪末期，美国有关安全剃须刀方面的专利有几十个，吉列是其中之一。使用安全剃须刀不像先前的折叠式剃须刀那样易刮伤脸，又可免去光顾理发店的时间和金钱，但是这种看似很有市场的商品却卖不出去，原因是太贵了。去理发店只花

10 美分，而最便宜的安全剃须刀却要花 5 美元，这在当时不是一个小数目，相当于一个高级技工一星期的薪水。吉列广告示例如图 7-2 所示。

图 7-2　吉列广告示例

吉列的安全剃须刀并不比其他剃须刀好，而且生产成本也更高，但别人的剃须刀卖不出去，吉列的剃须刀却供不应求，原因在于，吉列把剃须刀的零售价定为 55 美分，批发价为 25 美分，不到其生产成本的 1/5。同时，吉列以 5 美分一个的价格出售刀片，而每个刀片的制造成本不到 1 美分，即以刀片的盈利来补贴剃须刀的亏损。当然，吉列剃须刀只能使用其专利刀片。由于每个刀片可以使用 6～7 次，每刮一次脸花费不足 1 美分，只相当于去理发店花费的 1/10，因而越来越多的消费者选择使用吉列剃须刀。

吉列的成功在于采取了一种合适的定价方法，这里面包含一个简单的道理：消费者要购买的并不是剃须刀，而是刮脸，刮脸的最终目的是使他看起来形象更好、更体面等。为了达到这个目的，有去理发店、买折叠式剃须刀和买安全剃须刀三种选择，而吉列的定价方法使他选择购买吉列剃须刀最为合算。在竞争对手设法降低生产成本时，吉列独辟蹊径，其定价方法反映了消费者购买的真正价值，而不是生产商的成本，这是其成功的主要原因。

吉列的定价方法为后来的许多企业所模仿。日本企业的佳能、理光、富士等大牌厂商就把打印机的价格定得很低，以此来吸引消费者购买，同时他们把墨盒的价格定得很高。打印机是基本不赚钱甚至是亏本的，而墨盒却有数倍的利润，这样消费者实际付出的是打印件的成本，而不是打印机的成本。

当然，这种做法需要具备以下条件：一是亏本的产品与盈利的产品一定要配套。假如消费者买了 55 美分的吉列剃须刀，又可以从别处买 1 美分的刀片，那么等待吉列的结果只有破产。二是对消费者的消费情况要有准确的判断。吉列每销售 1 个剃须刀亏本 1 美元，相当于 25 个刀片的盈利，吉列需要对消费者的平均刮脸次数有一个较准确的估计，假如平均每个消费者每年只用两三个刀片，吉列也将亏本。三是竞争对手不会或无力进行恶性竞争。假如有人大量收购吉列剃须刀而又不买刀片，吉列也会破产。四是别人的模仿不会对其造成重大威胁。

（资料来源：杨育谋. 吉列按刮脸次数卖剃须刀. 中外企业文化，2002（3））

7.2 消费者的价格心理

7.2.1 影响商品价格的社会心理因素

消费者的社会心理因素对市场价格的调整、涨跌起着明显的影响和牵制作用，对企业价格策略的制定和调整产生抑制或推动作用。影响定价的社会心理因素主要有以下几个。

影响商品价格的社会心理因素包括价格预期心理、价格攀比心理、价格观望心理、倾斜心理与补偿心理等。

1．价格预期心理

价格预期心理是指在经济运行过程中，消费群体或消费者个人对未来一定时期内价格水平变动趋势和变动幅度的一种心理主观估测。它是以现有社会经济状况和价格水平为前提的推断和臆想。消费群体的价格预期心理趋势，会较大地影响市场某类产品现期价格和预期价格的变动水平。

2．价格攀比心理

攀比心理是人们的一种常见心理活动，多表现为不同消费者之间的攀比和生产经营者之间的攀比。消费者之间的攀比心理会导致抢购、超前消费乃至诱发和加重消费膨胀态势，成为推动价格上涨的重要因素。生产经营者之间的价格攀比会直接导致价格的盲目涨跌，进而冲击消费者在正常时期的消费判断能力，使市场出现较突然的盲目波动。

3．价格观望心理

价格观望心理是指消费者对价格水平变动趋势和变动量的观察等待，当其达到自己期望的水平时，才采取购买行动，从而取得较为理想的现价与期望价格之间的差额。价格观望心理是以主观臆断为基础的心理活动。消费者观望心理一旦形成，会对企业乃至社会造成很大的压力，可表现出社会性的购买高潮和社会性的拒绝购买两种极端行为。

4．倾斜心理与补偿心理

倾斜心理在心理学中反映了某种心理状态的不平衡。补偿心理则反映掩盖某种不足的一种心理防御机制。在日常生活中，许多人都可以被认为既是生产经营者又是消费者。对生产经营者而言，他们总希望自己产品的价格越高越好，而他人产品的价格则越低越好；购入价格越低越好，而销售价格则越高越好。而作为消费者，总希望自己的收入越多越好，产品价格越低越好。

讨论

在日常消费过程中，你是否也存在以上社会心理因素，从而影响了你的消费经历？

____

____

7.2.2　消费者价格心理特征

消费者价格心理也就是消费者对商品价格水平的心理感知，是影响消费者购买行为的重要因素。消费者价格心理特征主要有以下几个方面。

消费者的价格心理特征包括对价格的感受性、敏感性、习惯性、倾向性和逆反心理等。

1．消费者对价格的感受性

消费者对价格的感受性是指消费者对商品价格高低的感知程度。消费者商品价格的高与低、昂贵与便宜的认识是通过以下三种途径获得的。

（1）根据与市场同类商品的价格进行比较。

（2）通过与购货现场的不同种类商品的价格相比较。

（3）通过商品本身的外观、质感、重量、大小、包装、使用特点、环境气氛等进行判断。

消费者在依据上述途径对商品价格高低做出判断时，由于受消费者对商品要求的紧迫程度的主观因素的影响，以及商品出售过程中的环境气氛、销售方式及商品本身等客观因素的影响，往往会出现感受错误，产生错觉。这种感受错觉会直接影响消费者的价格判断。例如，在商场超市中，一包普通的饼干售价十几元，而江中猴姑饼干则卖到了 110 元左右，这是因为其稀有的猴头菇原材料和养胃的保健功能影响了消费者对价格的感受性，如图 7-3 所示。

图 7-3　江中猴姑饼干广告图

2．消费者对价格的敏感性

消费者对价格的敏感性是指消费者对商品价格变动在心理上的反应程度和速度。

衡量价格敏感性的一个最常用指标是消费者的价格弹性，即对价格的反应程度。一般来说，消费者对需要经常购买的日用品的价格变动很敏感，对购买次数少的高档消费品的价格变动则比较迟钝。例如，有些消费者购买一种蔬菜，每斤贵了几角钱，往往感到不好接受；而当他购买一套高档家具时，付出的价钱比一般的家具多几百元，甚至上千元，又往往心安理得。

3．消费者对价格的习惯性

消费者对价格的习惯性是指消费者根据自己以往的购买经验，对某些商品价格反复感知，从而决定是否购买的习惯性反应。消费者对商品价格的习惯性往往支配着消费者的购买行为，成为消费者衡量商品价格是否合理的一个尺度。

4．消费者对价格的倾向性

消费者对价格的倾向性是指消费者在购买商品过程中对商品价格的高低进行比较后而选择商品的倾向，是消费者对同类商品价格水平不同档次的偏好性。商品的价格有高、中、低档的区别，它们分别标志着商品不同的品质和质量保障。消费者价格倾向性心理的形成，主要取决于消费者所处的地位、经济收入水平、消费水平及文化素养等方面因素的影响。

5．消费者对价格的逆反心理

消费者对价格的逆反性是指消费者在某些特定情况下对商品价格的反向表现。正常情况下，消费者总是希望买到物美价廉的产品，对于同等质量的产品总是希望其价格更低。但有时消费者往往会产生逆反心理，认为好货不便宜，便宜没好货。市场常有这种情况，某种商品打出跳楼价格，反而无人问津；而一些高档消费品的价格一涨再涨，却仍持续畅销。

[实例链接 7-2]

一只杯子到底能卖多少钱？

第1种卖法：卖产品本身的使用价值，只能卖3元/个。

如果将它仅当成一只普通的杯子，放在普通的商店，也许它最多只能卖3元，还可能遭遇邻家小店老板娘的降价招客，这是没有价值创新的悲惨结局。

第2种卖法：卖产品的文化价值，可以卖5元/个。

如果将它设计成今年最流行款式的杯子，可以卖5元，因为你的杯子有文化，冲着这文化，消费者是愿意多付钱的，这是产品的文化价值创新。

第3种卖法：卖产品的品牌价值，就能卖7元/个。

如果将它贴上著名品牌的标签，它就能卖7元，因为你的杯子是有品牌的产品，几乎所有人都愿意为品牌付钱，这是产品的品牌价值创新。

第 4 种卖法：卖产品的组合价值，可以卖 50 元/组。

如果将三个杯子做成卡通造型的套装杯，并进行精美的包装，取名“我爱我家”，一个叫父爱杯，一个叫母爱杯，一个叫童心杯，可以卖 50 元，这是产品组合的价值创新。

第 5 种卖法：卖产品的延伸功能价值，可以卖 80 元/个。

如果这只杯子是由磁性材料制作的，那可以挖掘其磁疗、保健功能，可以卖 80 元/个，这是产品的延伸价值创新。

第 6 种卖法：卖产品的细分市场价值，可以卖 188 元/对。

如果将具有磁疗保健功能的杯子印上十二生肖，并使用时尚的情侣套装礼盒，取名“成双成对”或“天长地久”，可以卖 188 元/对，这是产品的细分市场价值创新。

第 7 种卖法：卖产品的包装价值，可以卖 288 元/对。

如果把具有保健功能的情侣生肖套装做成三种包装：一种是实惠装，卖 188 元/对；第二种是精美装，卖 238 元/对；第三种是豪华装，卖 288 元/对，这是产品的包装价值创新。

第 8 种卖法：卖产品的纪念价值，可以卖 2000 元/个。

如果这个杯子被名人用过，或者有去遨游太空的经历，这样的杯子可以卖到 2000 元/个，这是产品的纪念价值创新。

（资料来源：苏朝晖. 市场营销. 人民邮电出版社，2018　P136-137）

案例思考与应用：你认为，还有哪些方式可以对杯子进行价值创新？

7.3　商品定价的心理策略

7.3.1　撇脂定价法和渗透定价法

1．撇脂定价法

撇脂定价法是指在新商品投放期，利用消费者的“求新”“猎奇”心理，将商品高价投入市场，以期迅速获得利润，收回成本，减少经营风险，以后再根据市场销售情况逐渐适当降价的策略。

2．渗透定价法

渗透定价法与撇脂定价法相反，即在新商品投入期，迎合消费者“求实”“求廉”的心理，低价投放新商品，给消费者以物美价廉、经济实惠的感觉，从而刺激消费者的购买欲望，提高企业的市场份额，待商品打开销路、占领市场后，企业再逐步提价。

7.3.2　优惠价格定价法和招徕定价法

1．优惠价格定价法

优惠价格定价法是一种以减价、折扣等方式，为维持和扩大市场占有率而采取的一种减价促销的价格策略。它主要利用了消费者的“求实惠”“抓机会”的心理，采取低于原有价格的优惠价格来吸引消费者，使消费者感到有“利”可图，以激发购买欲望，促使消费者大量购买、重复购买，甚至超储购买。

优惠价格定价法有以下几种常见的方式。

（1）根据购买的金额或数量给予一定幅度的数量折扣优惠，又可分为累计数量折扣和非累计数量折扣。

（2）根据消费者不同付款日期而给予的不同的付款折扣优惠。

（3）根据季节性商品在非季节销售所给予的季节性折扣优惠。

（4）根据新商品在销售的不同阶段给予消费者的新商品推广折扣优惠、店庆及节假日回馈老客户的返利折扣等。圣诞元旦商场促销广告如图 7-4 所示。

图 7-4　圣诞元旦商场促销广告

讨论

你参加过大型商场的买 300 返 100 等类似的活动吗？感受如何？

____

____

2. 招徕定价法

招徕定价法是指企业为了招徕更多的消费者，有意将某些消费品的价格定得很低，甚至远远低于成本，以吸引消费者由此及彼地购买其他商品，从而增加总盈利的一种定价方法。其巧妙利用了消费者“从众”“求廉”“投机”的心理需求。

对于习惯性消费的日用品，消费者普遍存在“求廉”心理，一旦某种商品价格低于市价，消费者将蜂拥而来，这种冲动性从众心理使很多消费者根本不考虑该商品对自己是否有用或用途多大而盲目购买。在购买过程中，随着消费者在销售现场滞留时间的延长，其在购买了“特价”商品以外，则不知不觉地购买了大量的其他商品。这恰恰是企业使用招徕定价法的最主要目的，而并非在于推销“滞销商品”。招徕定价法适合综合性商场、超级市场、专卖店。

7.3.3　声望定价法

声望定价法是指企业利用自己长期市场经营实践在消费者心目中树立起的声望，通过制定较高的价格，来满足消费者的“求名”“炫耀”心理的一种定价技巧。在消费过程中主要表现为对名牌商品、名牌商店、购物环境及某种特定服务的追求。多数消费者购买名牌商品不仅仅看重其一流的质量，更看重品牌所蕴含的身份、地位、名望等社会象征意义。

该方法只适用于高档名牌商品、奢侈品及确有特色的服务、商店或特定地点等。例如，戴欧米茄手表（见图 7-5）、背 LV 包等，被认为是有地位的成功人士，迎合了这部分消费者的需求，即把此类商品当成身份的象征。

图 7-5　欧米茄表广告

[知识窗]

《禁止价格欺诈行为的规定》中的 13 种价格欺诈行为界定

1. 标价签、价目表等所标示商品的名称、产地、规格、等级、质地、计价单位、价格等或服务的项目、收费标准等有关内容与实际不符，并以此为手段诱骗消费者或其他经营者购买的。

2. 对同一商品或服务，在同一交易场所同时使用两种标价签或价目表的。

3. 使用欺骗性或误导性的语言、文字、图片、计量单位等标价，诱导他人与其交易的。

4. 标示的市场最低价、出厂价、批发价、特价、极品价等价格表示无依据或无从比较的。

5. 降价销售所标示的折扣商品或服务，其折扣幅度与实际不符的。

6. 销售处理商品时，不标示处理品和处理品价格的。

7. 取价外馈赠方式销售商品或提供服务时，不如实标示馈赠物品的品名、数量或馈赠物品为假劣商品的。

8. 收购、销售商品或提供服务带有价格附加条件时，不标示或含糊标示附加条件的。

9. 虚构原价，虚构降价原因，虚假优惠折价，谎称降价或将要提价，诱骗他人购买的。

10. 收购、销售商品和提供服务前有价格承诺，不履行或不完全履行的。

11. 谎称收购、销售价格高于或低于其他经营者的收购、销售价格，诱骗消费者或经营者与其进行交易的。

12. 采取掺杂、掺假，以假充真等手段，使数量或质量与价格不符的。

13. 对实行市场调节价的商品和服务价格，谎称为政府定价或政府指导价的。

7.3.4　尾数定价法和整数定价法

1. 尾数定价法

尾数定价法又称零头定价，是指保留价格尾数，采用零头标价，如 9.98 元，而非 10 元，如图 7-6 所示。

尾数定价法对消费者产生的心理效果如下：

（1）可以使消费者产生便宜的心理错觉。例如，200 元一双的鞋与 198 元一双的鞋相比，虽然只高出 2 元，但对价格敏感的消费者来说，感觉则是两个不同价格级别的商品，从而冲破他们的价格心理防线。

（2）可使消费者相信企业制定的价格是科学、合理、有根据的。

图 7-6　零售企业五一节优惠尾数定价法

（3）可以给消费者一种数字寓意吉祥的感觉，使消费者在心理上得到一定的满足。例如，“8”在粤语中念“发”，含发财致富之寓意，以“8”结尾，容易使人产生美好的联想。

当然，尾数定价法并非在任何情况下都适用。例如，在超级市场，消费者并不喜欢标价 0.98 元、1.98 元的商品，宁愿取 1 元、2 元的价格。而对高档商品，消费者更乐意接受整数价格。

[知识窗]

尾数定价法的应用

尾数定价法的应用十分广泛。在美国，5 美元以下的商品，习惯以 9 为尾数；5 美元以上的商品，习惯以 95 为尾数。日本的家用电器，习惯以 50、80、90 为尾数。中国许多商品，常以 8、88、98、99 为尾数。99 尾数不仅可以满足消费者的求廉心理，而且迎合了消费者追求“天长地久”的传统心理，可增加商品对消费者的吸引力；而 88 尾数则适应了人们对“财运大发”的企盼，从而引起消费者的共鸣。

2. 整数定价法

整数定价法与尾数定价法相反，它采用合零凑整的方法，制定整数价格。整数价格又称方便价格，适用于某些价格特别高或特别低的商品。

整数定价法的心理效果如下：

（1）可以提高商品形象。对于某些款式新颖、风格独特、价格较高的新商品，如高档时装、家电等，企业可把基础价格略做调整，凑成一个整数，如将 998 元定为 1000 元，就可能以“千元货”的面目赋予商品以高贵的形象，吸引高收入阶层的购买者。例如，美国一家汽车制造商曾公开宣称：要为世界上最富有的人制造一种大型高级豪华轿车，车内有电视机、文体音响设备、视听电话、酒吧和洗澡间等，价格定为整数 100 万美元。这一昂贵的超高级轿车，引起了世界各地富翁的极大兴趣，公司的订货簿不仅被填满了，而且大有供不应求之势。

（2）便于购销双方的交易与结算。对于某些价值小的日用小商品，如定价 0.85 元较之

1.0 元，后者对消费者在购买时会显得更方便。

7.3.5　分级定价法和最小单位定价法

1．分级定价法

分级定价法是指企业根据市场细分理论，对不同档次的商品采取差别定价的方法，即企业在出售商品时，将生产的商品按照不同标准划分为若干档次，对每一个档次的商品制定一个价格，以适应不同消费者的不同心理需要。这种方法简化了购买过程，便于消费者挑选。不足之处在于，等级间的价格差不好把握，如果差价过小，消费者会怀疑分级的可信度；如果差价过大，一部分期望中间价格的消费者会感到不满意。

2．最小单位定价法

最小单位定价法是指企业把同种商品按不同的数量包装，以最小包装单位量制定基数价格，销售时，参考最小包装单位的基数价格与所购数量收取款项。一般情况下，包装越小，实际的单位数量商品的价格越高；包装越大，实际的单位数量商品的价格越低。

例如，对于质量较高的茶叶就可以采用这种定价方法，如果某种茶叶定价为每 500 克 150 元，消费者就会觉得价格太高而放弃购买。如果缩小定价单位，采用每 50 克为 15 元的定价方法，消费者就会觉得可以买来试一试。如果再将这种茶叶以 125 克来进行包装与定价，则消费者就会嫌麻烦而不愿意去换算出每 500 克应该是多少钱，从而也就无从比较这种茶叶的定价究竟是偏高还是偏低。

该定价方法的优点有：

（1）能满足消费者在不同场合下的不同需要。

（2）利用了消费者的心理错觉，使消费者误以为价格低廉。

该定价方法的缺点是并不是在每个国家都奏效。例如，在美国，法律规定商品包装上必须标明每一最小单位的价格，因此消费者很容易比较出商品价格的高低。

7.3.6　习惯定价法和觉察价值定价法

1．习惯定价法

习惯定价法是指按照消费者的习惯心理制定商品价格。消费者在长期的购买实践中，对某些经常购买的商品，在心目中已经形成了习惯性的价格标准，不符合其标准的价格则易引起消费者的疑虑，从而影响购买。例如，消费者已经习惯于袋装牛奶的价格为 2.5 元左右。近几年来，价格发生多次变动，每一次变动消费者都做出了敏感的反应。牛奶涨价漫画如图 7-7 所示。

图 7-7　牛奶涨价漫画

企业对此类商品定价时，要充分考虑消费者的习惯性倾向，不可随意变动价格，否则一旦破坏消费者长期形成的消费习惯，就会使其产生不满情绪，导致购买的转移。若确实需要调整价格，则需做好宣传工作，让消费者充分了解调价原因，做好心理准备，择机调价。

2．觉察价值定价法

觉察价值定价法是指以消费者对商品价值的感受及理解程度作为定价依据。消费者在购买商品时，总会在同类商品之间进行比较，选购那些既能满足消费需要又符合其支付标准的商品。例如，普通商店出售可口可乐，每罐 3.5 元，在五星级饭店，它的价格会成倍上涨，但消费者却能够接受，这是因为消费者受周围环境的影响而产生了对商品价值判断的错觉。

该定价方法的关键在于正确判断消费者的觉察价值，如果商品价格大大高于其觉察价值，消费者会感到难以接受；相反，如果商品价格远远低于觉察价值，也会影响商品的形象。

7.3.7 组合定价法

组合定价法是指企业在生产经营两种或两种以上相互关联、互相补充的商品时，根据消费者的心理而采取的相互补充的定价技巧。

对于配套商品，既可以实行成套购买优惠价也可以实行赠送配套商品的定价技巧，以促进消费者成套购买，节约营销成本，扩大销售量，加速资金周转，增加盈利。例如，销售西装，对于单独购买一件上衣的消费者，可按原价出售；若购买成套西装（包括上衣、马甲、裤子），则给予一定的价格优惠或免费赠送配套的衬衣、领带，这样将会刺激消费者的购买欲望。

商品定价的心理策略：
（1）撇指定价法和渗透定价法；
（2）优惠价格定价法和招徕定价法；
（3）声望定价法；
（4）尾数定价法和整数定价法；
（5）分级定价法和最小单位定价法；
（6）习惯定价法和觉察价值定价法；
（7）组合定价法。

7.4 商品调价的心理策略

在市场经济条件下，随着市场营销环境的变化，企业商品制定出价格以后，价格的调整与变动是经常发生的。企业商品价格的调整，可以分为主动和被动两种情况，同时又分为降价和提价两种形式。

企业商品价格的调整，可以分为主动和被动两种情况，同时又分为降价和提价两种形式。

7.4.1　商品降价的心理策略

1．商品降价的原因

商品降价的原因有很多，既有企业内部原因，又有企业外部原因，具体包括以下几种情况。

（1）商品的需求价格弹性大，企业通过降价可以增加消费需求、开拓新的市场，扩大市场占有率。

（2）企业及整个行业生产能力过剩，商品供过于求，无法通过商品改进和加强促销等工作来扩大销售。

（3）在强大的竞争压力下，企业市场份额下降，企业决策者决定排斥现有市场上的竞争者，从而采取降价竞销。

（4）竞争对手采取降价措施，企业也相应地进行价格调整，以保持较高的竞争能力。

（5）由于新技术的应用带来的成本降低，费用减少，使企业的生产成本低于竞争对手，从而使降价成为可能，以提高市场份额。

（6）企业急需回笼大量现金。

（7）政治法律环境及经济形势的变化，迫使企业降价。

（8）其他生产经营的原因造成的降价：某些商品升级换代造成了淘汰品、残次品；商品保管不善造成的品质降低；市场行情不明造成的盲目进货等。由该原因造成的降价一般是临时的、短期的。

2．消费者对商品降价的心理反应

消费者对商品降价的反应是多种多样的，有利的反应是认为企业生产成本降低了，或企业让利于消费者，从而起到激发消费者购买欲望，促使其大量购买的作用。

但在现实生活中，消费者有时反而会“持币待购”或“越降越不买”。其主要原因如下：

（1）消费者会产生“便宜没好货”的心理联想。

（2）消费者自认为不同于一般低收入阶层，不可以购买低档货，认为便宜货有失身份，有损自尊心和满足感。

（3）消费者会认为企业由于新商品问世而进行的老商品的降价处理，老商品马上会被淘汰，后期维修会得不到保障。

（4）降价商品可能是过期商品、残次品、库存品或低档品，功能少，质量不好，实用价值降低。

（5）该商品出现了供过于求，已经开始降价，可能还会继续降价。

3．商品降价的心理策略与技巧

（1）商品降价的条件如下：

① 消费者注重商品的实际性能与质量，而较少将所购商品与自身的社会形象相联系。

② 消费者对商品的质量和性能非常熟悉，如某些日用品和食品，降价后仍对商品保持足够的信任度。

③ 消费者需要企业向其充分说明降价的理由，并使其感到能够接受。

④ 即使企业和商品品牌信誉度高，消费者只有在比较低的价格买到“好东西”时才会满意。

（2）商品降价的原则如下：

① 控制好成本。

② 控制好品种。

③ 做好服务。

④ 要有的放矢。

⑤ 要一步到位。

（3）商品降价的时机选择。企业可以选择在以下时机进行降价促销：

① 商品进入成熟期的后期降价。

② 由于市场领导者率先降价，作为竞争对手跟进降价。

③ 季节性商品换季降价。

④ “假日经济”，重大节日降价酬宾。

⑤ 商家庆典活动降价。

⑥ 特殊原因降价，如商店拆迁、商店改变经营方向、柜台租赁期满等。

（4）企业商品降价的技巧。降价最直接的方式是将企业商品的目录价格或标价绝对下降，但由于此种方式有时会给消费者带来不利的心理反应，导致竞争者的不满而可能引起价格大战，所以企业更多的是采用各种折扣形式来暗中降低价格。例如，数量折扣、现金折扣、回扣和津贴等形式。此外，变相的降价形式有：赠送样品和优惠券，实行有奖销售；给中间商提取推销奖金；允许消费者分期付款；赊销；免费或优惠送货上门、技术培训、维修咨询；提高商品质量，改进商品性能，增加商品用途。这些方式具有较强的灵活性，在市场环境变化时，即使取消也不会引起消费者太大的反感，因此在现代经营活动中运用得越来越广泛。

[实例链接 7-3]

1 年降价 5 次！特斯拉到底在想什么？

2019 年 7 月 16 日，特斯拉官网显示，公司再一次调整了旗下产品的结构和价格。

降价似乎已成为特斯拉的惯常做法，从 2018 年 7 月以来，特斯拉至少已经进行了五次价格下调！

1. 为什么特斯拉要降价?

中国是全球最大的汽车市场，被特斯拉掌门人马斯克视为销量增长的关键。然而，当前特斯拉在中国的表现不算突出。以特斯拉在国内消费者心中的地位，适当的降价能在一定程度上促进销售，让更多中国消费者加入电动车的阵营。

此外，特斯拉还要达到对投资人的承诺。按照承诺，2019 年要交付 36 万～40 万辆汽车，同比增长 45%～65%，而上半年特斯拉共交付约 15.8 万辆车，和目标还有一定距离。于是，降价就成了一个不错的选择。

2. 降价要有度，频繁降价不可行

特斯拉的降价，既能促进公司的销售，也能让消费者享受优惠，本来是一件双赢的事。然而，频繁地降价，反而会产生负面影响。

其一，伤害已购买用户的感情。

对于刚买到新车的用户，转眼就看到特斯拉降价，不可避免会觉得心里不舒服。2019 年 3 月初，特斯拉大幅下调了 8 款车型版本的在华销售定价。引发了中国车主的不满，甚至有人前往特斯拉门店拉起“维权”横幅。

特斯拉方面回应，在降价前购买特斯拉的车主，可以半价购买特斯拉的驾驶仪与全自动驾驶仪，最多可节省 6000 美元，但并没有得到车主们的认可。

其二，潜在客户会观望。

对于想要购车的消费者，看到特斯拉降价了原本应该高兴，立马购买。然而多次降价，会让消费者形成“还会降价”的预期，于是观望等待就成了多数人的选择。这样的结果，和特斯拉降价的初衷是相悖的。

妥当的方式是，每次降价的时间点之间要有足够的间隔，这样等不及的客户就会先行入手。

其三，影响产品的定位。

价格是产品定位的重要部分，高端产品要有高价匹配，低端产品则必然低价。降价不是不可以，但前提是不要损害产品的定位。

就特斯拉来说，经过一年多以来的降价，目前在国内 Model 3 售价为 33 万～50 万元、Model S 售价为 78 万～88 万元、Model X 售价为 79 万～89 万元。

可以看出，大众市场定位的 Model 3 还有一定的降价空间，而高档的 Model S 和 Model X 再降价的话可能就会影响高端的定位了。

3. 国产化在即，特斯拉能不能有所突破

五年前，特斯拉刚进入中国市场时，标榜为“进口豪华电动四轮轿跑”，而在今天，特斯拉将自己定义为“进口全智能高性能电动车”，体现了特斯拉抢占大众市场的战略。

国产化是特斯拉攻占国内市场的重要一步。2019 年年底，特斯拉上海工厂开始生产。

之所以国产化，主要就是为了降低价格。目前公布的国产标准续航升级版 Model 3 的价格为 32.8 万元，是特斯拉历史上最低价的车型。

特斯拉在国内是“最潮电动车”的代名词，国产化一旦打开局面，也能提供更多平价的大众产品，大幅提升特斯拉的业绩。

（资料来源：营销头版（ID：mkt2000） 作者：徐立 节选）

7.4.2 商品提价的心理策略

1．企业商品提价的原因

提价确实能够增加企业的利润率，但却会引起竞争力下降、消费者不满、经销商抱怨，甚至还会受到政府的干预和同行的指责，从而对企业产生不利影响。虽然如此，在实际中仍然存在较多的提价现象。

（1）应付商品成本增加，减少成本压力。

（2）企业改进了生产技术，提高了商品质量，增加了商品功能和售后服务，由此进行价格提升。

（3）商品供不应求，遏制过度消费。

（4）商品需求价格弹性小，且替代商品少，企业的提价不会引起销售的剧烈变化，还可以促进商品利润的提高和总利润的扩大。

（5）利用消费者心理，创造优质效应。

（6）国家出于对资源合理利用及发展经济等方面的原因而有意识地提高某种商品的价格。

2．消费者对商品提价的心理反应

提高商品价格通常对消费者来说是不利的，理论上会抑制消费者的购买欲望，减少实际购买需求。

但在现实生活中，消费者同样会做出与此相反的各种反应。

（1）商品提价可能是因其具有某些特殊的使用价值，或者具有更优越的性能。

（2）商品已经在提价，可能还会继续上涨，应尽快抢购，以防将来购买吃亏。

（3）商品涨价，说明是热门货，有流行趋势，应尽快购买。

（4）商品涨价可能是限量发行，有升值空间。

（5）商品涨价，可能出现断货。

3．商品提价的心理策略与技巧

（1）商品提价应具备的条件如下：

① 消费者的品牌忠诚度很高，是品牌的偏好者，他们忠诚于某一特定品牌，不因价格上涨而轻易改变购买习惯。

② 消费者相信商品具有特殊的使用价值，或者具有更优越的性能，其他商品不能替代。

③ 消费者有求新、猎奇、追求名望、好胜攀比的心理，愿意为自己喜欢的商品支付高价。

④ 消费者能够理解价格上涨的原因，能容忍价格上涨带来的心理支出的增加。

讨论

以你学习居住的城市为例，调查当地的房地产价格，是否有涨价空间？原因是什么？

____

____

（2）商品提价的时机选择。为了保证提价策略的顺利实现，提价时机可选择在下面几种情况下：

① 商品在市场上处于优势地位。

② 商品进入成长期。

③ 季节性商品达到销售旺季。

④ 一般商品在销售淡季。

⑤ 竞争对手的商品提价等。

总之，提价要掌握好时机。商品提价后，可能会有大批消费者转向其他品牌，分销商也会施加一定的压力，这会给竞争者抢占市场带来机会。如果提价失败，再恢复原价，将对企业品牌信誉造成毁灭性的影响。

（3）商品提价的技巧。提价有直接提价和间接提价两种形式。

① 直接提价，即直接提高商品价格。商品提价要信守谨慎行事的“走钢丝”原则，要尽量控制提价的幅度和速度，即提价的幅度宜小不宜大，提价的速度宜慢不宜快。

② 间接提价，即企业采取一定方法使商品价格表面保持不变但实际隐性上升。例如，暗地里更换商品型号、种类，变相提价；缩小商品的尺寸、分量；使用便宜的代用原料；减少价格折让等优惠条件；缩短保修期等。一般地，降价容易涨价难，调高商品价格往往会遭到消费者的反对。因此，在使用涨价策略时必须慎重，尤其应掌握好涨价幅度、涨价时机，并注意与消费者及时进行沟通。

知识练习与思考

1. 填空题

（1）（　　　　）是指消费者对商品价格的心理反应。

（2）消费者价格心理主要形式有（　　　　）、（　　　　）和倾向价格心理。

（3）以消费者对商品价值的感受及理解程度作为定价依据的定价法是（　　　　）。

（4）降价的原则有控制好成本、（　　　　）、做好服务、（　　　　）和（　　　　）。

（5）无论是主动调价，还是被动调价，其形式不外乎是（　　　　）和（　　　　）两种。

2．判断题

（1）受消费者心理因素制约，当产品的价格下降时，购买量不一定会增加。（　　）
（2）一般来说，消费者对需要经常购买的日用品价格变动不敏感。（　　）
（3）价格是消费者衡量商品价值和品质的直接标准。（　　）
（4）利用消费者的“求名”“炫耀”心理，企业可以选择高价策略。（　　）
（5）习惯定价法多用于服务产品的定价。（　　）

3．复习思考题

（1）消费者的价格心理特征及功能有哪些？
（2）影响商品价格的社会心理因素有哪些？
（3）商品定价的心理策略有哪些？
（4）商品降价和提价的原因、条件、时机及方法技巧有哪些？

职业技能训练

1．思维训练题

小书店与大书店

一个小伙子原先是开花店的，通过卖花淘了第一桶金。由于自己生来喜欢读书，于是决心在图书这一领域闯一闯。经过一番缜密的市场调查后，他毅然决定在某新华书店附近的街面上租下一个20平方米左右的门面开书店。

小伙子深知，如果以常规经营方式运作小书店，面临如此强劲的对手，到最后只怕是竹篮打水一场空。只有采取非常规的营销手段和经营特色，才能在这个大书店的夹缝中找到生存的空间。

起初，小书店以销售一些虽已过期但可读性仍较强的期刊杂志为主，每本以1～3元的价格吸引了大量路过的读者。然后，又引进一些可以折价出售的正版图书。广告牌上标明：凡购买正版图书达一定数量的顾客，可以获得相应的赠品杂志。果然，几招出手，效果立显。许多读者争相走进了这家颇具特色的小书店。小伙子和他的店员们以热情、灵活的服务，留住了大批读者，店中生意做得红红火火。

随着小书店逐渐拥有了一定的回头率，小伙子又开展了图书预订服务，帮助顾客采购所需的图书。小书店终以自己独特的经营理念，共享了新华书店的大批顾客。

当有人问他何以敢在这个“巨无霸”新华书店旁边开小书店时，他说：“‘狐假虎威’这个成语谁都知道，就是借势。当时在图书行业弱小的我，之所以要把店面与全市著名的新华书店并排摆开，目的就是借势。”

问题：你认为小伙子独特的开店方式有哪些成功之处值得经营管理者借鉴？

2．案例分析题

无印良品，“降价”也可以这么清新脱俗？

“新定价”——有便宜的理由

2015 年 2 月，无印良品的官方公众号发布了一条推文：无印良品在 2014 年 10 月精选了约百种生活必需品进行价格调整；并于今年年初又精选了多款服装商品，展开新一轮的“新定价”活动。

是的，你没有看错，无印良品将“降价”改成了“新定价”。

为什么要“新定价”？

1．降低了进口关税。由于无印良品直接选择在中国内地生产货物，这样就不需要关税了；同时中国与部分东南亚国家签订了特惠关税合约，使得从这些地方进口的货物关税更低了。

2．高效的库存管理。无印良品通过更高效的库存管理办法，减少了配货的烦琐流程，让流通环节的成本得到了降低。

3．扩大了生产规模。由于订单数量的增长，使得工厂可以以更低的价格生产商品，大大降低了生产成本。

不得不说，无印良品的这条推文不仅让降价本身变得“清新脱俗”，而且还顺势为品牌打了一次 call，让消费者觉得这只是无印良品的让利活动。

但实际上，没有哪个品牌会嫌自己的利润太多而愿意主动让利给消费者。真相其实是，中国内地的消费者越来越不满无印良品的高定价了。

为了调和这种不满情绪，无印良品不得不采取“降价”的办法，只不过为了更体面而采用了“新定价”这个词。

“新定价”——都要有“新理由”

2016 年 1 月，无印良品的官方公众号又发了一条推文：为了让更多的客户可以更加方便，用更优惠、更贴心的价格选购无印良品的商品，通过无印良品的提案获得更多美好生活的提示，无印良品一直在努力为商品“新定价”。

没错，新理由是，为消费者的美好生活而新定价。

2017 年和 2018 年，也基本上沿袭了“为美好生活而新定价”的思路，只是稍微做了一些调整。

2017 年降价的理由是“让顾客在需要的时候用合适的价格买到合适的商品”；2018 年降价的理由是“生活还在继续，改良便也在继续”。

在无印良品看来，降价的原因不重要，重要的是“降价”的姿势一定要优雅。

时间的轮轴到了 2019 年，无印良品在“新定价”上又发明了一个新词，叫作“价格的重新审视”。

简单地说，就是从 2019 年 1 月 18 日开始，无印良品对那些明星商品的价格进行了新的审视，希望更好的商品以更合理的价格传递到消费者手里。

不禁要说，降价竟然能被无印良品玩得这么高雅，也是一门营销艺术了。

无印良品为什么要采用“新定价”？

2015 年之前，无印良品在中国市场一路高奏凯歌，其前社长松井忠三曾说道：“中国大陆 39 个城市的 134 家无印良品店（截至 2015 年 5 月），平均 15.9 个月收回投资。”

但是进入 2016 年后，无印良品在中国遭遇了竞争对手。以名创优品和网易严选为代表的新时尚品牌先后诞生，前者主打线下，后者则以线上为突破口。

众所周知，无印良品在日本是“低价高质”的代名词，是一家开在超市附近的杂货铺。但是在中国，却因为“崇洋媚外”的思想，再加上“极简”“性冷淡”“品味”的标签，无印良品瞬间获得了一大批中产阶级的追随。

但是，随着中国改革开放的不断深入和中国消费者观念的转变，无印良品在中国消费者的眼中，也早已从神坛跌入凡间。

2018 年 9 月，无印良品北京巴沟的门店因拒绝工商抽检在网上引发了热议。在消费者看来，不配合工商部门的抽检，一定是商品质量有问题，心里有鬼。而此前，无印良品在北京和上海的公司已经因为产品质量等问题遭受了四次处罚。所以，在内外因共同的打击下，无印良品的“降价”行为也就在情理之中了。

定价就是定生死，无印良品不敢承认降价

根据财报显示：2018 年第三季度，无印良品在中国的继存店（即开店满一年以上的门店），总体销售额下降 4.1%，在大陆地区连续两个季度销售额同比下降。

为什么无印良品不直接通过大幅降价刺激销量呢？主要是因为降价带来的负面作用相当严重。消费者会认为企业遭遇了困难，不得已才采取降价行为渡过难关。更重要的是，降价行为会让消费者的忠诚度降低，品牌的价值会受损。

历史证明，那些因为价格而吸引来的客户，最后往往会因为更低的价格离你而去。因此，品牌商们往往不愿意通过直接降价的方式刺激消费者，但是又迫于业绩的压力，不得不变相地推出各种“降价措施”。

无论是“以旧换新”还是优惠券，抑或是“分期付款”，其实都是变相的调低价格。只不过，无印良品的这个“新定价”更高级，也算是给国内品牌树立了一个典范。

（资料来源：叶子栋，品牌内参，微信 ID：brand180）

问题：

（1）无印良品新定价的理由有哪些？

（2）无印良品为何不敢承认降价？

3．章节综合实训

手机产品价格制定调研

实训目的：

结合本章“商品价格与消费心理”的知识内容，熟悉商品品牌与市场定位、价格制定之间的关系，以市场手机产品价格制定调研的形式，了解目前商品价格如何影响消费心理。

实训课时：

2 课时。

实训内容：

（1）班级分组，5～6 人一组，并给予不同的分工。

（2）选择调研形式：网络调研、实地调研。

（3）针对所选择的形式，利用网络及手机卖场等开展调研。（注意文字、数据、图片、视频资料的收集。）

（4）根据调研收集的数据，撰写调研分析报告。（注意品牌之间的对比，以及不同目标客户的价格心理分析。）

（5）PPT 分组汇报。

（6）教师点评。

实训条件：

带学生电脑的多媒体实训室。

实训要求：

项　　目	内 容 要 求	分 值 比 例
团队分工	注意团队分工	10%
实地调研	注意文字、图片、视频资料的收集	30%
调研报告	一份，注意文字、图片、视频等使用	20%
PPT 制作	一份，注意文字、图片、视频等使用	20%
汇报效果	汇报视频录像一份，现场汇报，注意展示效果	20%

名人名言

一个基本的价格定律：一是市场上卖得最好的绝不是价格最低的产品，而是市场表现最活跃的产品。怎样才能活跃？肯定要求产品的渠道利润空间大。二是便宜的产品未必好卖，让消费者、销售者觉得占了便宜的产品才好卖。怎么让他们觉得占了便宜？肯定少不了价格设定策略。

——杨永华

第8章

商业广告与消费心理

知识要点

- ❖ 商业广告的含义及心理功能
- ❖ 商业广告的定位、创意、表达诉求的方式和方法
- ❖ 广告创意的基本策略
- ❖ 商业广告媒体的种类、特点及选择影响因素
- ❖ 商业广告心理效果的测评内容及方法

能力要点

- ❖ 熟悉广告定位、创意、诉求的基本方法
- ❖ 熟练掌握广告媒体的选择影响因素
- ❖ 熟悉广告心理效果测评的内容和方法

导入案例

腾讯视频校园许愿季引爆 200 所高校 年轻范儿占全了

当“95 后”“00”后成长为消费主力，所有的品牌都面临一场品牌年轻化的考验。

2017 年 9 月开学季，腾讯视频校园许愿季活动惊艳而出，不仅新生爱上开学的美好时光，更让腾讯视频的年轻化战略深入人心，品牌忠诚度不言而喻，如图 8-1 所示。炫酷十足的校园许愿季，腾讯视频示范了开学的 N 种打开方式。年轻化的潮流基地、年轻化的创意场景、年轻化的趣味互动……一群年轻人用年轻人喜爱的方式，搞定了另一群年轻人。

图 8-1 腾讯视频校园许愿季

1. 年轻化场景，2017 最燃主题宿舍、巨型礼盒刷爆社交圈

怎样开学才是美好的呢？腾讯视频校园许愿季独家送上主题宿舍、巨型礼盒，新朋老友通通都拿下，成就了一场 9 月最有趣的校园 Campaign。

电视剧里，偶像的宿舍美出天际；现实里，大学宿舍满眼水泥墙、架子床简陋不已。当大一新生释放宿舍改造的愿望后，腾讯视频走进北京邮电大学设计改造 4 间主题宿舍，优秀 IP《那年花开月正圆》《明日之子》《脱口秀大会》《蓝色星球 2》被挂上墙，让人直叹“终于告别假宿舍”！入住的新生满满都是惊喜与感动。这场活动并非只有创意的巧妙、设计的靓丽，还有行动的走心。在熟悉的剧文化里，来自全国各地的新生找到共同的话题与归属感，迅速消除入学的恐惧感、陌生感和沟通隔阂，建立起快速社交。重要的是，腾讯视频的这份美好，还将陪伴他们度过整整 4 年的大学时光。

许愿季的第二趴，腾讯视频在武汉大学空降了巨型礼盒实现大家的入学愿望。礼盒里的明星礼物及学长祝福撩拨得新生控制不住自己。华硕电脑等开学礼品都是小意思，在玩中遇见志同道合的伙伴才是终极奥义。

2. 年轻化的互动，喜闻乐见的“一起玩”

年轻人个个都是戏精，偏爱释放自我的“一起玩”。腾讯视频的校园许愿季活动就是这样一个对话的舞台。

首先，全国 200 家腾讯视频校园社团——嗨剧社，线上征集“18 岁的梦想”，从而洞察出年轻人的真实需求。许愿的萌新们脑洞大开，入学愿望五花八门，腾讯视频从中选出“最迫切的愿望”——改善宿舍环境。最大愿望带来 2017 年度最燃新生宿舍，成功撩学生无数。108 所高校联合近 400 个本校官方组织同步自发申请拥有主题宿舍，覆盖人群达 7781.2 万人。

然后，年轻化符号带来校园狂欢。主题宿舍的 3D 立体化设计、色彩鲜明的贴纸、流行的剧文化，无一不是年轻人的最爱；巨型礼盒用明星 ID 视频撩拨网友参与；livemusic 演唱会嗨翻江城；校园嗨剧社联合全国 110 所高校向学生派发开学礼物……校园许愿季浓缩了新生最鲜的潮流需求，也让腾讯视频成为年轻人的“精神伙伴”。

3. 年轻人的阵地，校园嗨剧社用年轻人搞定年轻人

腾讯视频校园许愿季活动，不断解锁嗨姿势、趣态度、燃文化，离不开校园嗨剧社的神助攻。成立于 2016 年 3 月的校园嗨剧社，是腾讯视频在各高校的校园社团。这里聚集了一群又嗨又燃的大学生，在腾讯视频和校园的跨界营销中干了许多大事儿。

两年时间内，校园嗨剧社主导明星发布会、见面会、演唱会 43 场，明星进校园活动 37 次，如“玩剧店”“尬脑大赛”“暑期 young 计划”“点亮地球一起燃”“好时光列车”等重磅活动。本季度的校园许愿季活动，便是一群年轻人用最年轻的手段搞定了另一群年轻人。

以剧会友、又不止于剧。腾讯视频的校园许愿季 Freestyle，将信奉“娱乐至上”的年轻人撩得心悦诚服，去掉无聊枯燥的开学季。社交媒体上，微博话题#腾讯视频许愿季#阅读量高达 5 759 万，讨论度达 51.7 万，并被新浪微博收录热词，微指数高至 71 447，直至形成现象级活动效果，成为品牌忠诚度的典型案例。

诚然，品牌年轻化的战役已经打响。通过校园许愿季活动，腾讯视频校园嗨剧社彻底站上了年轻营销的制高点，用深刻的年轻化思维，培养出年轻群体的品牌忠诚度。

（资料来源：黑马营销　https://www.sohu.com/a/193038607_151313）

【头脑风暴及实践应用】

头脑风暴：

“腾讯视频校园许愿季”在高校校园开展了哪些活动？效果如何？

实践应用：

为使腾讯视频品牌年轻化，腾讯在大中院校还可以开展哪些活动？有何创意？

利用广告来招揽消费者的广告主，无不希望自己的广告能够发挥出最佳的效力，达到推销自己的商品的目的。通过以上案例可以看出，腾讯视频的广告定位是准确的，其校园许愿季的广告诉求符合年轻消费者的习惯，同时恰当的媒体选择和传播，更在视听上给消费者一种全新的心理冲击，在消费者心中留下了深刻的印象，快速地实现了品牌宣传的目的。

8.1　商业广告

8.1.1　商业广告概述

1. 商业广告的含义

商业广告是指特定的广告主（企业）有计划地以付费的方式通过大众媒体向其潜在消费者传递商品或劳务信息，以促进销售的公开宣传方式。一般情况下，广告就是指商业广告。

> 商业广告是指特定的广告主（企业）有计划地以付费的方式通过大众媒体向其潜在消费者传递商品或劳务信息，以促进销售的公开宣传方式。

商业广告的含义包含以下几点。

（1）广告是企业开拓市场、进行营销的一种有目的的手段。

（2）广告是企业作为广告主进行的一种付费宣传方式。

（3）广告是通过大众传播媒体进行的。

（4）广告是传播商品、服务、观念等信息的。

（5）广告的对象是广大消费者，是面向大众的传播。

（6）广告的目的是使广告主受益。

2．商业广告的要素

商业广告由以下五大要素组成。

（1）广告主。广告主是指发布广告的主体，一般是企业、团体和个人。广告主从事市场经营活动，需要向目标消费者传递商品或服务的信息。

（2）广告受众。广告受众是广告信息的接收者，包括目标消费者和一般公众。目标消费者又分为现实消费者和潜在消费者，即可能对产品或服务有需要并有能力和愿意购买或是将来可能购买的消费者。

（3）广告信息。广告信息是指广告的具体内容，包括商品、服务、观念等。商品信息主要是指出售商品的质量、性能、价格、地点等信息。服务信息主要是指提供服务活动，如交通、住宿、旅游、休闲、咨询、娱乐等信息。观念信息主要是指倡导某种消费观念、消费意识，引导消费潮流的信息。例如，健康营养观念、休闲度假观念、旅游观光观念，以引起人们的消费欲望。

（4）广告媒介。广告媒介是信息传递的中介。具体形式包括报纸、杂志、路牌、信函、广告资料等文字媒体，以及广播、电视、电子显示屏、因特网、智能手机等电子媒体。

（5）广告费用。从事广告活动要支付必要的费用，包括市场调查费用、广告策划费用、制作费、发布费用、效果测定费用、代理费等。

3．商业广告的分类

（1）依据广告目的，可以将企业的营销广告分为产品广告和企业形象广告（又叫公关广告）。产品广告着重向消费者传达商品信息、推销商品并加速商品的流通，如图 8-2 所示。企业形象广告着重树立企业的形象，促使消费者形成对该企业的长期信赖感，如图 8-3 所示。

（2）依据媒体形式，广告可以分为电视广告、广播广告、报纸广告、杂志广告、网络广告、电影广告、邮寄广告、户外广告、灯箱广告、空中广告、礼品广告、综合性的 POP 广告等。

图 8-2　荣耀手机产品广告

图 8-3　格力企业形象广告

[知识窗]

自　媒　体

自媒体又称“公民媒体”或“个人媒体”，是指私人化、平民化、普泛化、自主化的传播者，以现代化、电子化的手段，向不特定的大多数或特定的单个人传递规范性及非规范性信息的新媒体的总称。

自媒体平台包括但不限于个人微博、个人日志、个人主页等，其中最有代表性的托管平台是美国的 Facebook 和 Twitter，中国的 QQ 空间、新浪微博、腾讯微博、微信朋友圈、微信公众平台、人人网、百度贴吧等。

自媒体有别于由专业媒体机构主导的信息传播，它是由普通大众主导的信息传播活动。同时，它也是指为个体提供信息生产、积累、共享、传播，内容兼具私密性和公开性的信息传播方式。以播客为新兴形式的自媒体使得原来处于新闻制造边缘的受众成为新闻信息传播的中坚力量，传统媒体受到自媒体的挑战。

（资料来源：百度百科）

（3）依据商品生命周期，广告分为引导期广告（商品刚刚引入市场）、选择期广告（商品在市场中已经处于销售量高峰）和记忆期广告（商品已经处于衰退期）。

（4）依据广告创意的特点，广告分为理性广告和感性广告两大类，前者主要以事实说理的方式传播商品信息，后者主要以情感的要素来表达商品信息。

讨论

在你看过的电视广告中，你曾被哪个广告所打动？试分析原因。

____

____

8.1.2　商业广告的心理功能

商业广告的心理功能是指广告对消费者所产生的作用和影响。其主要体现在以下几方面。

1. 沟通功能

沟通信息是商业广告最基本的心理功能。它是指商业广告向消费者公开传递有关商品的商标、品牌、性能、质量、用途、使用和维护方法、价格、购买的时间和地点及服务的内容等信息，使消费者对其有所认识，并在头脑中形成记忆，留下印象。

[知识窗]

广告的心理机制模型——AIDA 模型

AIDA 模型是由美国学者路易斯在 1898 年提出来的，他认为广告作用于人们心理的过程由四个步骤组成：A 为 Attention，即引起注意；I 为 Interest，即诱发兴趣；D 为 Desire，即刺激欲望；A 为 Action，即促成购买。该模型认为，广告作用于受众的心理过程首先是引起注意，即由周围事物指向和集中于特定的广告，使广告内容可以进入人们的视觉或听觉；然后开始对注意到的广告发生兴趣，这种兴趣能使人们产生继续了解有关内容的热情和耐心；接着形成占有广告商品的心理渴求和愿望，即欲望；当欲望积累到一定程度，最后将导致消费者采取行动购买该商品。

[实例链接 8-1]

南方黑芝麻糊，抹不去的记忆

南方黑芝麻新广告片

广告场景一：“黑芝麻糊哎——”伴随着一阵亲切而悠长的吆喝声，麻石小巷、黄昏、挑担的母女走进幽深的陋巷，布油灯悬在担子上，晃晃悠悠。一个天真活泼的小男孩听见吆喝声便再也坐不住了，他挤出深宅，吸着飘出的香味，伴着木屐声、叫卖声和民谣似的音乐。画外音：“小时候，一听见黑芝麻糊的叫卖声，我就再也坐不住了……”紧接着，小男孩搓着小手，迫不及待地看着大锅里那浓稠的黑芝麻糊，大铜勺提得老高，往碗里倒黑芝麻糊。小男孩埋头猛吃，碗几乎盖住脸，碾芝麻的小姑娘新奇地看着他。很快小男孩就吃完了一碗香甜可口的黑芝麻糊，但意犹未尽，站在大人背后，小男孩大模大样地将碗舔得干干净净（见图 8-4），小姑娘捂着嘴笑。卖黑芝麻糊的母亲爱怜地又给他添上一勺，轻轻抹去他脸上的残糊。小男孩抬头，露出羞涩的感激。画外音：“一股浓香，一缕温暖。”古朴的街景，旧日的穿着，橘红色的马灯，熟悉的叫卖声，共同构成了一幅立体的画面。

图 8-4　南方黑芝麻糊广告

广告场景二：当年那个舔碗、意犹未尽的小男孩，如今已成了一位白发苍苍的老华侨。他带着孙子，乘飞机从海外回到阔别多年的故乡。可梦中的故园踪影难觅，小作坊早已消失在历史的脚步中，代之而起的则是一幢富丽豪华的“南方黑芝麻糊大厦”。走进大楼，秀气的服务小姐端来两碗香喷喷的“南方黑芝麻糊”，小孙子正如老人小时候一样，意犹未尽地将碗底舔了个干干净净。此情此景勾起了老人对童年生活的美好回忆，“黑芝麻糊哎——”的亲切吆喝声仿佛在耳际间回响，大嫂的朴实身影在脑海中萦绕不去……在回忆和怜惜中，老人将孙子的嘴擦干净。此时念出的广告语恰到好处：“南方黑芝麻糊，抹不去的记忆。”

（资料来源：刘亚敏．食品广告的奥秘．广东：广东经济出版社，2004）

2．诱导功能

良好的商业广告或以理服人，或以情动人，注重艺术感染力，讲究人情味，能唤起消费者美好的联想，给消费者以某种美的享受，诱发人们积极的情感，抑制消极的情感，从而改变其对商品的原有偏见或消极态度，激发其购买欲望和动机。

3．促销功能

商业广告可以通过对商品或服务的宣传，把有关信息传递给目标市场的消费者公众，改变人们的消费观念，达到诱导消费者注意和产生购买动机的目的，引发新的消费需要，创造新的需求，进而实现促销目标。同时，商业广告的宣传可以造成社会消费热点，某些商品或观念会由此被社会所接受而成为流行时尚。

[实例链接 8-2]

一组墙体广告竟引发了手机刷屏

2015 年中秋，爱玛把流行在手机屏上的网络语刷到墙体广告上，然后通过巧妙的企划嫁接，于是墙体上的广告语又反过来刷了朋友圈。

众所周知，在墙体上刷网络语并非爱玛的首创，爱玛的创新是把网络语与企业品牌宣传有机地结合起来。在全面覆盖豫、皖、苏、冀、鲁等电动车消费人口大省的爱玛墙体广告企划攻略中，爱玛目标非常明确地锁定自己的主流用户人群——30 岁 ± 5 的“80 后”。

25～35 岁的城乡男女青年，正是在电动车市场从增量向存量转型中更换购买新车的主流人群，他们大都是中国风流行音乐当红十余年的周杰伦的歌迷。巧妙嫁接伴随其度过青春岁月、耳熟能详的周杰伦的歌名、歌词，不仅最大化地借助了周杰伦代言爱玛品牌的独特优势，更有效地实现了与目标受众的情感互动，如图 8-5 所示。

图 8-5　爱玛电动车墙体广告示例

这种带有周杰伦元素的互动性广告语，控制在 1/5 的刷制占比数量，用以点缀吸引关注、引发传播话题。另外 1/5 则用以沿承品牌提示性记忆，如其家喻户晓的“爱就马上行动”“买好车选爱玛”。余者全部针对爱玛产品的性能特征和当季促销信息进行发布：爱玛加速快，请系安全带；爱玛刹车灵，到家一步停；爱玛跑得远，就是能挣钱；爱玛车耐久，基本不用修……

与以往单纯强调墙体广告尽可能延长发布期限的传统做法不同，爱玛的墙体广告只需保证半年即可，绝大部分会在半年内重新刷制和发布新的产品信息和促销主题。于是，矗立在江淮、华北平原上的 50 万条墙体广告，定期循环发布更新内容，成为爱玛深入渗透到所谓五六线城镇乡村市场的信息发布字幕屏，同时通过发布内容的创新、创意，连贯打通目标用户的智能手机屏。这才是爱玛区别于其他竞争品牌所独创的全新媒体网络传播覆盖形式。

从传统得掉渣的墙体广告，到新媒体追捧上天的移动互联网手机屏，你是否可以得到一些饶有意趣的启发？

（资料来源：《销售与市场》评论版　2015 年 12 月　作者：华强）

4．便利功能

现代的商品社会中，商品的种类和数量不计其数，新商品日新月异。商业广告可以反复地传递某一商品的信息，使消费者在众多的商品中可以用较少的时间收集或选择到适合自己需要的商品或信息。如果没有商业广告的介绍和指导，消费者面对众多的商品将手足无措。

5．教育功能

质量上乘的商业广告用科学、文明、健康、真实、生动活泼的内容和表现形式传递有效的信息，可以增加消费者的知识，开阔视野，丰富人们的文化生活，掌握正确的选购和使用知识，引导消费者树立合理的消费观念，具有潜移默化的教育作用。

商业广告的心理功能：
（1）沟通功能；（2）诱导功能；
（3）促销功能；（4）便利功能；
（5）教育功能。

8.1.3 商业广告的基本原则

商业广告的性质和功能决定了其必须遵循一定的规律和原则，从而取得良好的经济效益和社会效益。

1．真实合法性

真实性是商业广告的生命，是商业广告的基本原则。首先，广告的真实性是广告宣传的内容要真实；其次，广告的感性形象必须是真实的。

[知识窗]

新广告法有哪些新的扩充和调整

十二届全国人大常委会第十四次会议表决通过的新修订的《广告法》，于2015年9月1日起正式施行。新法与现行的广告法相比，修改幅度较大，涉及面广，对原来的很多内容和规定进行了扩充和细化，体现了全面深化改革、切实调整政府职能，加强市场监管的要求。

1．禁止在大众传媒和公共场所发布烟草广告

新法中进一步加大了对烟草广告严管的力度，明确地规定禁止在大众传播媒介或者公共场所、公共交通工具、户外发布烟草广告。禁止向未成年人发送任何形式的烟草广告。

同时，为了避免变相烟草广告的发布，新法新增了规定，禁止利用其他商品或者服务的公益广告宣传烟草制品名称、商标包装、装潢以及类似内容。烟草制品生产者或者销售者发布的更名、招聘等启示中，不得含有烟草制品名称、商标、包装、装潢以及类似的内容。

2．加大对虚假广告的处罚力度

新法中专门增加了虚假广告构成条件的相关规定，一是内容虚假，二是引人误解的内容引导误导消费者，均为虚假广告。

新法还进一步列举了四种典型的具体情节，增加了工商部门查处虚假广告的可操作性，同时在新法的法律责任方面也加大了对发布虚假广告的罚款力度，也增加了吊销执照、证照、信用约束和行业禁入方面的新规定，极大地提高了虚假广告的违法成本。

3．禁止十周岁以下未成年人代言广告

新法规定，广告代言人在广告中对商品服务做推荐证明，应当依据事实，符合本法和有关法律、行政法规规定，并不得为其未使用过的商品或者未接受过的服务做推荐证明。

同时也规定，在虚假广告中做推荐证明受到行政处罚未满三年的自然人、法人或者其他组织不得再为广告代言。在法律责任当中也相应规定了广告代言人违法推荐或者证明的行政责任和民事责任。

此外，新法规定，不得利用十周岁以下未成年人作为广告代言人。

4．增加保健食品广告、大众传媒广告等规定

针对保健食品广告中的突出问题，新法中增加关于保健食品准则的规定，保健食品禁止代言，禁止涉及疾病预防、治疗功能。

针对广播电台、电视台等变相发布广告的问题，新法明确要求大众传播媒介发布广告应当显著标明“广告”，与其他非广告信息相区别，并加重了变相发布广告的法律责任。广播电台、电视台、报刊音像出版单位、互联网信息服务提供者不得以介绍健康、养生知识等形式变相发布药品、医疗器械、医疗、保健食品广告。

针对垃圾信息泛滥的情形，新法增加规定，任何单位或者个人未经当事人同意或者请求，不得向其住宅、交通工具发送广告，也不得以电子信息方式向其发送广告，并明确了相应的法律责任。

5. 药品需标明不良反应

新修订的《广告法》与旧版相比，增加了对药品广告准则的规定，规定任何人不能代言药品广告，同时药品广告必须显著地标明禁忌不良反应。

[实例链接 8-3]

孙红雷代言的瓜子二手车被罚千万！原因竟然是这四个字

孙红雷 瓜子二手车直卖网 2017 年广告

新车销量增长 20 年，中国的汽车保有量也超过了 3 亿辆，二手车市场也因此在逐渐壮大。

二手车电商也成为资本追逐的创业风口，各种形式的二手车交易网站纷纷成立，如人人车、瓜子二手车、优信二手车。

它们为了跑马圈地便疯狂地砸广告，一时间视频网站、公交站、户外墙体、电梯内都能见到二手车平台的广告。其中，孙红雷代言的瓜子二手车的广告词相当洗脑，“没有中间商赚差价”“车主多卖钱买家少花钱”“创办 1 年成交量遥遥领先”，听久了都能背下来，如图 8-6 所示。

图 8-6　瓜子二手车孙红雷广告

而正是“遥遥领先”这句广告词让瓜子二手车摊上事了。

北京工商部门认定瓜子二手车“创办 1 年成交量遥遥领先”缺乏事实依据：“创办 1 年”期间（2015 年 8 月—2016 年 7 月），瓜子的成交量为 85 874 辆，而在此期间，人人车成交量为 92 375 辆，北京旧机动车交易市场的成交量是 44 万辆。

而且根据《中华人民共和国广告法》第 9 条的规定，各类商业广告中不得使用“国家级”“最高级”“最佳”等用语。而瓜子二手车的“遥遥领先”是变相使用“最”字广告。

最终，2018 年 11 月 30 日北京市工商行政管理局海淀分局公布了行政处罚决定书。责令金瓜子科技发展（北京）有限公司（瓜子二手车）停止发布违法广告，在相应范围内消除影响，并处罚款 1250 万元。

（资料来源：http://www.sohu.com/a/279775299_120004220）

2．思想性

随着商品经济的发展，商业广告应用范围越来越广泛，它对人们的思想意识、兴趣爱好、道德风尚有广泛的影响。因此商业广告要注意作品的思想性，必须严肃，即内容要健康，情趣要高尚，符合党和国家的各项政策。

3．宣传指导性

商业广告是一种消费指南，它以各种形式、各种媒介，从时间或空间多个层面去宣传商品性能、特点、功用等，或者把服务范围、项目、方法、对象告诉消费者，从而诱发消费者的消费行为。

4．效益性

商业广告通过宣传向消费者推销自己的商品或介绍自己的服务，促进销售或服务，提高经济效益。因此，商业广告应有计划、有目的地安排广告投入，以取得最大的经济效益和社会效益。

5．艺术性

商业广告通过形象的语言文字、图像、声音等信息传播方式来传播商品信息，本身就是一项发现美、传播美的审美艺术。广告具有强烈的审美价值，它通过运用各种艺术技巧来突出商品的特点，吸引公众的注意力，在美的享受中接受商品知识，以引起消费兴趣。

6．简明性

简洁明快既是时代对商业广告的要求，也是广告的特点。在有限的时间、空间内，要取得最佳的传播效果，必须简洁明快，重点突出，否则就会使消费者厌倦或反感。

7．科学性

广告是一门科学，从制作到发布、到管理，每个流程都应该与现代科学技术、手段相结合，坚持一定的创新性，最终达到最理想的广告效果。

[实例链接 8-4]

宝洁反种族歧视短片：带有偏见的表情

2019 年，宝洁拍摄了一支反对黑人歧视的公益广告 *The Look*，倡议人们消除歧视，不要用有色眼光去看待他们，如图 8-7 所示。

图 8-7　宝洁公司公益广告 *The Look*

歧视目光，无处不在。

为了更直观地呈现黑人所面临的歧视，宝洁的 *The Look* 选取了多个场景来表达：

黑人父亲带孩子上学的路上，孩子热情地和白人同学打招呼，白人家长却愤怒地摇上车窗，拒绝女儿和黑人同学讲话；电梯口，黑人父亲示意等一下自己，电梯里的白人却无动于衷；餐厅里，有白人顾客不愿意和黑人坐在一起；游泳池里，一群白人对黑人父子目光轻蔑；服装店里，无论店员还是客人，都对黑人父亲投来异样的目光。

这些场景让我们感受到一点：黑人面临的歧视是无处不在的。但如果仅仅是呈现歧视，宝洁的这支广告则显得平淡无奇了。

广告的高潮之处在于结尾。当黑人父亲来到一所法庭，在场的人纷纷起立，此时的白人投来的目光，不再是歧视，而是敬重。原来，这位黑人父亲的身份，是一位法官。

“被歧视者”和“主持正义者”，这样两个互相矛盾的身份，却集中于一个人身上，这样一个出人意料的“神反转”结尾，相信让不少人为之惊讶，也让不少带有偏见目光的白人感到羞愧。被他们鄙夷轻视的黑人，其实正是为他们伸张正义的法官。

最后的一句主题语“Let’s talk about the look so we can see beyond it.”更是将广告的主旨升华：只有谈论正视这些生活中的歧视目光，才可以帮我们看得更深远，也对照了“直面偏见”的公益主题。

对立双方，用矛盾突显主题。

既然是反对黑人歧视，那必然有二元对立的双方，歧视者和被歧视者，即白人和黑人。宝洁在广告中，通过两点来展现双方的对立面。

首先是“目光”，也就是广告的主题 *The Look*。

在画面呈现中，广告将镜头对准了不同场景中白人的目光，鄙夷、嫌弃、轻视……每一个眼神如同刀子一般。而这些目光，镜头都是采用第一视角来拍摄的，也就是说，黑人父亲是直视这些目光的。与此同时，镜头也翻转过来对准了黑人父亲，在面对别人的锐利眼光，他更多的是平淡、坦然，包容……在这样的对比中，用黑人的豁达和自信，更能反衬出怀有偏见之人的无知。

其次是黑人父亲身份的反转。

在长达半个世纪的黑人运动中，黑人已经逐渐争取到了一定的社会权利和地位，广告中作为法官的黑人父亲便是一例。但社会的进步却并没有扭转一些人内心深处不公正的偏见。

所以，当维护公平正义的法官，竟然是遭受不公正对待的被歧视者，这种身份上的强烈对比，显露出讽刺的意味，更进一步强化了广告的主题，带来警醒和启迪。

（资料来源：广告创意（ID：idea1408） 作者：杨阳）

8.2 广告设计与消费心理

8.2.1 广告定位与消费心理

1. 广告定位概述

广告定位是指在销售环节中使消费者认为本广告商品与众多同类商品不同，使商品对目标消费者形成吸引力。广告定位实质上是树立商品形象，针对消费者的不同要求、不同心理，突出宣传商品某些方面的特点，向消费者传递所需要的不同于其他商品的商品信息。

广告定位是指在销售环节中使消费者认为本广告商品与众多同类商品不同，使商品对目标消费者形成吸引力。

在实际操作中，成功的广告定位必须综合考虑各种因素，慎重做出定位决策，最终形成鲜明生动的品牌形象。广告定位的心理要素有以下几方面。

（1）消费者的真正需求。广告定位首先必须明确消费者的真正需求是什么？怎样通过商品广告加以满足。例如，利郎商务男装的广告商品定位是“简约不简单”。利郎定位“商务休闲男装”，其品牌主打高端商务人士，塑造了“简约不简单”的品牌风格诉求。在广告形象上，利郎发现了颇具内涵、稳重而不张扬的陈道明，利郎品牌精神由其演绎得淋漓尽致。

（2）目标消费者的心理特点。企业商品广告必须针对目标消费者的不同心理特点，进行针对性的广告设计，并利用广告向消费者传递，最终满足目标消费者的购买需求。例如，脑白金广告定位是：今年我家不收礼，收礼只收脑白金。它主要针对老年消费者进行推广，满足了老年人重健康、重亲情的心理需求。

（3）商品不同于其他商品的相对优势。在如今名牌林立的社会，商品必须具备一定的相对优势，提高定位效应的等级。例如，五谷道场方便面的广告定位是“非油炸，更健康”“好吃，不怕胖”，如图8-8所示。五谷道场的“健康”“绿色”商品定位吸引了一大批关注健康的消费者的认可。

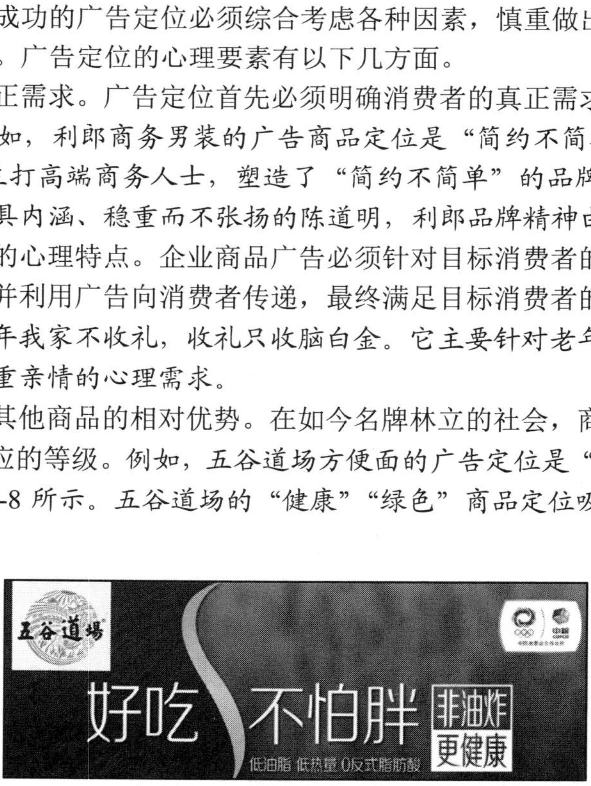

图8-8 五谷道场方便面广告

2．广告定位的心理策略

不同的企业根据自己不同商品的特色，可采取不同的广告定位心理策略。

（1）市场定位策略，即把产品宣传的对象定在最有利的目标市场上。通过整合市场，寻找到市场的空隙，找出符合商品特性的基本消费者类型，确定目标受众。例如，宝洁洗发水有飘柔、潘婷、海飞丝三大品牌，每种品牌各具特色，占领各自的市场。海飞丝的特点在于“头屑去无踪，秀发更出众”；飘柔突出“飘逸柔顺”；潘婷则强调“营养头发，更健康、更亮泽”。

（2）商品定位策略，即最大限度地挖掘商品自身特点，把最能代表该商品的特性、品质、内涵等个性作为宣传的形象定位。例如，伊利牛奶广告的定位策略是“健康的牛，运动出好奶”。此定位的优势是抓住了商品原材料的特点，充分挖掘消费者追求健康、新鲜、优质奶的心态，从而抢先占领了奶制品市场，赢得了良好的市场效益。

（3）观念定位策略，即分析公众的心理，通过广告赋予商品一种全新的思想、道德、情感和观念等。该策略要既符合商品特性，同时又迎合消费者的心理，才能突出自身优势。例如，作为传承 188 年的老字号品牌，王老吉已超越了品牌原始的商业价值，成为中国符号，向世界传扬和输出品牌的内在基因“吉文化”。每年春节，王老吉汲取中国传统文化精华中的“福禄寿禧财”美好期盼，推出新春主题吉祥罐，表达出“吉文化”的内涵，也使国人重新点燃对中华传统文化的热情。

（4）企业形象定位策略，即通过注入某种文化、某种感情、某种内涵于企业形象之中，形成独特的品牌差异。例如，九阳豆浆机后期在美的、苏泊尔、步步高等品牌的市场竞争中，广告词突出了“九阳，豆浆机开创者与领导者”的口号，在消费者的心目中树立了豆浆机第一品牌的形象，如图 8-9 所示。

图 8-9　九阳豆浆机广告

（5）品牌定位策略，即把定位的着眼点落在扩大和宣传品牌上。企业之间的竞争就在于品牌的竞争，谁抢先树立了自己的品牌，谁就抢先赢得了商机。例如，阿迪达斯的“没有不可能”、耐克的“只管去做”、李宁的“把精彩留给自己”都彰显了独特的品牌定位特色，从而捕获了各自的目标消费者的芳心。

8.2.2　广告创意与消费心理

1．广告创意概述

广告创意是指在广告定位的基础上，在一定的广告主题范围内进行广告整体构思的活动。一个优秀的广告创意，除了要考虑商品特性等因素外，关键在于适合公众的心理，使公众在一种美好的意境与氛围中，以一种轻松愉快的心情接受广告信息。这也是一个成功广告创意的绝妙之处。

广告创意是指在广告定位的基础上，在一定的广告主题范围内进行广告整体构思的活动。

2. 广告创意的心理策略

要使广告达到影响公众心理并达到最终购买的目的，必须要分析公众的心理，切合公众的心理需求，创作真正具有心理感染力和震撼力的广告作品。广告创意可以选择以下心理策略。

（1）追求新颖奇特的心理创意。广告创意中如能够充分利用公众追求新奇刺激的心理而创作广告，必将对公众产生巨大的吸引力。例如，某国际健身俱乐部广告的有趣创意，“肌肉男”躲在电梯里，每次电梯门打开，都像是他在大力拉门，只为向你热情地微笑，如图8-10所示。

图8-10　健身俱乐部创意广告示例

（2）追求健康安全心理创意。广告创意如能够结合公众追求健康安全的心理，就会触动公众，达到广告宣传的目的。例如，“康而瘦”减肥药的广告，其广告创意便抓住了人们想减肥但又怕减肥危害健康的心理而制作出了“更健康，更苗条”的广告词，使其大受公众欢迎。

（3）从众心理创意。在广告中如能够巧妙地借助人们的从众心理进行广告创意，将会收到良好的效果。例如，黄金酒的广告词“送长辈，黄金酒”“我女儿送我的，要喝呀，让你儿子买去”，激发了很多年轻人对长辈的孝道之心，达到了广告宣传的目的。

（4）情感心理创意。在广告创意中，如果利用亲情、友情和爱情而创作广告，将会打动相当一部分人的心。例如，“心相印”纸巾用爱情进行情感诉求，在民间流传着这样一个说法，打喷嚏就意味着有人想你，“喷嚏”不正是连接着爱情，爱情与思念和心有灵犀相关，于是，“爱情就是打喷嚏”的广告创意就这样诞生了。

（5）民族文化心理创意。表现中华传统美德的“勤俭节约”“孝敬父母”“尊老爱幼”的广告创意给人亲切的感受，很容易让受众从心里接受。例如，移动公司曾推出的一则广告：离家在外的女儿为母亲买了一款手机，以便同母亲联系。女儿每天都要和母亲通一次电话。

有一次母亲出门买菜没带手机，女儿打了好几次都没人接，很着急，回到家就跟母亲“提意见”。母亲反嗔道：“没了手机就不行了啊？”女儿意味深长地答道：“不是离不开手机，是我离不开你。”广告中浓浓的母女亲情将中华民族“孝敬父母”“母子情深”的美好传统体现得淋漓尽致，如图 8-11 所示。

图 8-11　中国移动广告

[实例链接 8-5]

丸美牵手梁朝伟——《眼》

2015 年 9 月 25 日，万众期待的梁朝伟新作《眼》强势轰动首播，该作品是丸美公司的微电影广告。该部广告片长仅为 3 分钟，广告用一双眼睛讲一个故事。梁朝伟像久违的朋友，向你温柔地问候：“好久不见，最近好吗？”“就算你衣食无忧，也觉得你处处需要照顾。”“能完美的只有自己，可珍惜的只有眼前。”……每一句话都彻底地击中女性的软肋，流进观众的心里，如图 8-12 所示。该广告片使每个端坐在电视机前的女人，都幻想自己就是那个“永远都不服输的小女孩”。这个充满国际奢侈品牌风格同时又不失温度的“细腻故事”，成功引发时下拥有经济能力和巨大的潜在消费能力同时又追求内涵品质的都市女性消费者的情感共鸣。她们渴望情感上的温暖关怀和心灵上的理解，在追求事业成功的同时需要家庭和爱情的支持和关爱。

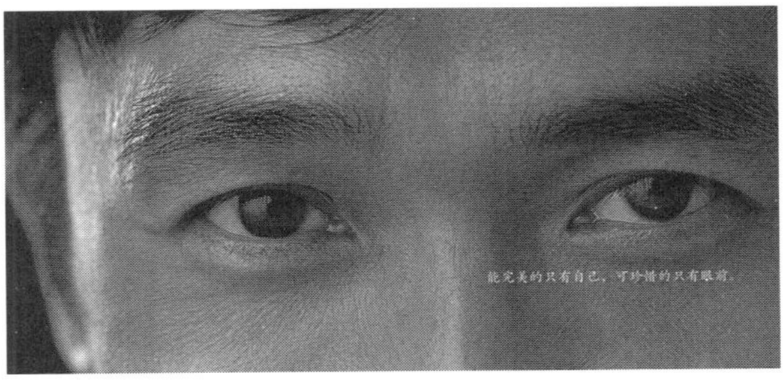

图 8-12　丸美梁朝伟微电影《眼》示例

丸美紧扣其品牌定位——眼部护理，将此转化为“眼神”，通过梁朝伟魅力眼神的传神演绎，辅以简明却不失温度的影像风格和每一句都动人心弦的温暖台词，深深打动了现代女性内心的柔软。她们在购买该品牌化妆品的同时会更加认可丸美“关爱女性”的品牌理念从而形成自我概念，并在情感上形成强烈的偏好，迅速增强对品牌的好感度。

有关媒体报道，该片播出不到 3 小时，网络上关于“梁朝伟”“丸美”的搜索量急剧飙升，各大视频网站点击量累计突破 3000 万，微博上相关话题的讨论量也瞬间破亿。而隔日微信朋友圈广告的投放，更是精准覆盖全国女性，引发新一轮的刷屏效应。有网友在微博上自发发起“跟梁朝伟学眼戏”话题，引来众多达人纷纷大秀“眼技”，“模仿帝”明星王祖蓝也加入其中，形成又一拨传播高潮，微博相关话题讨论量持续攀升至近 3 亿。

（资料来源：《销售与市场》管理版 2015 年 12 期）

8.2.3 广告诉求与消费心理

广告诉求，俗称“卖点”，是指在广告的策划和设计中，通过对人的知觉、情感的刺激和调动，对人们观念、生活方式的影响，以及对厂商、商品特点的宣传，来迎合和诱导消费者，以最终激发消费者购买动机的过程。根据广告信息对消费者的心理影响方式不同，广告诉求可以分为理性诉求和感性诉求。

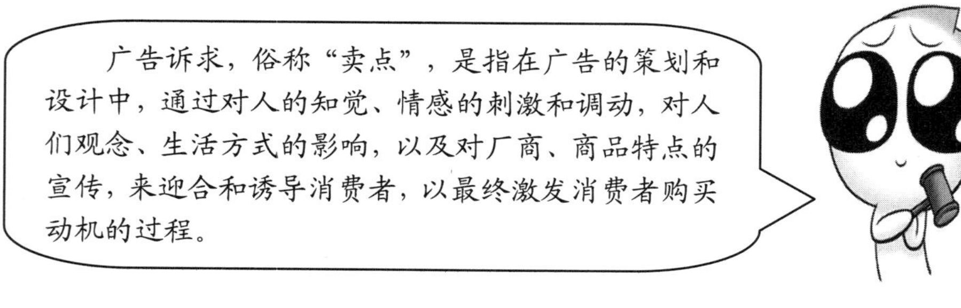

1．理性诉求广告

理性诉求广告是指广告诉求定位于受众的理智动机，通过真实、准确、公正地传达企业、产品、服务的客观情况，使消费者经过概念、判断、推理等思维过程，理智地做出购买与否的决定。

理性诉求广告常见的方法有以下几种。

（1）证明的方法。证明的方法是指用事实证明广告所介绍的商品性能可靠、质量优越。

（2）对比的方法。对比的方法是指通过提出使用或实验前后的不同效果来证明商品的特性。

（3）申明经营宗旨的方法。申明经营宗旨的方法是一种阐明企业经营目的的方法。例如，代言中国造，重塑中国造形象，让中国自主品牌真正走向世界是格力一直以来的远大志向。格力的目标从来不仅仅是海外市场的开拓，更重要的还在于带领中国制造走出去，带着优质的商品走出去，携带高端技术走出去，最终实现品牌走出去，让格力的技术、商品服务于全世界，“让世界爱上中国造”。

（4）论证的方法。论证的方法即使用层层推理的方法，用事实来证明商品的购买和使用价值。

2．感性诉求广告

感性诉求广告又称情感诉求广告，是指广告依托于目标消费者的感性思维，“以情动人”，广告信息直接针对消费者的情感、情绪，以此形成或改变消费者的品牌态度。

（1）感性诉求广告的情感因素。感性诉求广告创意中常用的情感因素主要有以下几个。

图 8-13　劲酒广告

① 关爱感。关爱感是感性诉求广告中常用的情感诉求因素，人们在获得了物质满足的前提下，希望获得亲人、朋友和社会的关爱。例如，劲酒广告，“劲酒虽好，可不要贪杯哟”，一句简单的广告词，却犹如一丝暖流，表达了亲人对饮酒者的温情呵护，如图 8-13 所示。

② 美感。以美作为情感诉求因素是很多商品经常使用的方式，容易被消费者所接受。例如，统一鲜橙多的“多喝多漂亮”，提出了“橙汁美容”的概念，告知消费者鲜橙能保养肌肤，补充水分，让皮肤柔嫩光滑富有弹性，广告一出广泛地受到了女性消费者的欢迎。

③ 成就感。成就感是消费者最高层次的需求，广告诉求中常用象征的手法暗示消费者，本企业的商品为某成功人士日常使用，从而使消费者产生一种成功的感受。

[实例链接 8-6]

百事可乐携手六小龄童“把乐带回家”

每年都在贺岁档推出一支巨星云集的微电影广告，已经成为百事春节营销的固定模式，2016 年是百事连续第五年推出“把乐带回家”新年贺岁广告片。消费者已经习惯了看到一群明星捧着百事可乐和乐事薯片，喜气洋洋地“祝你百事可乐”，但 2016 年却收获了更多惊喜和感动。

2016 年，百事力邀六小龄童、《大圣归来》原画作者齐帅、90 后“守艺人”梁长乐共同参与推出了三部猴王情怀微电影，从章家四代对猴戏的坚持、到年轻人心中的猴王形象，演绎他们各自“把乐带回家”的故事，也由此开启了“把乐带回家”活动的第五年。

同时，为了唤醒并释放大家内心爱玩、爱闹、爱笑的“猴性”，启发年轻人创造新年的“72 变”，百事特推出“乐猴王纪念罐”（见图 8-14），并展开了一场关于“乐猴王纪念罐”的营销传播活动。

图 8-14　乐猴王纪念罐广告

对于有着猴王情怀的这几代人来说，六小龄童就是每个人心中的乐猴王！他也曾说过:

“我想，每个年轻人内心深处都有一个美猴王，而乐猴王更是快乐的化身，把它带回家就是把快乐带回家。”

2015年12月21日，六小龄童发布了一条微博：专注演绎美猴王三十年，很是欣喜能把快乐带给大家！在猴年来临之际，与@百事中国携手一同#把乐带回家#！通过一罐#乐猴王纪念罐#，希望能把快乐传递给更多人！

六小龄童的微博发出后不久，百事转发其微博，并回复：章老师就是我们心中的乐猴王，这个猴年，我带上你，你带上#乐猴王纪念罐#，我们一起把乐带回家。该微博阐述了“乐猴王纪念罐”的意义，引出“把乐带回家”活动。

随后，百事家族的明星们及当下最火的微博意见领袖相继晒出收到乐猴王纪念罐的照片，并表示猴年定要把乐带回家。在明星和意见领袖的号召下，话题热度不断提升，网民们纷纷评论、转发，并询问如何买到乐猴王纪念罐。紧接着，百事宣布乐猴王纪念罐作为全球限量版，于12月29日，仅在京东作为赠品送出，购买指定产品即可获赠。

12月29日，百事又在微信朋友圈投放了一支视频广告。微信用户刷朋友圈时会看到“一家猴戏千家乐，四代猴王百年传。这个猴年，让我们一起把乐带回家!”的文案，搭配自动播放的6秒小视频，感兴趣的话点击可以观看1分31秒的长视频。视频内容来自百事贺岁微电影《把乐带回家之猴王世家》（见图8-15），根据六小龄童的真实经历改编，以六小龄童第一人称视角，讲述了章家四代猴王的故事。视频中出现了86版《西游记》原声音乐、经典人物形象的剧照，以及年已花甲的六小龄童老师重新模仿美猴王的神态动作。这些细节都适时地激起了观众心里的千层浪，让他们或感动、或回忆，最终将这个故事代入猴王纪念罐中去。

图8-15　把乐带回家之猴王世家广告

广告上线之后引爆朋友圈，造成刷屏，片中那句“苦练七十二变，才能笑对八十一难”迅速成为金句传播开来。网友纷纷留言、分享、转发，评论中充满着敬意和感动，很多网友留言说，看哭了。

从腾讯社交广告提供的数据来看，这则广告收获了 1.03 亿的曝光次数，2 亿多次的小视频观看量，长达 100 秒的人均长视频观看时长，以及 32 万的点赞，13.4 万的分享与收藏量，传播效果十分成功。

在朋友圈视频广告上线的同时，百事中国微信公众号上还放出了微电影的 6 分钟完整版，进一步吸引那些看完长视频仍觉得不过瘾的用户再次观看，从而形成深层次的传播。一天之内，这篇官方微信文章的阅读量就冲破 10 万。配合微电影上线，百事还推出了“把乐带回家”乐猴王纪念罐，全球限量 50 000 罐，通过朋友圈广告可以直接链接到唯一购买平台京东商城，从广告到销售形成了完整的营销闭环。据悉，限量版纪念罐在短短 2 小时内就被抢购一空，超过预期。

（资料来源：http://www.rmlt.com.cn/2016/0506/425048.shtml）

（2）感性诉求广告的心理策略。感性诉求广告必须在把握消费者心理的基础上，开展相应的广告策略。

①“情”感独钟。感性诉求广告从消费者的心理需要出发，围绕消费者的情感诉求，把亲情、爱情、友情等情感融入其中，让消费者在广告中找到情感寄托并产生情感共鸣。

② 以人为本，人性至上。感性诉求广告的重点更多的是对人性的关爱，最大限度地缩短商品与消费者之间的距离，增加了消费者对商品的亲近感和亲切感。

③ 润物细无声。感性诉求广告要实现劝服效果多选择人们熟悉的题材，平中见奇，以平等的姿态动之以情，晓之以理，以暗示的手法，让人们在共通的情感中不知不觉地接受观念。

④ 增强商品的可信赖度和心理附加值。人们购买和消费商品时，既有物质需要又有精神需要，二者相互交融。一方面，物质需要的满足可以带来精神上的愉悦；另一方面，精神上的满足又可以强化甚至替代物质需要的满足。

⑤ 弱化商业意图。感性诉求广告充分考虑了大众的接受心理，以温馨、幽默的形式进行广告意识形态表达，以弱化商业味道来达到营销效果的相对强化。

[实例链接 8-7]

王老吉“让爱吉时回家”再出发

人在旅途，家是方向。帮助更多有实际困难的同胞回家团圆，是王老吉多年来始终坚持春节公益活动的目标与方向。2016 年春节，王老吉“让爱吉时回家”第四季如期举行，而在春运首日“让爱吉时回家”的爱心列车顺利地送 1472 名贫困大学生及务工青年返乡，而爱心大巴也顺利启程，真正做到了“让爱吉时回家”，如图 8-16 所示。

作为民族企业的代表，“凉茶始祖”王老吉在公益进程中不断探索，在王老吉看来，不同界别之间合作的广度、深度及其资源优化程度决定了一个公益项目的生命力，因此王老吉在 2016 年的活动中充分调动各界资源，不仅联合更多企事业单位加入公益活动中，更通过跨界联合扩大了社会影响力，进一步挖掘出了“公益+”时代的动力与方向。

图 8-16　王老吉“让爱吉时回家”广告

“让爱吉时回家”是一场自 2013 年起由王老吉发起的持续多年的大型公益活动，旨在帮助在外游子返乡过团圆年。过去三年的活动中，王老吉的“吉”公益形式一直在不断升级，从第一年的线上“吉金”活动到第二年的“吉金+漂流瓶送祝福”，再到第三年的“吉金+学生高铁专列”，王老吉一直在努力为游子拓宽春节回家绿色通道。

对王老吉来说，通过跨界合作或许可以建立一个生态公益系统，整合和优化系统内的所有资源，从而达到 1+1>2 的效果。因此，这次的“让爱吉时回家”公益活动打破传统思维，大胆进行了跨界联合。在“互联网+”概念大行其道的时代，王老吉牵头“公益+”，充分调动、整合王老吉的品牌及渠道优势，成功帮助更多人踏上回家之路。

（资料来源：北京青年报）

8.3　广告媒体选择与传播策略

8.3.1　广告媒体的种类及特点

广告媒体的种类很多，主要有电视、报纸、网络、杂志、广播、POP 广告（营业现场广告）、户外广告（有招贴画、广告牌、交通广告、灯箱广告等）等。常见广告媒体的特点如表 8-1 所示。

表 8-1　常见广告媒体的特点

广告媒体	媒体优点	媒体缺点
电视	传播范围广；演示性好，重复性高，感染力强，记忆效果好；表现力强，受众注意力高度集中	受到时间、地点等条件的限制，成本高；保存性差；过多的重复播放容易引起消费者的逆反心理
报纸	信息量大；准确性强；读者稳定，宣传覆盖率高；传播迅速，反应及时；可自由选择刊登日期；制作简单，费用较低	保存性差；时效性短；内容繁杂，易分散注意力；画面清晰度较差，不易引人注目
网络	传播范围广，速度快；具有即时互动性；表现手法生动；具备持久性和可检索性；目标消费者针对性强；能够展示产品；统计性强；信息量大，广告费用较低	目标对象具有较大的局限性；广告效果难以把握；网络媒体技术要求高

续表

广 告 媒 体	媒 体 优 点	媒 体 缺 点
杂志	促销对象明确、稳定，收效率高；阅读率和保存率比较高；广告画面鲜明，易引人注目；读者稳定；时效较长	读者群比较窄，广告宣传面有限；制作周期固定而且较长，信息传递延迟性较大；制作和印刷费用较高，成本较高
广播	传播迅速及时，表现方式灵活多样；传播对象较为广泛；针对性强；价格比较低廉	速度快，不便记忆；有音无文，无法查存；听众过于分散，效果难以估计
POP 广告	美化购物环境，提高消费者购买兴趣；使消费者就近观看商品，容易产生购买行为	设计成本高；要求设计人员有较高的营销策划、设计能力
户外广告	地理选择性好；持续时间长，过往行人可以反复观看；成本费用低	针对性差，表现内容少

[实例链接 8-8]

分 众 传 媒

分众传媒诞生于 2003 年，抓住了“电梯”这个核心场景，创建了电梯媒体广告模式，2005 年成为首家在美国纳斯达克上市的中国广告传媒股。2015 年，分众传媒回归 A 股，市值破千亿，成为中国传媒第一股，被评为“中国广告最具品牌引爆力媒体”。分众传媒品牌 LOGO 如图 8-17 所示。

图 8-17　分众传媒品牌 LOGO

一、分众传媒电梯电视

分众传媒电梯电视城市覆盖超 230 个，超过 260 万个电梯终端，日覆盖总人口超过 3.1 亿。每天精准到达白领、金领及商务人士，占据中国电梯电视市场超 95%。

对绝大多数城市主流消费者来说：人总要回家，总要上班。电梯是城市的基础设施，电梯这个最日常的生活场景代表着四个词：主流人群（覆盖城市风向标人群）、必经（核心生活空间）、高频（高频次接触）、低干扰（封闭空间，强制到达）。电梯电视主要安放在电梯口，滚动循环播出，覆盖超过 90%的中高端办公楼，日均触达 5 亿人次城市主流人群，覆盖 70%～80%都市消费力。电梯电视 71%的受众年龄在 20～45 岁，68%的受众家庭收入在 10 000 元以上，是中国财富最主要的创造者和消费者。分众电梯电视在屏幕上加装 WiFi 和 iBeacon，推动分众屏幕与用户手机端的互动。

二、分众传媒电梯海报

电梯海报的覆盖与电梯广告相同。权威调研数字显示，分众电梯海报市场占有率超过 70%，日均触达 5 亿以上人次城市主流人群。电梯海报受众人群具有高收入、高学历的特点：78%的受众在 20～50 岁，71%的受众家庭月收入在 10 000 元以上，70%的受众拥有大专以上学历。

电梯海报主要位于社区电梯内，在必经的封闭狭小的电梯空间内形成强制性收视，在乘坐电梯的无聊时间形成极高的广告关注度。电梯海报在 2015 年正式推出云战略，引进了百度云，通过对搜索词的分析研究不同楼的不同消费需求和品牌偏好。2016 年，分众传媒开始研究电商云，通过跟电商合作，可以获悉哪些楼宇购买过哪些快消品，从而判断不同楼宇对不同快销品的品牌偏好和购买倾向。

三、分众传媒晶视影院

晶视影院覆盖300余个城市，超过1900家主力影院，超过12 000块电影屏幕，市场占有率达55%。分众传媒晶视影院锁定20～40岁年轻时尚人群，观影是他们最核心的娱乐生活方式。影院环境单纯，收视强制，音效震撼使有限的映前广告具有超高关注度与回忆度，调查显示影院广告的回忆度比电视广告高5倍。

2015年，晶视推出了UMAX三面银幕联动式广告，在中国近百家核心影院建立了体验厅，令影院左右两面墙体在电影投影下也能播放广告，形成更震撼性的视觉效果。

四、分众传媒终视卖场

终视卖场覆盖超过150个城市，超过1800家大型卖场，约6万台店内电视屏，市场占有率达98%。

分众传媒终视卖场清晰锁定家庭消费品的采购者，84%的受众是快消品购买的主要决策者，以20～50岁女性居多，家庭月收入平均为11 000元左右，每次花费约200元左右。终视卖场每周覆盖近1亿购物者，千人到达成本仅为2～3元，将电视广告建立的品牌力在终端通过即时提示转化成实际销售力。2015年，分众传媒终视卖场上布局iBeacon，可以与微信摇一摇打通，现场领取现金红包及优惠券，现场抵用刺激消费。

（资料来源：百度百科）

8.3.2 广告媒体选择的因素

广告媒体的选择除了考虑以上广告媒体的特点外，还应考虑以下其他因素。

1．目标市场的媒体习惯

不同的观众通常会接触特定的媒体，有针对性地为广告对象选择易于接受的媒体，是增强广告促销效果的有效方法。

2．商品

根据企业所推销的商品或服务的性质与特征进行媒体选择。工业品与消费品、技术性能较高的复杂商品与较普通的商品，在商品展示、对消费者的可信度、注意力与吸引力等方面具有不同的特点，应采用不同的广告媒体进行广告宣传。

3．广告内容

广告媒体要受到广告信息内容的制约。如果广告内容是告知近日的销售活动，报纸、电视、广播媒体最及时。如果广告信息中有大量的技术资料，则宜登载在专业杂志或邮寄广告媒体上。

4．广告传播范围

广告媒体应与触及的影响范围与企业所要求的信息传播范围相适应。如果企业商品是行销全国的，宜在全国性报纸或电视台、广播电台做广告；而在某一地区或城市销售的商品，则可以选择地方性报纸、电台等传播媒体。

5．成本

不同媒体所需成本也是选择广告媒体的依据。依据各类媒体成本选择广告媒体，最重要的是考查媒体成本与广告收益之间的关系，再考虑媒体的传播速度、传播范围、记忆率等因素之后择优确定广告媒体，可以收到较好的效果。

讨论

你认为对年轻人影响最大的广告媒体是哪一种？这种广告媒体为年轻人所消费的哪些商品所使用？

8.4　广告心理效果测定

8.4.1　广告心理效果测定的内容

广告心理效果测定主要是判定广告对目标市场消费者引起的心理效应的大小，包括对商品信息的注意、兴趣、情绪、记忆、理解、动机、行动等心理活动反应。广告的心理效应是隐含的、潜在的、缓释的，不能通过市场上商品的销售量直接测定出来，因而需要用广告的视听率、商品知名度、注意度及记忆度等来测定。测定的主要项目如下：

（1）注意度。它主要是了解广告作品的吸引力。

（2）商品知名度。它主要了解消费者中有多少人知道商品的品牌和品质。

（3）理解度。它主要了解消费者对广告内容的理解程度，广告主题是否明确。

（4）记忆度。它主要了解消费者对广告内容的记忆程度，能否追忆广告内容，如商品的品牌、特性等。

（5）购买动机。它主要了解消费者购买商品是随意购买还是受广告影响而购买。

（6）视听率。它主要了解广告接触到多少消费者。

8.4.2　广告心理效果测定的类型及方法

根据心理效果测定时间在广告播出前后的不同安排，广告心理效果测定分为事前测定和事后测定两种。

1．事前测定

事前测定又称预审法，是指在广告作品尚未正式刊播之前，邀请有关广告专家、消费者团体进行现场观摩，审查广告作品存在的问题，或者进行各种测验对广告作品可能获得的成效进行评价；根据测定的结果及时调整广告促销策略，修正广告作品，突出广告的诉求点，提高其成功率。事前测定的目的在于收集消费者对广告作品的反映，以便修正广告作品；或者从多个广告作品中选出较好的广告样本。因此，在广告作品发布前，心理效果测定的方法有以下几种。

（1）广告评分法。广告评分法的具体做法是抽查或邀请一定范围、一定人数的视听读者或有关专家来评价广告内容，评分时将广告的内容分解为吸引力、有用性、清晰度、感染力和敦促力五项指标，每项指标的最高分是20分，最终根据参评分数对广告的效果做出评价。

（2）组织测试法。组织测试法是在广告刊出之前，预先加以测试，被测试者必须从广告商品的消费者群体中选出。这种询问方式，可以测试出哪一幅广告最具有吸引力、广告的意图是否正确等，也可以将一组广告样本交给被试者看多次，然后让其回忆所见过的广告的印象，并对每一则广告的特点加以说明。这种方法对于比较表现方式不同的广告的传播能力大小有一定作用。

（3）实验室法。实验室法是利用先进的科学仪器在实验室中测定消费者对广告效果的心理反应。目前，正在研究和试用的大体有两种：一种是根据人脑电波的变化，来判断测试对象是否对广告宣传感兴趣；一种是按照被测试者注视广告时瞳孔扩张的程度来判断广告的吸引力。

2．事后测定

这是广告作品正式向大众传播后，进行总结性的收集广告心理效果，以便为下一阶段的广告活动决策提供决策依据而进行的测定，故又称复审法。事后测定是以广告播出的实地消费者为对象所收集的心理效应。事后测定有以下两种方法。

（1）认知测验法。认知测验法是指给测试对象看一份广告，问他是否看见或听到过，若回答是肯定的，说明他对这个广告有认知。

（2）回忆测验法。回忆测验法主要是测定广告心理效果中的理解记忆程度，可以利用询问或问卷法，探索消费者对看过的广告是否留有印象、能回忆起多少广告信息。

总之，企业对商品广告心理效果的测定，需要消费者切实合作，调研者需采用真实的方法，具备高度的责任感，同时要注意依据商品的使用对象选择具有代表性的消费者进行测试。

知识练习与思考

1．填空题

（1）（　　　　）是指特定的广告主（企业）有计划地以付费的方式通过大众媒体向其潜在消费者传递商品或劳务信息，以促进销售的公开宣传方式。

（2）商业广告是由（　　　　）、（　　　　）、（　　　　）、（　　　　）和（　　　　）等要素组成的。

（3）依据广告创意的特点，可以把广告分为（　　　　）和（　　　　）两大类。

（4）广告定位的心理策略包括（　　　　）、（　　　　）、（　　　　）、（　　　　）和（　　　　）。

（5）在广告发布前，心理效果测定的方法有（　　　　）、（　　　　）和实验室法。

2. 判断题

（1）真实性是广告的生命和本质，是广告的灵魂。（　　）

（2）广告定位的实质是一个树立产品形象的问题。（　　）

（3）感性广告在现实生活中使用广泛，适用于所有的产品广告。（　　）

（4）广播媒体的覆盖面大，传播对象广泛。（　　）

（5）广告心理效果测定主要依靠事后测定的方式。（　　）

3. 复习思考题

（1）商业广告的心理功能有哪些？

（2）商业广告应坚持的基本原则是什么？

（3）广告定位的心理策略有哪些？

（4）广告创意的心理策略有哪些？

（5）商业广告所使用的诉求方式有哪些？

（6）广告心理效果测定的方法有哪些？

职业技能训练

1. 思维训练题

九头牛的故事

在很久以前的一个部落，有一个传统：那里的青年人想结婚，先要学会捕捉牛的技术。捉了足够的牛，作为聘礼，送给女家，才可以成家立室。最少的聘礼是一头牛，最高是九头牛。这个部落酋长有两个女儿。有一天，一位青年走到酋长的面前，说爱上他的大女儿，愿意以九头牛作为聘礼迎娶她。酋长听了之后，大吃一惊，忙说："九头牛的价值太高了，大女儿不值，不如改娶小女儿吧，小女儿值九头牛。"可是这位青年坚持要娶酋长的大女儿，酋长终于答应了他，这件事轰动了整个部落。

一年后的一天，酋长经过这位青年的家，看见他家正举行晚会，一大群人围成圆圈，正欣赏一位漂亮的女郎载歌载舞。酋长十分稀奇，去问那位青年这个女郎是什么人？怎么酋长会不熟悉呢？青年人回答："她就是酋长你的大女儿啊！"

青年人以"九头牛"的价值对待他迎娶回来的妻子，同时酋长的大女儿也确信自己的价值是最高的"九头牛"的时候，她便发生了脱胎换骨的变化。

问题："九头牛"的故事对你有何启示？

2. 案例分析题

综艺节目广告植入变迁史：从简单粗暴到融合内容营销

不论是一线卫视还是视频网站制作的综艺节目，都是广告植入的重要领域，在综艺节目出现的广告内容，改变了过去生硬、突兀的形象，植入形式多变且有趣，部分节目制作团队与冠名商携手玩转内容营销。

广告从冠名到产品植入：在特写镜头中寻找创意

早在1990年，植入式广告就出现在了电视节目中，如CCTV-1出品的老牌节目《正大综艺》，央视播出时间最长、播出数量最多的大型电视综艺益智栏目之一，冠名赞助的正大集团在短时间内成了家喻户晓的驰名品牌。

央视推出的另一档益智互动性节目《幸运52》，以智力竞猜和趣味竞赛的方式进行智力比拼，获胜选手会获得丰厚的实物奖品，知识性、游戏性与竞赛性并行，在广告植入方面，充分运用游戏的竞猜环节，将选手的成绩与商标进行挂钩，是早年内容植入的优秀案例。

2004—2006年，选秀节目《超级女声》爆红，冠名商蒙牛乳业通过角标、节目背景画面等出现方式让品牌得到了有力宣传，综艺节目的冠名费此后节节攀升，部分大热节目的冠名费达到亿元。2013年，《爸爸去哪儿》（见图8-18）的冠名费第一季是2800万元，到2015年第三季时已经涨到了5亿元；王牌节目《快乐大本营》的冠名费曾高达7亿元；一些新推出的网络综艺节目的冠名费也轻松破亿。

图8-18 《爸爸去哪儿》综艺节目图

广告植入新玩法：小剧场、金句插播笑料不断

品牌商与节目组在不断摸索、试水的过程中，探索出了广告植入的新玩法。从近年来综艺节目广告植入的方式来看，分为三大类型：

（1）台词植入（口播广告）。《中国好声音》开播时，除了选手们身上的故事和唱功外，备受关注的就是主持人华少的逆天语速口播，在保证吐字清楚的前提下用几十秒说完一长串的广告词，被誉为“中国好舌头”，成为电视节目开场前插播广告的经典案例。

网络综艺方面，马东作为《奇葩说》《饭局的诱惑》两档节目的主持人，可谓将“花式口播”极力运用到节目内容中：如在辩论节目《奇葩说》里，一脸正经地打起广告：“有型、有款、有车、有房也不如有范”；点评辩手表现时，会在台词里“见缝插针”地打广告：“这是一个好的辩题，大家给了那么多好的角度，然后我们都跟喝了雅哈咖啡似的在一起好好聊天，当然我们也承认有的人满嘴废话，就像头皮屑，送你一瓶海飞丝，因为我们这个现场是需要节奏的，是需要像 vivo 手机一样，快得让你飞起来”，短短一段话就植入了三个品牌，不仅做到了与节目内容紧密结合，并且让观众感到自然舒服，达成了节目与品牌方的双赢。《中国好声音》和《奇葩说》综艺节目如图 8-19 所示。

图 8-19 《中国好声音》和《奇葩说》综艺节目

其他网络综艺诸如《吐槽大会》《举杯呵呵喝》《火星情报局》等节目在广告植入上都玩出了新花样，并且颇受观众肯定。

（2）场景植入。以部分真人秀为例，如《奔跑吧兄弟》中的安慕希，在传播策略上打出组合拳，不仅出现在广告频段，还将产品放在节目的游戏场域中，与艺人嘉宾进行展出互动，大大提高了产品的知名度。

黑黑乳携手《极速前进》第四季，以“轻脂轻体喝黑黑乳”的理念成功打开了市场，在任务比拼环节和赛段终点站，黑黑乳多次以补充能量的功能出现，成为观众观看节目时不可忽略的一大存在。

在经营类节目《中餐厅》中，立白、舒肤佳可谓是贯穿整个节目，与忙碌的厨房景象和谐相应，灵活性的植入让观众更容易接受。

（3）剧情式植入。以偶像类/竞演类综艺为例，如《演员的品格》中，新人演员以小剧场的形式推广品牌“麦吉丽素颜三部曲”。“剧情式植入”着实考验表演嘉宾的功底，一不小心容易导致场面尴尬，广告效果适得其反，但如果小剧场足够出彩，比起前面的植入形式效果会更加显著。

锁定目标人群，玩出创意成关键

纵观广告植入的发展变迁，品牌主和节目组越来越重视与内容的深度融合，如何让产品实现精准投放并广泛覆盖，做到好玩又有趣，需要找到品牌与节目内容进行无缝融合的平衡点，化有形于无形。

对于品牌主而言，投放过程中要充分考虑目标人群，根据品牌或产品自身特点进行有效投放；对于节目组而言，要避免盲目植入多种品牌的广告，应与节目的风格气质相吻合并进行有效搭建，思考如何与产品进行创意互动，进一步强化品牌形象的同时不影响节目的口碑。

（资料来源：微信公众号：传媒独家 易槿　http://www.sohu.com/a/301788102_750267）

问题：

（1）综艺节目的广告植入有哪些类型？广告植入时应注意哪些问题？

（2）选取一期最新的网络综艺节目，针对其中的节目植入情况进行分析。

3. 章节综合实训

电视广告创意设计

实训目的：

结合本章“商业广告与消费心理”的知识内容，熟悉商业广告与消费心理的关系，以豆浆机产品电视广告创意设计的形式，了解目前广告对消费心理的影响。

实训课时：

2课时。

实训内容：

（1）班级分组，5～6人一组，并给予不同的分工。

（2）选择设计对象：豆浆机。

（3）针对所选择的对象，利用网络收集目前豆浆机产品的平面、视频广告形式。

（4）分组讨论电视广告创意思路。

（5）撰写广告创意文稿。

（6）汇报广告创意。

（7）教师点评。

实训条件：

带学生电脑的多媒体实训室。

实训要求：

项　目	内容要求	分值比例
网络收集	注意文字、图片、视频资料的收集	20%
头脑风暴	注意创新意识	20%
广告文稿撰写	一份，注意文字、图片、视频等使用	30%
汇报效果	汇报视频录像一份，现场汇报，注意展示效果	30%

名人名言

我逐渐体会到，没有好客户，就不会有好广告；没有好广告，就也留不住好客户。还有，没有任何一个客户，会买他自己都没兴趣，或是看不懂的广告。

——广告大师李奥贝纳

第9章

营销沟通与消费心理

知识要点

- ❖ 营销沟通的含义及渠道
- ❖ 销售服务中售前服务、售中服务和售后服务的主要内容
- ❖ 营销关系中拒绝与冲突的主要原因及解决方法
- ❖ 营业现场的店容店貌对消费心理的影响
- ❖ 商店的内部设计对消费心理的影响

能力要点

- ❖ 熟悉销售服务中售前服务、售中服务和售后服务的主要内容
- ❖ 熟练掌握营销过程中拒绝与冲突的原因及解决技巧
- ❖ 了解营业现场及店内设计对消费心理的影响

导入案例

宜家：一家被耽误的餐饮巨头

2016 年，宜家餐饮在全球收获了 18 亿美元营收，占了总收入 374 亿美元的 5% 左右。2018 年宜家中国的营收达到 147 亿元，其中餐饮约贡献了 10%。2019 年，宜家在官网上发文，称宜家餐厅已经是全球第六大连锁餐饮。

作为一个家居零售品牌，宜家如何不知不觉地成为餐饮界的黑马？

“外出游玩一天”式的购物体验

“我们周末去哪里玩？”“去逛宜家吧！”消费者对宜家的印象，不仅是满足装修装潢、购买家居用品的消费场所，还是一个“周末出游方案”。

之所以宜家能够建立起一个鲜明、独特、与众不同的品牌形象，与其他家具零售商形成差异化，关键一点是宜家有意识地为消费者打造“外出游玩一天式的购物体验”。在迷宫般的宜家商场，快速走完全程只需 15 分钟，正常游览需要一个半小时，但认真逛起来，则可以逛大半天甚至一天。

宜家创始人英格瓦·坎普拉德（见图 9-1）深信“你永远无法和一个饿着肚子的人谈生意”，宜家餐厅因此而生，负责给消费者提供休憩和进食的场所，延长顾客的停留时间，提升满意度。

图 9-1　宜家创始人英格瓦·坎普拉德

从商业角度上理性考虑，“让专业的人做专业的事”更保险，可宜家偏偏要跨界做餐饮。优势就是卖场和餐厅可以高度融合，让宜家理念发挥到极致。

清新简洁的空间布置，满足不同顾客类型的桌椅（如儿童岛适合带孩子的家庭、高脚凳适合独自而来的顾客、两人桌适合情侣、沙发休闲区适合需要放松休息的客人等），还有好吃不贵的北欧食物……营造了一种“慢下来”的氛围，让你对时间流逝的感知变得模糊，不自觉地把生活节奏放慢。

在消费者眼中，宜家卖场和宜家餐厅一脉相承，而非割裂，两者相辅相成组成一个完整的“游玩体验”，成了都市人的“周末好去处”。

肥水不流外人田

公开数据显示，宜家在 2016 年全球的接待量为 9.15 亿人次，其中宜家餐饮的接待量

6.5 亿人次，约 7 成的顾客选择在宜家就餐。

这跟宜家的选址策略有关，大多数是在远离市中心的郊区开设大型卖场，这种情况下餐饮的选择极其有限，在宜家用餐本就是一个刚性需求。

2018 年，宜家在中国的 28 家门店接待了 9830 万名访客，接近一亿人。如此庞大的客流量，对宜家做餐饮有天然的优势。

首先，宜家把餐厅设置在购物路线的中间，卖场即便是开在热门商圈，也有效地把竞争对手阻隔门外。逛宜家逛到一半的人，绝不会萌生出“离开宜家出去觅食，吃完再回来”的想法，只会想着“去宜家餐厅吃点东西，再继续逛”。

其次，还有消费者心理预期的反转。当做家居的宜家做餐饮，而且几乎没有竞争对手，消费者往往把心理预期放得很低，直到发现宜家餐厅价格不贵，味道不差时，基本上每个人都会被其俘获，啧啧称赞。经历心理预期的反转，反而形成印象深刻的记忆点。

“爆款美食”制造机

去宜家的人大致可以分为三种：第一种是真正有购买家居用品需求的消费者，第二种是无聊去宜家消磨时间但没有强烈购买欲望的人，还有一种就是直奔宜家美食去的人。

根据宜家的统计，有 30%的顾客去宜家只为了“吃东西”。

最初宜家餐厅因为瑞典食物而出名，一手把“瑞典肉丸+果酱”捧成了瑞典菜系代表作。后期不断推出本地化菜单。例如，重庆宜家有重庆小面，在北京、大连、上海也不乏宫保鸡丁、翠竹扒三鲜等常见中菜。另外，宜家也推出了很多自带“网红属性”的冰激凌，俘获了很多少女心。

宜家餐厅不断制造话题，积攒了大众对餐厅美食的期待值，形成了自己的“粉圈”。

过去几年，宜家在伦敦、巴黎等地开设了宜家快闪餐厅，还在巴黎试点外卖服务。也许餐饮巨头们都没意识到，原本“河水不犯井水”的宜家，其实一直暗藏实力。

（资料来源：微信公众号：营销有一套（ID：cbocmo）　作者：阿慕）

【头脑风暴及实践应用】

头脑风暴：

你认为宜家餐饮成功的主要原因是什么？

实践应用：

选择你所在城市的一家宜家或同类型家居卖场，对其选址、商品与服务等情况进行分析。

宜家餐饮的成功说明了良好的销售环境、商品与服务对营销沟通的重要作用。在商品销售过程中，市场营销人员应以消费者为中心，积极地探索消费者的心理，采用科学的沟通技巧，创造良好的销售环境，满足不同消费者的心理需要，最终促成消费者购买行为的发生。

9.1　营销沟通

9.1.1　营销沟通的含义

营销沟通是指企业或营销人员通过一定的媒介，将企业和商品信息、思想和情感传递给消费者的过程，并寻求信息的反馈以达到相互理解，达成共同的协议，进而实现商品买卖的过程。

营销沟通的定义中包含了以下三个要素。

1．营销沟通传递信息、思想和情感

营销沟通传递的不仅仅是企业及其商品、服务的信息，还传递了一种崭新的消费方式及高品位的生活思想观念，同时有效的营销沟通可以迅速地拉近市场营销者与消费者的距离。

2．营销沟通是双向、互动的反馈和理解过程

良好的营销沟通必须是双向的。营销者需时时观察消费者的兴趣关注点，利用消费者所感兴趣的营销沟通方式展开良好的沟通，及时反馈，从而获得消费者的认可和理解。

3．营销沟通是为了一个明确的目标而达成共同的协议

营销沟通的最终目标是营销者通过营销沟通渠道，解决消费者的各种疑问，最终满足消费者的购买需求，并获得良好的购后行为，即达成后期的重复购买或介绍新的消费者购买。

9.1.2 营销沟通的渠道

在营销过程中，企业或营销人员常用的营销沟通渠道有以下几种。

营销沟通的渠道包括广告媒体、人员推销、互联网媒体和公共关系四种类型。

1．广告媒体

在当今社会，企业为了有效地促进销售，通过公开宣传的形式，将其商品和服务的信息利用适当的营销信息沟通方式传递给消费者，广告是其中最主要的一种方式。

广告的目的是引起广告受众的注意，对其心理产生影响。首先广告利用图像、声音、文字等方式刺激受众的感官，引起注意进而激发兴趣，产生联想、记忆等进一步的认识活动。其次，受众根据自身价值观、偏好对接收的信息进行思考、评价，如果广告满足受众需求，激发其购买动机，产生积极情绪，最终做出购买决策，产生购买行为；反之，选择放弃。

2．人员推销

人员推销是指企业通过销售人员与消费者的口头交谈来传递信息，说服消费者购买的一种营销活动。推销人员可以与消费者进行双向式的沟通，保持密切的联系，对消费者的意见做出及时的反应。作为一种营销人员与消费者之间面对面进行的营销活动，其从消费心理角度分析具有心理互动的直接性、心理反应的及时性及心理影响的复杂性等特点。

3．互联网媒体

互联网媒体又称网络媒体，就是借助国际互联网信息传播平台，以计算机、电视机及移动电话等为终端，以文字、声音、图像等形式来传播新闻信息的一种数字化、多媒体的传播媒介。

互联网媒体传播速度快，信息来源广泛，制作发布信息简便，是文字、图片、声音、图像等传播符号和手段的有机结合，具有传受双方的双向互动性。其缺点是互联网媒体的客户群以年轻人和中年人为主，老年消费者较少。

4．公共关系

公共关系是指企业在从事市场营销活动中，利用各种公共媒体来传播有关信息，以促进或保护企业形象，为企业的生存和发展创造良好环境，从而促进商品销售的一系列活动。这种营销活动，一般是通过不付费的公共报道来传播的，传播的信息带有新闻性，因而消费者的一般感觉是权威性的、公正可靠的，所以比较容易相信和接受。

公关的主要工具是新闻，最具有权威性、准确性，有利于营造商品和企业的知名度，树立企业形象；另一个普遍应用的公关工具是特别活动，包括发布会、大型的开幕式、焰火表演、热气球升空、多媒体展示及各种展览会等。特别活动能吸引消费者的注意，关注企业及商品。另外，企业也可以准备企业形象的书面材料，如年度报告、小册子文章及公司的新闻小报和杂志、文具、招牌、制服等，这些能帮助创立企业的形象地位并能很快被公众接受；企业还可以通过公益捐赠来提高企业在公众中的声誉。

[实例链接 9-1]

老字号需“读懂”年轻人

《中华老字号品牌发展指数》研究报告显示，中华老字号企业总计 1128 家，其中仅 10%蓬勃发展。客观分析，大部分老字号并非输在产品质量上，而是输在缺少转型革新的勇气上。

近几年，互联网发展使一些老字号有了新突破，销售额和年访客数大幅增长。这表明，在互联网等新的消费趋势下，老字号必须与时俱进、转型革新，探索一些新的方式与年轻的消费者互动。

一是要勇于“触网”。

在促进老字号改革创新发展的政策加持下，2017 年天猫超市推出“天字号计划”，助力北京品牌全球化销售和新零售探索。截至目前，占北京市中华老字号企业总数 57.3%的 67 家老字号已入驻阿里零售平台。商务部数据也显示，全国中华老字号在阿里零售平台销售总额达 12 亿元，同比增长 13%。

2019 年 1 月，天猫宣布将联手故宫博物院开启全新的“你好，故宫”系列合作，双方将着力挖掘故宫作为文化 IP 背后潜藏的巨大商业价值。与此同时，天猫市场品牌部也宣布开启“天猫新文创”计划，天猫与故宫展开的此次合作将成为打响这一计划的第一枪，如图 9-2 所示。

图 9-2　天猫新文创——你好故宫

2019 年 8 月，天猫新文创 2.0 发布，计划在未来 3 年内让全球博物馆都上天猫，并与 10 000 个品牌实现跨界合作。显然，这将为以非遗、老字号为代表的传统文化出新出彩提供广阔的舞台。

二是要善于“表达”。

互联网时代和电商平台天然地与年轻人有更多的契合，“80 后”“90 后”已经成为主流消费人群，这意味着为传统文化消费打开了“遇见年轻人”的大门。但是，这带给老字号的不只是销售渠道的畅通，更是整个经营理念的提升。换句话说，要让年轻人爱上老字号，不能仅仅满足于产品“自带流量”，还要学会“现代表达”，符合年轻人的精神需求和生活方式。例如，历史悠久的大白兔与当下的甜品碰撞后，出现了大白兔奶茶和大白兔冰激凌；回力鞋及李宁运动服在加入现代设计理念后，成了“国潮”标杆。

总之，老字号转型革新，需“读懂年轻人”，注重研究年轻人的消费喜好和消费习惯，既要探索新的营销方式，又要着力于守正创新，紧跟时代发展，不断赋予老字号新内涵。

（资料来源：付彪. 经济日报，2019-09-12）

讨论

访问你周围的同学，他们在进行以下商品和服务消费时，营销信息沟通的主要来源是什么？

1. 就餐____________　　2. 服装____________

3. 手机____________　　4. 理发____________

9.2　销售服务

在市场竞争日益激烈的情况下，服务往往成为能否完成销售的关键因素。企业的销售服务由售前服务、售中服务和售后服务构成。

企业的销售服务由售前服务、售中服务和售后服务构成。

9.2.1　售前服务的心理策略

1．售前服务的含义

售前服务是指商品从生产领域进入流通领域，但还未与消费者见面之前提供的各种服务，主要包括货源组织、商品运输、储存保管、再加工、广告宣传、拆零分装、柜台布置、橱窗设计、商品陈列、咨询、培训等服务工作。

2．售前消费者心理分析

具体来说，消费者购买前心理特征集中表现在以下几个方面。

（1）多样性。不同的消费者所表现出的购前心理是不一样的，即使是购买同一件商品前，由于个人的经济条件、生活习惯、文化水平、民族宗教等差异，表现出的消费心理也不同。

（2）时尚性。消费者总有一种追求时髦和新颖的心理，称为时尚性。不同的人群对时尚性的要求不同，主要体现在对商品的外观、外形、包装等需求上。

（3）可诱导性。消费者的生活和工作环境的变化、人与人之间的差异、文化教育素养的提高、大众媒介的传播、广告促销的诱导都会促使消费者的心理产生变化。

3．售前服务心理策略

（1）建立目标市场服务档案，把握消费者心理需要。企业可以通过建立数据库，储存目标市场消费者的心理特征、购物习惯等方面的信息，为做好更有针对性的服务提供依据。

（2）最大限度地满足消费者的相关需求。最大限度地满足消费者的相关需求，会让消费者产生一种意外惊喜的感觉，从而促进其购买商品。例如，汽车 4S 店是将整车销售、零配件供应、售后服务、信息反馈四项功能集于一体的汽车服务企业。

（3）促使消费者认知接受商品。消费者认知接受商品需要一个过程，消除消费者的戒备心理，使消费者认知该商品，可以通过三个途径来解决。

① 帮助消费者树立新的消费观念，引导消费者学习新的知识和技术，准确选购和使用商品。

② 利用广告宣传与咨询服务等手段，增强消费者的注意力。

③ 售前进行商品质量检验，是确保售前服务质量和柜台商品质量的有效措施。

9.2.2 售中服务的心理策略

1. 售中服务的含义

售中服务是在商品销售成交过程中，直接或间接地为消费者所提供的各种服务工作。例如，为消费者介绍、展示商品，详细说明商品使用方法，帮助消费者挑选商品，解答消费者提出的问题，付货与结算等。其核心是为消费者提供方便条件和实在的物质服务，让消费者体会到拥有商品的愉悦。

2. 售中消费者心理分析

消费者在接受售中服务的过程中，还需要满足以下的期望。

（1）希望获得详尽的商品信息。消费者希望营销人员能对消费者所选购的商品提供尽可能详尽的信息，使自己了解商品，解决选购的疑惑与困难。

（2）希望寻求决策帮助。当消费者选购商品时，营销人员是他们进行决策的重要咨询者和参与者，能够帮助消费者做出正确的购买决策。

（3）希望受到热情的接待与尊敬。消费者对售中服务的社会心理需要，主要是能在选购商品的过程中受到营销人员的热情接待，满足受人尊敬的需要。

（4）追求及时、方便、快捷。消费者对售中服务期望的一个重要方面是追求及时、方便、快捷。

3. 售中服务心理策略

在销售过程中，消费者对营销人员的接待完全满意，销售活动才算成功。如何使接待工作符合消费者的心理需要，将在9.3节中具体阐述。

[实例链接 9-2]

星巴克的第三空间

人们需要独处，还希望四周能有人陪，咖啡店就是这样一个好去处。

从西雅图到北京，星巴克在中国的扩散之旅，进入了加速阶段，目标是每年新建超500家，2021年在中国大陆运营将超过5000家。星巴克LOGO如图9-3所示。

图9-3 星巴克LOGO

低调、随和、包容，不管是机场，还是一二线城市的主要CBD，不管你走到哪里都能够看到星巴克的影子，成为大众心目中约会、议事，甚至是高中生做作业的首选之地。

星巴克按照董事长、CEO 舒尔茨的话来说：这不是一家简单的咖啡馆，而是通过咖啡这种社会黏结剂，为人们提供聚会场所的第三空间。那么这个第三空间是什么空间呢？

“第三空间”概念的直接来源是列菲弗尔。他对人类存在的空间性、历史性和社会性具有先知般的领悟，力图冲决绝对二元对立逻辑的束缚，提出空间性、社会性和历史性三元辩证法，解构线性时间观和历史主义的单一统治，在物质空间性、空间想象及空间建构力量的迷宫之中展开对人类生活形式的思考。列菲弗尔有一个比喻：人生在世，恰如“蜘蛛”结网，“蜘蛛网”就是这个复杂、流动的创造性空间的隐喻。

随后，美国社会学家欧登伯格直观性提出第三空间的概念，他称家庭居住空间为第一空间，职场为第二空间，而城市的酒吧、咖啡店、博物馆、图书馆、公园等公共空间为第三空间。在宽松、便利的环境中可以自由地释放自我是第三空间的主要特征。

第三空间具有积聚资源和人气的功能，由此，第三空间逐渐演绎成为现代商业业态的战略规划和精心定位所在。一个城市最能体现多样性和活力的地方就是第三空间。

20 世纪 90 年代，星巴克率先将第三空间概念引入咖啡店中，文化、精神和环境的体验是星巴克定义第三空间的核心所在，以这种非家非办公的中间状态抢占了消费者的第三空间。许多人把咖啡厅作为家和工作间以外最佳休闲去处，或是和朋友交流的据点。

咖啡馆作为一个有情感的室内空间，无论是层高和大空间感明显的韩式设计，还是开放半开放式的室内空间，无论是美式工厂风还是性冷淡的北欧风，未来的咖啡馆会拥有更多的设计元素，目标都是一个——这里永远会是一个可以有人陪伴或独自享受生活的第三空间。

（资料来源：微信公众号：咖啡时光 作者：王文建）

9.2.3　售后服务的心理策略

1．售后服务的含义

售后服务是指生产企业或零售企业为商品已经到达消费者手中、进入消费领域后，继续为消费者提供的各项服务。提供售后服务可以有效沟通与消费者的感情，获得消费者宝贵的意见，以消费者亲身感受的事实来扩大企业的影响，既是促销的手段，又起到“无声”广告宣传员的作用。例如，长虹公司的“阳光网络”服务工程宣言，格兰仕服务的“三大纪律，八项注意”等优质服务成为企业走向成功的一把金钥匙。

售后服务作为一种服务方式，内容极为广泛，包括咨询服务、实行“三包”、免费送货、免费安装、维修及培训操作人员等。

2．售后服务心理策略

针对消费者的售后服务心理，企业可采取以下策略。

（1）建立有效的服务网络。企业应建立广泛的售后服务网点，开通“800”免费服务电话等方式，向消费者提供及时有效的售后服务。

（2）提供超值服务，不断创新服务方式。企业通过服务创新，向消费者提供超过预期的、更周到的服务。例如，很多企业建立了售后服务网站，设立服务在线功能，消费者可以在网上与售后服务平台的服务人员直接进行咨询、报修及投诉，为消费者提供了便利。

（3）赔偿策略。为了获得广大消费者的认可，企业往往建立诸如“差价赔偿”等相应的赔偿制度。例如，格力公司率先推出“一年包换，全额补偿”的赔偿措施，获得了消费者的欢迎，充分显示了格力产品不可撼动的市场地位。

（4）完善传统的售后服务方式。传统的售后服务方式随着时代的发展已不再满足消费者的消费需求，企业应对其进行改进和完善。

[实例链接 9-3]

海底捞的超级服务

海底捞宣传片

海底捞虽然是一家火锅店，它的核心业务却不是餐饮，而是服务。在将员工的主观能动性发挥到极致的情况下，“海底捞特色”日益丰富。2004 年 7 月，海底捞进军北京，开始了一场对传统的标准化、单一化服务的颠覆革命。

在海底捞，顾客能真正找到“上帝的感觉”，甚至会觉得“不好意思”。甚至有食客点评，“现在都是平等社会了，让人很不习惯。”但他们不得不承认，海底捞的服务已经征服了绝大多数的火锅爱好者，顾客会乐此不疲地将在海底捞的就餐经历和心情发布在网上，越来越多的人被吸引到海底捞，一种类似于“病毒传播”的效应就此显现。

几乎每家海底捞都是一样的情形：等位区里人声鼎沸，等待的人数几乎与就餐的相同。这就是传说中的海底捞等位场景。等待，原本是一个痛苦的过程，海底捞却把它变成了一种愉悦：手持号码等待就餐的顾客一边观望屏幕上打出的座位信息，一边接过免费的水果、饮料、零食；如果是一大帮朋友在等待，服务员还会主动送上扑克牌、跳棋之类的桌面游戏供大家打发时间；或者趁等位的时间到餐厅上网区浏览网页；还可以来个免费的美甲、擦皮鞋、按摩等服务，如图 9-4 所示。

即使是提供的免费服务，海底捞一样不曾含糊。一名食客曾讲述：在大家等待美甲的时候，一个女孩不停地更换指甲颜色，反复折腾了大概 5 次。一旁的其他顾客都看不下去了，为其服务的阿姨依旧耐心十足。

图 9-4　海底捞超级服务图

待客人坐定点餐的时候，围裙、热毛巾已经一一奉送到眼前了。服务员还会细心地为长发的女士递上皮筋和发夹，以免头发垂落到食物里；戴眼镜的客人则会得到擦镜布，以免热气模糊镜片；服务员看到你把手机放在台面上，会不声不响地拿来小塑料袋装好，以防油腻……

每隔 15 分钟，就会有服务员主动更换面前的热毛巾；如果带了小孩子，服务员还会帮你喂孩子吃饭，陪他们在儿童天地做游戏；抽烟的人，他们会给你一个烟嘴，并告知烟焦油有害健康；为了消除口味，海底捞在卫生间中准备了牙膏、牙刷，甚至护肤品；过生日的客人，还会意外得到一些小礼物……如果你点的菜太多，服务员会善意地提醒你已经够吃；随行的人数较少，他们还会建议你点半份。

餐后，服务员马上送上口香糖，一路上所有服务员都会向你微笑道别。一个流传甚广的故事是，一位顾客结完账，临走时随口问了一句：“怎么没有冰激凌？”5 分钟后，服务员拿着“可爱多”气喘吁吁地跑回来：“让你们久等了，这是刚从超市买来的。”“只打了一个喷嚏，服务员就吩咐厨房做了碗姜汤送来，把我们给感动坏了。”很多顾客都曾有过类似的经历。孕妇会得到海底捞的服务员特意赠送的泡菜，分量还不小；如果某位顾客特别喜欢店内的免费食物，服务员也会单独打包一份让其带走……这就是海底捞的粉丝们所享受的，“花便宜的钱买到星级服务”的全过程。毫无疑问，这样贴身又贴心的“超级服务”，经常会让人流连忘返，一次又一次不自觉地走向这家餐厅。

讨论

你是否刚购买了或预购买一部笔记本电脑？你希望得到哪些售后服务？

____

____

9.3　营销关系与消费心理

9.3.1　营销人员与消费者的沟通

1．消费者进店购买动机类型及接待方法

营销人员要做好接待工作，首先要对消费者进入营业场所的意图做出准确的判断，了解消费者光顾的动机，从而采取相应的接待措施。

（1）有明确购买计划的动机。这类消费者走进营业环境之前，已经明确了需要购买的商品，因此，其进店的步伐较快，目光集中在他们希望购买的商品方向，迅速走到其要购买的商品的柜台，或者向营销人员明确表示来意，指定品名购买。营销人员对此类消费者不必过多介绍商品，而应主动迎上去，及时、和蔼地回答问题；即使忙于接待其他消费者也要做到人未到语先行，尽量减少让消费者等候的时间。

（2）了解行情的动机（半明确型）。这类消费者是抱着碰运气、希望能购买到某种称心如意的商品的想法进入营业场所的，事先没有明确的购买目标。因此，这类消费者进入商店的步伐较慢，神态自若，东瞧西看，临近柜台也不急于提出购买要求。对这类消费者，营销人员要把握接近良机，视其心理状态伺机向其介绍商品特点，注意说话分寸，不要过早通报商品价格，避免冲淡消费者选购情绪。

（3）消遣或参观型的动机。这类消费者大多是为了满足精神需求而来的。因此，这类消费者进入商店后步履悠闲，结伴说笑，专往热闹处看，偶尔也向营销人员询问某些商品。对此类消费者，营销人员要密切注意其动向，当消费者在柜台前缓慢观察商品时，营销人员要适时与其接触，主动打招呼，千万不要采取怠慢、应付的态度。

2．营销人员与消费者有效心理沟通的技巧

沟通无处不在，无时不有，特别是对于与人打交道的营销人员而言，沟通有时比技能更重要。营销人员可以采取以下沟通技巧。

（1）伺机接待消费者。营销人员自然而甜蜜的微笑和亲切的问候，常常使消费者产生良好的信赖感，给消费者一个良好的印象。

（2）适时展示商品。营销人员在与消费者接触后，了解到消费者的购买意向，就应及时向其展示商品，这是消费者购买过程中的“感知商品”阶段。展示商品时要满足不同消费者对不同商品的选择要求，激发消费者对商品的兴趣。

（3）诱导消费者的购买欲望，促进购买行动。在购买过程中，消费者对商品有了一定的感知后，往往会随之表露出不同的感想。营销人员要判断引起消费者某种感想的心理因素，给予正确的启迪与诱导。

（4）办妥成交手续，促使再次光临。消费者决定购买后，营销人员首先应表示感谢，对其选择给予恰当的赞许和夸奖，增添达成交易带给交易双方的喜悦气氛，然后进行包装商品和结算工作，主动征求消费者对商品的包装要求，以适宜消费者方便携带，并提醒消费者使用时应注意的问题。同时，营销人员要关注消费者的购后态度和行为，及时做好信息反馈，妥善处理消费者不满意的情况，做好售后服务。

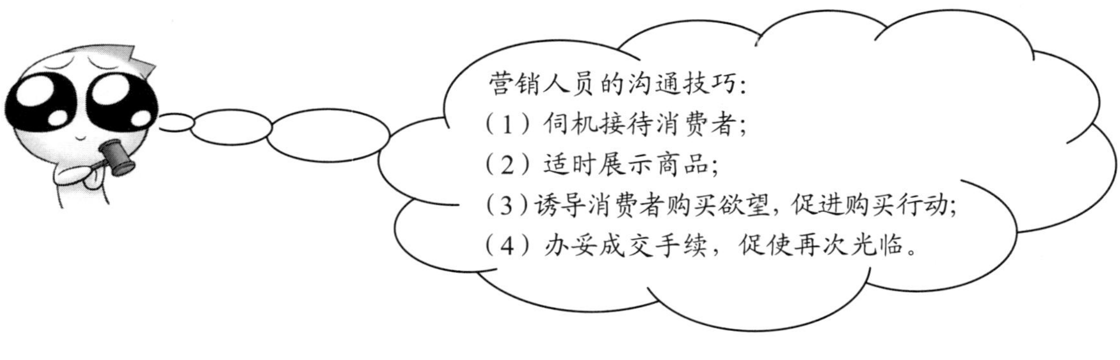

9.3.2 营销人员与消费者拒绝购买态度

1. 消费者拒绝购买态度的含义

消费者拒绝购买态度是指由于对商品或服务持有一种否定或不满意的态度，即消费者对商品或服务不信任或不太信任，进而形成拒绝购买的态度。

消费者拒绝购买态度的形成受许多因素的影响：既有来自外在的刺激因素，也有来自内在的刺激因素；可能是由于环境气氛、销售方式、服务态度、商品品质，也可能是由于心理特征、需要、动机、情感和意志，还可能是由于消费习惯、消费水平、消费趋向等。

2. 消费者拒绝购买态度的类型

（1）表面的拒绝。表面的拒绝是指消费者没有经过深思熟虑，只是出于本能的自我保护而拒绝购买某一商品，是带有随意性的初步决定。

（2）真正的拒绝。真正的拒绝是指消费者拒绝购买某一商品，是经过认知、情感、想象、思维等一系列心理活动而采取的最终决定。

（3）隐蔽的拒绝。隐蔽的拒绝是指消费者拒绝购买某一商品时，由于某种心理需要说出的拒绝购买理由不真实，甚至是违心的，而真正拒绝的原因则被隐蔽了起来。

3. 消费者拒绝购买态度的转化

（1）表面拒绝购买态度的转化。转化表面拒绝购买态度可以采取以下推销技巧。

① 加强消费教育与指导，传授商品新知识，提高商品的吸引力。

② 引导消费者认识商品，强调商品能给消费者带来的利益。

③ 利用良机激励消费者。

（2）真正拒绝购买态度的转化。转化真正拒绝购买态度可以采取以下推销技巧。

① 面带微笑。

② 倾听、多问，找到消费者形成偏见的原因。

③ 转移其注意力，指导消费，创造新需求与兴趣。

④ 尊重消费者，永不争论。

⑤ 热情周到的服务，留给消费者一个良好的印象。

（3）隐蔽拒绝购买态度的转化。转化隐蔽拒绝购买态度可以采取以下推销技巧。

① 分析消费者拒绝购买的真正原因。

② 客观地传递商品及企业信息。

③ 利用消费者个人与团体的作用间接地改变消费者的态度。

④ 保持真诚合作的态度，尽量使消费者的心理需求得到满足。

9.3.3 营销人员与消费者的冲突

1. 冲突产生的原因

在实践中，冲突产生的原因多种多样，归纳起来，主要有以下几方面的原因。

（1）双方买卖关系的不对称性而引起的冲突。一方面，营销人员希望多销售商品，卖高价多赚钱，而消费者则想购买物美价廉的商品，最终导致冲突的发生；另一方面，生产厂家和营销人员对商品的生产、销售、使用、维修有较全面的了解，而大多数消费者对商品的销售状况、质量好坏不了解，二者信息不对称，从而导致发生冲突。

（2）消费者与营销人员双方情绪的影响而引起的冲突。不论是消费者还是营销人员，一方情绪处于不佳状态时，都容易形成矛盾冲突。

（3）商品、营销人员及企业方面的原因。商品的质量、价格、包装、品牌，营销人员的自身素质、服务质量、企业形象等方面出现问题，都可能导致冲突的发生。

（4）营销人员不能正确对待消费者意见而引起的冲突。消费者在购买过程中经常会提出一些意见，这些意见多种多样、原因复杂。如果营销人员不能正确对待这些意见，并进行妥善处理，只是消极拖延或针锋相对地反驳，很可能会造成矛盾冲突。

（5）销售过程中的其他原因。有的是由于节假日消费者拥挤，营销人员人手不足，消费者等待时间较长；有的消费者要求退换商品，营销人员不愿接受；也有的是由于营销人员违反职业道德，服务态度恶劣，以次充好，引起冲突。

讨论

回忆你曾经的一次购物，是否与营销人员发生过冲突？冲突的原因是什么？冲突是如何解决的？

____

____

2．冲突的排除和预防

营销人员要尽力防止和避免冲突，一旦冲突不可避免，要设法使冲突降到最低程度。

（1）站在消费者的立场上想问题。营销人员应站在消费者的角度，对其一些过激言行支持理解，消费者感受到营销人员真心实意的关怀，才会排除冲突，实现企业与消费者的双赢。

（2）保持微笑、善于倾听、尊重消费者、永不争论。认真倾听、耐心讲解、永不争论，从消费者的抱怨中找到真正原因及消费者抱怨期望的结果。

（3）提高营销人员的业务能力。营销人员要提高自己的综合素质，增强自信心，更好地解答消费者的疑问，从而获得消费者的信任；增强自我控制能力，避免发生冲突。

（4）正确处理消费者的不同或反对意见。营销人员要学会正确处理消费者的不同或反对意见，有助于消除购买冲突，缓和购买气氛，促进交易实现。

（5）妥善处理冲突及既成事实的赔偿。营销人员要依法维护消费者的合法权益，对消费者的损失要先向消费者道歉，询问损失的具体原因，并记录重点，耐心听取消费者的意见，及时、合理地采取补偿措施，解决问题，消除冲突。

[知识窗]

顾客让渡价值、顾客满意与顾客忠诚

市场营销人员应时刻关注顾客让渡价值、顾客满意和顾客忠诚，最终达成长期合作的关系。

（1）顾客让渡价值是指顾客总价值与顾客总成本之间的差额。顾客总价值是指顾客购买某一商品与服务期望获得的一组利益，包括商品价值、服务价值、人员价值和形象价值等。顾客总成本是指顾客为购买某一商品耗费的货币成本、时间成本、精神成本和体力成本等。

顾客让渡价值研究为企业提供了一种全面的经营思路，顾客所体验的价值不仅包含物质因素（商品的使用价值、商品的价格），同时还包含许多精神因素（人员价值、服务价值、形象价值、时间、精力、体力成本）。

提高顾客让渡价值的方法：① 提高顾客获得价值的同时适当提高顾客成本，两者差值增大，总价值增加；② 适当降价或给予顾客在价格上的实惠（如折扣、赠品、优惠券等）降低顾客总成本；③ 减少顾客购买时在时间、体力、精神上的消耗来降低顾客总成本；④ 通过改变服务质量、提升企业形象、改进产品等顾客认可的价值提高顾客总价值。

（2）顾客满意是指顾客通过对一个商品的可感知效果（或结果）与其期望值相比较后所形成的一种感觉状态。

顾客满意=顾客感知效果-顾客期望

当产品的实际消费效果达到消费者的期望时，顾客就会满意；否则，就会导致顾客不满意。顾客满意程度分为：很不满意、不满意、不太满意、一般满意、较满意、满意和很满意。

（3）顾客忠诚是指顾客在满意的基础上，进一步对某品牌或企业做出长期购买的行为。

顾客忠诚的特征主要有以下几点：① 再次或大量购买同一企业该品牌的商品或服务；② 主动向他人推荐该品牌商品或服务；③ 能抵制其他品牌的促销诱惑；④ 发现该品牌商品或服务的某些缺陷，能以谅解的心态主动向企业反馈信息，求得解决，而且不影响再次购买。

9.4　营销环境与消费心理

9.4.1　营业现场的店容店貌与消费心理

营业现场的店容店貌是消费者认识一个商业企业首先看到的客观事物，会给消费者留下强烈的第一印象，以致影响其进入营销现场后的情绪和行为。

1．店名的设计对消费心理的影响

商店的名称又称商店的招牌，一般包括店名和店徽（logo），是商业企业区别于其他经营者的标志，便于消费者识别，是代表商业企业形象和风格的标志。

（1）店名命名的心理作用。店名在消费者的购买行为过程中具备以下心理作用。

① 引起注意，激发兴趣。设计新颖独特、富有艺术气息，能够强化店面的形象与风格，突出主题和卖场文化的招牌往往能快速抓住消费者的视觉，激发消费者的兴趣。例如，中华著名老字号“全聚德”包含了“全而无缺、聚而不散、仁德至上”的内涵，象征着“全聚德”圆满、团圆、仁义、恭谦的道德观念和以德为先、诚信为本，热情、周到为各方宾客服务的经营理念。全聚德牌匾如图9-5所示。

图9-5 全聚德牌匾

② 目标引导，方便消费者。富有鲜明的商业气息，突出服务项目和商场文化的招牌更有利于消费者寻找购买目标。例如，“ABC童装”“平民大药房”“小肥羊火锅店”等招牌，都直接显示了商店的交易范围与经营项目，给消费者购物提供了极大的方便。

③ 突出传统，反映特色。中国有很多传统老店，具有悠久的历史和传统的经营特色。

例如，明嘉靖年间，时任兵部员外郎的杨继盛被奸相严嵩诬陷。下得朝来，内心苦闷，饥肠辘辘，来至菜市口米市胡同，忽闻香气四溢，见一小店，推门而入，店堂不大，却干净优雅，遂捡席而坐，点了烤鸭与些许酒菜，大快朵颐，把烦闷与不快早抛至九霄云外。店主认出是杨继盛，知是爱国名臣良将，亲为之端鸭斟酒，颇露钦佩之色。杨继盛得知此店名为便宜坊，又见待客周到，叹喟到“此店真乃方便宜人，物超所值”！大呼“拿笔来，快拿笔来”！杨继盛伏案一挥而就三个大字“便宜坊”！众皆呼好。此后，杨继盛与众位大臣频频光顾，便宜坊也由此名声远播。便宜坊牌匾如图9-6所示。

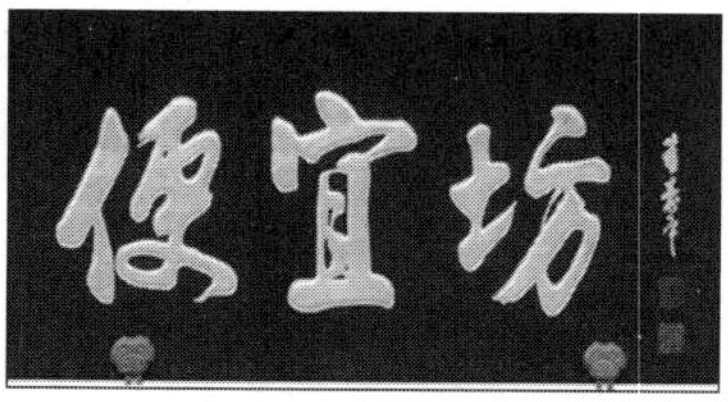

图9-6 便宜坊牌匾

④ 朗朗上口，易于传播。店面的招牌设计应易读、易记，给消费者留下深刻的印象。例如，“傻子瓜子”“王麻子尖刀”“胖姐烤鸭店”等，名称朗朗上口，便于消费者记忆和传播。

（2）店名命名的方法。中国店名命名的方法主要有以下几种。

① 与经营特色或主营商品属性相联系。该方法通常能使消费者易于识别商店的经营范围，引导和方便消费者选购，如“亨得利钟表店”“廖记棒棒鸡”。

② 与服务精神或经商格言相联系。该方法能反映经商者文明经商，讲究信誉，全心全意为消费者服务的商业道德和服务精神，如“精益眼镜店”“百信鞋城”。

③ 与历史名人或民间传说相联系。该方法通常能使消费者产生浓厚的兴趣和敬重的心理。例如，“陆羽茶叶店”，以撰写中国第一部茶叶专著《茶经》的唐代学者陆羽命名。

④ 与享受意境或美好愿望相联系。该方法包含对消费者美好生活的良好祝愿，容易引

起消费者有益的联想。例如，“戴梦得”珠宝店以销售高档珠宝饰品而闻名，其以传播珠宝文化，引导人们对“美”的领悟，寻找“不是最贵，而是最令自己感动，与自己最贴切的首饰”为理念，传播人间真情。

讨论

对你学校附近的商业街进行调研，记录几个让你印象深刻的店名，并对其简要分析。

____

____

[实例链接 9-4]

狗不理店名的来历

闻名遐迩、享誉世界的“狗不理”是天津的百年金牌老字号，是中华饮食文化的典范之作。狗不理始创于公元 1858 年清朝咸丰年间，距今已有 150 年的历史。

当时，在天津郊县有一户农家，四十岁喜得贵子，为求平安取名叫“狗子”，期望他能像小狗一样好养活（按照北方习俗，此名饱含着淳朴挚爱的亲情）。狗子长到十四岁时，来到天津学手艺，在一家蒸食铺做小伙计，由于狗子心灵手巧、勤奋好学，练就了一手好活儿。其后，狗子不甘心寄人篱下，便自己摆起了包子摊儿。他发明了水馅、半发面的工艺，做出的包子口感柔软、鲜香不腻，包子外表如同一朵绽放的白菊花，色、香、味、形独具特色，吸引了十里百里的人们都前来吃包子，生意十分兴隆，狗子忙生意顾不上说话，人们都说：“狗子卖包子不理人”，就这样天长日久，人们就叫他“狗不理”了。

当时直隶总督袁世凯吃过狗不理包子连声叫绝，随即进京入宫将包子奉献给慈禧太后。太后老佛爷品尝了包子龙颜大悦，夸赞曰：“山中走兽云中雁，腹地牛羊海底鲜，不及狗不理香矣，食之长寿也”，从此狗不理包子名声大振。狗不理店前塑像如图 9-7 所示。

图 9-7 狗不理店前塑像

经过近 150 年的变革发展，目前狗不理已成为拥有大型饭店、中型酒家、排挡式餐厅、快餐、早餐、速冻食品生产，商品零售、物流商贸和烹饪学校，以及在国内外设有七十余家特许连锁企业的集团公司。

狗不理已被国家商标局认定为中国驰名商标，狗不理集团股份有限公司被认定为中国商业名牌企业，狗不理包子被认定为国际名品中华美食奖、天津市名牌产品。

2．店门设计对消费心理的影响

（1）店门的设计原则与消费心理。店门的设计应本着满足消费者心理需求及消费者方便进出的总体思路，具有以下原则：

① 出入方便的原则。

② 审美的原则。

③ 便于宣传商品的原则。

（2）店门设计的方法与消费心理。店门的设计按照开放程度可以划分为以下几种情况。

① 开放型。开放型的设计主要是指店面的临街一边完全开放，出入口与店面基本同宽或尽可能大，消费者在过往中很容易直接看到店内的商品陈列。这种店门设计方案主要适用于经营生活用品、食品、水果、蔬菜等商品，以满足消费者方便、实用、经济的心理需求。

② 半开放型。半开放型的设计主要是指店面的店门占整个临街部分的一半左右，出入口以外的临街部分设计为橱窗，以陈列各种畅销商品。这种店门设计方案主要是突出橱窗陈列的商品，起到招徕消费者、宣传商品的作用。它主要适用于经营时髦服饰、鞋类、体育文化用品等商品，便于消费者浏览和购买商品。例如，麦当劳的店门设计如图9-8所示。

图9-8　麦当劳的店门

③ 封闭型。封闭型的设计主要是指店门出入口较小，临街一面设计为大型橱窗。橱窗设计以暗色调为主，店门以高档推拉门或门帘为主，隐约才能看清内部的设施，使消费者产生一种神秘、典雅、高贵的感觉。这种店门设计方案主要适用于经营金银珠宝、名贵工艺品、咖啡等高档、特殊的商品，由于客流量不多，且不会过分集中，故一般不会影响消费者出入。

④ 畅通型。畅通型的设计主要是指在规模大、客流量多的大型商场，设立多个进出通道，并标示以“出口”“入口”，以最大限度地满足消费者的进出方便。百货商场、大型超市、批发市场等店门往往多采用该设计方式。

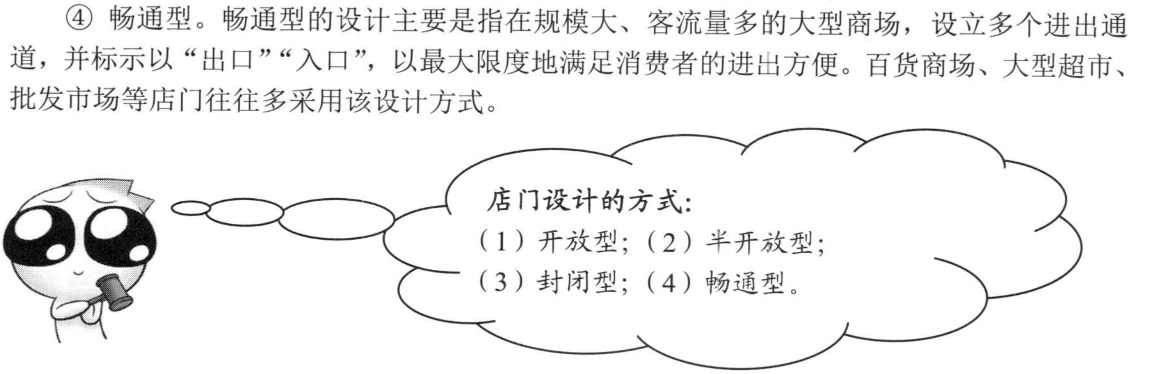

3．橱窗设计对消费心理的影响

商店橱窗是在商店沿街的窗户内设立的玻璃橱窗，把所经营的重要商品，按照巧妙的构思设计，通过布景道具和装饰画面的背景衬托，并配合灯光、色彩和文字说明，排列成富有装饰性和整体感的货样群，进行商品介绍和商品宣传的综合性艺术形式。

（1）橱窗对消费者购买心理的影响。店面橱窗科学、合理的设计对消费者的消费心理和行为将产生重要的影响，最终将加速消费者购买行为的发生。

① 引起有意注意。橱窗是企业宣传费用最低，但见效最直接的一种广告媒体。一个构思精巧，独具匠心的橱窗布置很容易引起消费者的注意，使其产生进入店内细看的动机。

② 激发购买兴趣。商家通常会把精选出来的热门货或新推广的商品放在橱窗显眼的位置进行陈列，并根据消费者的兴趣和季节的不同有所变化，不仅能给消费者一个经营项目的整体形象，还能给消费者以新鲜感和亲切感，激发其对商店商品的购买兴趣。

③ 促进购买欲望。橱窗的装饰美术、民族风格和时代气息，不但使消费者对商品有一个良好的直观印象，还会引起他们的美好联想，获得精神上的满足，从而促进购买的心理欲望，如图 9-9 所示。

图 9-9　创意橱窗示例

④ 增强购买信心。橱窗使用真实的商品组成货样群，配以真实的文字，形象地介绍商品的效能、用途、使用和保管方法，直接或间接地反映商品的质量可靠、价格合理等特点，不但可以提高消费者选购商品的积极性，还可以带给他们货真价实的感觉，增强购买商品的信心。

（2）橱窗设计的心理方法。要发挥橱窗对消费者的心理影响功能，一般可采用下面的方法。

① 充分显示商品，突出商品，适应消费者的选购心理。橱窗设计的重点是要充分显示商品，突出商品，把商品的主要优良品质或个性特征清晰地显示给消费者，给选购以方便。

② 塑造优美的整体形象，给消费者以艺术享受。具有强烈艺术感染力的橱窗不仅可以装点市容、美化商店，还可以使消费者从中得到美的享受。

③ 利用景物的间接渲染，满足消费者的感情需要。用以景抒情的艺术手法去体现主题，对陈列内容进行间接的描绘和渲染，能使观赏者从寓意含蓄的艺术构思中，联想到美好愉快的意境，满足感情上的需要。

④ 要根据季节变化和市场消费形势及时调整商品陈列。商店应把适销商品、新产品适时地摆放在显眼位置。人是好奇的，新奇的东西对人的刺激性最大，因而最易吸引人的注意，以此来发挥橱窗的促销作用。

9.4.2　商店的内部设计与消费心理

1．商店内部设计的心理要求

商店内部设计要适合消费者的心理要求，一般可采取以下方法。

（1）利用照明度诱导购买活动。商店营业厅明亮、柔和的照明，不但可以保护营业员和消费者的视力，缩短消费者的选购时间，加快营业员的售货速度，还有着显著吸引消费者注意力、调动消费者购物情趣的心理效力。

照明可分为基本照明、特别照明和装饰照明三大类。

① 基本照明。基本照明是指在商场为了保持店堂内的能见度，方便消费者购买商品而在天花板上以配置荧光灯为主的一种照明方式。照明亮度的强弱，一般要视商店的经营范围和主要销售对象而定。

② 特别照明。特别照明主要是指特殊商品的附加照明，一般视主营商品的特性而定。例如，珠宝玉器、金银首饰、美术工艺品、手表等贵重、精密商品的柜台里设置定向聚光灯、探头灯、底灯、背景灯等，以衬托商品的晶莹耀眼、名贵华丽。

③ 装饰照明。装饰照明是一种附加照明，主要用于营业现场广告的组成部分，一般用霓虹灯、电子显示屏或旋转灯等，突出商品或广告，起到促进商店美化、商品宣传、购买气氛渲染等方面的作用。

（2）利用颜色调配激发积极情绪。营业现场色彩的装饰，既是一种营销手段，也是一门艺术，直接影响消费者的心理活动，并由此引起情绪的变化。所以，在进行商店内部色彩调配时应考虑以下因素。

① 营业场所的空间状况。由于淡色具有扩展空间、深色具有压缩空间的感觉，所以可利用色彩调配，扬长避短，改变消费者的视觉感受。

② 主营商品的色彩。装饰用色彩要有利于突出商品本身的色彩和形象，把商品衬托得更加美观、更具吸引力，以刺激购买。

③ 季节变化与地区气候。店内装饰的色彩调配要因季节和地区而异，利用色彩的特性，从心理上调节消费者由于气温等自然因素造成的不良情绪。如在严寒季节里，要设法使消费者进店后有温暖如春之感，从而产生积极的情绪，促进购买行动。

④ 装饰色彩与灯光照明。有些颜色会吸收光线，而有些则反射光线；颜色越深，吸收光线越多，反之亦然。因而要考虑调配的色彩在不同光线及照明情况下的变化和效果。

（3）利用环境设施提高商店声誉。环境对消费者行为的影响主要包括以下几个方面。

① 气味。商店中的气味直接影响消费者对商场服务和服务产品的心理感受，清新芬芳的气味吸引消费者欣然前往；反之，则使人难以忍受，同时心理上引起反感，对其购买活动无疑起到消极的作用。好的气味还可显示商店的服务精神，在消费者的心目中确立良好的形象。

② 音响。商场的音响包括店堂内播放的背景音乐、营业员的导购语言信息、提示语等。适当播放一些轻松柔和、优美动听的音乐，可以创造良好的购物环境。和谐的音调、柔和的音色和适中的响度可以吸引消费者对商品的注意，营造营销的特殊气氛，令人感到舒适，促进产品销售。但当店内的音响超过一定的分贝，会使人心情烦躁，注意力分散，引起消费者的反感，不愿留步，也会使营业员降低工作效率，影响服务质量。

③ 空气。保持空气清新宜人，温湿度适中，才能保证消费者产生舒适、愉快的心理感受。污浊的空气有害于消费者和营业员的身心健康，无异于将消费者推出门外。

④ 店内设施。有条件的商店在适当的地方设置消费者休息室、饮食服务部、购货咨询处、临时存物处等各种附设场所，这些也是提高商店声誉，满足消费者心理需要的好方法。

[实例链接 9-5]

一年开店 100 家，西西弗书店如何逆势生长？

互联网时代，人们的阅读方式更倾向于携带方便的电子书，于是，各种 App、电子书阅读设备如雨后春笋般出现，相对的，实体书店遭遇了前所未有的危机，不少书店倒闭。

在此趋势下，很多实体书店选择转型，西西弗书店是为数不多转型成功的书店。据数据显示，2018 年西西弗书店实现了营收 9 亿元的好成绩，在各类书店中位列第一。

1. 选址新+颜值高，做不像书店的书店

西西弗书店诞生于 1993 年的贵州，其名称缘起于西西弗斯神话，寓意坚忍不拔，积极向上，并有牺牲精神。起初的西西弗书店与同期的其他民营书店没有太大差别，直至 2008 年，在电子书冲击下，西西弗书店选择了转型。

先是从贵州迁移至文化气息浓厚的山城重庆，彼时重庆几乎没有大型实体书店，并且其发展迅速，西西弗书店的入驻既是机遇也是挑战。

紧接着在实体店选址上，西西弗书店选择了直接进入重庆中心商圈，与各种大品牌“毗邻而居”，一是中心商圈交通便利，增加了用户进入书店的机会；二是中心商圈汇聚的人群与图书消费人群有着极大的重合，由此降低了传播成本。

同时，西西弗书店一改书店往日严肃、古板的形象，在装修上，根据消费者的喜好及当地消费人群的特点来变更设计，并搭建不同的产品结构，各种主题店让人流连忘返，颇具辨识度。其旗下的“矢量咖啡”和“不二生活”，则是西西弗书店每家门店的标配，如图 9-10 所示。

图 9-10　西西弗书店&矢量咖啡门店

此外，西西弗书店还创办了接近于平民的艺术舞台的子品牌——不二生活文创馆，在书与艺术之间，不断地研发或引进独特的文化创意产品，也为西西弗书店带来了巨大的流量，是其最大的盈利产品之一。

2. 从会员到社群，加强了用户黏性

西西弗书店吸引用户反复来书店的根本原因，在于极大地调动了用户的参与度。

会员制是大部分实体书店留住顾客的主要手段，西西弗书店的做法是将读者通过不同的兴趣爱好进行管理，通过开展不同的读书会、分享会，让用户在阅读之外收获意外之喜。

例如，瞄准亲子市场开展的亲子睡衣读书会、绘本课堂等读书活动，通过多种趣味性的游戏激发了孩子们读书的兴趣，也加深了家长对西西弗书店的好感。

再如，以其矢量咖啡为主体的咖啡分享会或红酒分享会，给用户提供社交场地，让用户参与到活动中，最终实现增加用户黏性的目的。

另外，西西弗书店还为读者提供了成为“书店店员”的机会，店员既可以参与西西弗书店的日常工作，迎来送往，同时还可以参与西西弗书店店员活动，获胜者可获得书店提供的奖励。

除这些线下活动外，西西弗书店在线上也会发布各种活动，如举办的“百年一见的段子猫大会”，既吸引了读者的目光，又激发了吸猫者的兴趣，从而覆盖了更广消费人群。

3. 多种营销，扩大品牌边界

西西弗书店的成功案例，成为众书店纷纷效仿的目标。为了摆脱同质化的困境，西西弗书店展开了多种营销来扩大品牌边界。

一是与各大明星牵手合作，利用粉丝经济原理，通过特定圈层之间的传播，最终达到扩大传播范围的目的，为西西弗书店带来了巨大的流量。

流量明星马頔举办了歌迷见面会；民谣代表人物周云蓬举办了音乐分享沙龙。著书作者如童话大王郑渊洁，治愈系作者安东尼等，在西西弗书店与读者粉丝近距离接触、分享心得。

二是通过跨界合作，利用跨界品牌的资源、平台来扩大西西弗书店的声量。

2019 年 3 月，西西弗书店与知名音频分享平台喜马拉雅 FM 联合，在苏州举办了一场别开生面的“听”书会，重新定义阅读方式，形成听与读的互动，使得西西弗书店获得了喜马拉雅听众的认可。4 月份，西西弗书店与英国时尚潮牌 VICTORIA·HYDE 合作，开展了一场浪漫英伦文化展，来自异域的浪漫风情吸引了不少网红前来打卡拍照，从而形成了更广泛的传播。

如今，西西弗书店已在全国开店近 200 家，拥有超过 300 万活跃会员，覆盖 30 多个省，60 多个城市。

（资料来源：品牌内参（ID：brand180）作者：叶子栋）

2. 商品陈列与消费心理

商品陈列包括商品位置的选择、排列方式的设计及陈列的装饰衬托等方面。商品陈列是商店内部陈设的核心内容，一个好的商品陈列不仅要从经营者的角度去考虑，更要从消费者需求的角度出发，以全面达到商品陈列的目的。

陈列的主要任务是向消费者提供商品的各种信息，商家要想真正利用陈列达到促销的效果，就必须掌握商品陈列的原则和方法。

（1）摆放高度适宜。消费者走进商店后，一般都会无意识地环视陈列商品，对货架上的商品获得一个初步的印象。商品的摆放，首先应注意在高度方面与消费者进店后无意识的环视高度相适应。因此，按照不同的视角、视线和距离，确定其合适的位置，尽量提高商品的能见度，使消费者对商品一览无余，易于感受商品形象。

（2）适应购买习惯。对品种繁多的商品实行分组摆放时，应按照消费者的购买习惯相对固定下来，以便他们寻找、选购。一般可将商品分成以下三大类进行摆放。

按照消费者的购买习惯，商品可以分为方便商品、选购商品和特殊商品三种。

① 方便商品。这类商品大多数属于人们日常生活必需的功能性商品，价格较低廉，供求弹性不大，交易次数频繁，挑选余地小，一般不需售后服务，如香烟、糖果、肥皂、调味品等。消费者对此类商品的购买要求主要是方便、快速成交，而不愿花较长时间进行比较研究。因此此类商品摆放位置要明显，便于速购。商店的底层、主要通道两旁、出入口附近、临街的窗口等最易速购的位置上，最能满足购买者的求速心理。有条件的话，此类商品的摆放应占有较大的陈列面积，把商品的各品种应有尽有地摆放在方便的位置上。

② 选购商品。例如，时装、家具、自行车等商品，供求弹性较大，交易次数不多，挑选性较强，使用期较长。大多数人在购买此类商品时都希望获得更多的选择机会，以便对商品的质量、功能、式样、色彩、价格等方面进行认真、细致的比较，不仅注意研究商品的物理效用，还更多地权衡商品的心理效用，往往把商品的属性和自身的欲望综合加以反复考虑后，才能做出购买决定。因此应将此类商品摆放在店里较宽敞、光线较充足的位置，有些还可以敞开式或半敞开式售货，让消费者自由接近或触摸，甚至调试商品，并可以停留较长时间进行选购。服装专卖店的商品陈列如图 9-11 所示。

图 9-11　服装专卖店的商品陈列

③ 特殊商品。例如，珠宝首饰、工艺品、专业照相机、古董文物之类的高档商品，选购的时间长，有些需要售后服务。消费者一般在购买前经反复思考，对商品、商标、商店都有选择，有明确目标后方才行动，购买中愿意花费较多的时间评价、比较。这类商品可摆放在商店的里部或顶层较僻静之处，设立专门的销售地点，环境布置应结合商品特征，显示出高雅、名贵或独特，更能满足消费者的某些心理需要。

（3）突出商品的价值和特点。商品摆放要运用各种形式，充分展示商品的优点、性能、用途等个性特征，突出商品的美感和质感，增强对消费者的吸引力和说服力。例如，式样新颖的商品，要摆放在视觉最易感受的位置；新产品、名牌产品要以最大的展示方式，摆放在显要地段和醒目之处，并用灯光强调其色彩和造型，增强商品的吸引力；家具和床上用品，应按照使用状况摆放，给消费者亲切感和生活实感，刺激购买欲望。此外，还要根据季节变化、消费趋向、传统节日等，不断调整更新商品摆放的内容和形式，体现时代感，使消费者愿意经常光顾。

知识练习与思考

1. 填空题

（1）消费沟通的渠道包括（　　　　）、（　　　　）、（　　　　）和（　　　　）等方式。

（2）消费者购买前心理特征集中表现在（　　　　）、（　　　　）和（　　　　）方面。

（3）消费者进店购买动机类型包括（　　　　）（　　　　）和（　　　　）。

（4）冲突产生的原因包括（　　　　）、（　　　　）、（　　　　）、（　　　　）和（　　　　）等方面。

（5）营业现场的店容店貌包括店名的（　　　　）、（　　　　）和（　　　　）等内容，是一个商业企业总的外部特征。

2. 判断题

（1）消费沟通是一种单向传递方式，由营销人员把信息传递给消费者。（　　）

（2）营销人员与消费者之间发生冲突是在所难免的。（　　）

（3）对于逛逛或看热闹的消费者没必要接待。（　　）

（4）办理成交手续是柜台接待的最后一步，营销人员只负责把商品包装起来交给消费者就行了，没必要交代产品使用过程中的其他事项。（　　）

（5）真正拒绝购买态度通常是最后的决定，是没办法转变的。（　　）

3. 复习思考题

（1）什么是营销沟通？营销沟通包含哪些基本要素？

（2）在售前、售中和售后的各阶段消费者的心理特点是什么？可采取哪些服务心理策略？

（3）营销人员与消费者有效心理沟通的技巧和方法有哪些？

（4）营销过程中消费者的拒绝购买态度有哪几种？如何转化？

（5）营销人员在与消费者沟通过程中发生冲突的原因是什么？该如何排除和预防？

（6）营销环境的哪些因素对消费者的消费心理产生了影响？

职业技能训练

1. 思维训练题

胡萝卜、鸡蛋和咖啡豆

一个女儿对父亲抱怨她的生活，抱怨事事都那么艰难。她不知该如何应付生活，想要自暴自弃了。她已厌倦抗争和奋斗，好像一个问题刚解决，新的问题就又出现了。

她的父亲是位厨师，他把她带进厨房。他先往三只锅里倒入一些水，然后把它们放在旺火上烧。不久锅里的水烧开了。他往一只锅里放些胡萝卜，第二只锅里放一个鸡蛋，最后一只锅里放入碾成粉末状的咖啡豆。他将它们放入开水中煮，一句话也没有说。

女儿咂咂嘴，不耐烦地等待着，纳闷父亲在做什么。大约 20 分钟后，他把火闭了，把胡萝卜捞出来放入一个碗内，把鸡蛋捞出来放入另一个碗内，然后又把咖啡舀到一个杯子里。做完这些后，他才转过身问女儿，“亲爱的，你看见什么了？”“胡萝卜、鸡蛋、咖啡”，她回答。

他让她靠近些并让她用手摸摸胡萝卜。她摸了摸，注意到他们变软了。父亲又让女儿拿鸡蛋并打破它。将壳剥掉后，她看到鸡蛋被煮熟了。最后，他让她喝了咖啡。品尝到香浓的咖啡，女儿笑了。她怯生生问道：“父亲，这意味着什么？”

父亲解释说，这三样东西面临同样的逆境——煮沸的开水，但其反应各不相同。胡萝卜入锅之前是强壮的、结实的，毫不示弱；但进入开水之后，它变软了、变弱了。鸡蛋原来是易碎的，它薄薄的外壳保护着它呈液体的内脏。但是经开水一煮，它的内脏变硬了。而粉末状的咖啡豆则很独特，进入沸水之后，它们倒改变了水。“哪个是你呢？”他问女儿。“当逆境找上门来时，你该如何反应？你是胡萝卜，是鸡蛋，还是咖啡豆？”

问题：该故事对企业营销管理者有何启示？

2．案例分析题

抖音营销让你的营销“抖”起来

快消品主流的消费人群是 15～35 岁的年轻人，随着移动互联网的发展，这群人不再聚焦传统媒体（报纸、电视台、收音机），而是专注手机端，尤其是以抖音为主的短视频平台。

目前，抖音的日活跃用户已高达 2.5 亿人，月活用户高达 4.7 亿人，是淘宝的 5 倍（淘宝日活用户 4700 万人）。用户的黏性远远超过微博、微信公众号等新媒体平台。而且抖音的用户多是 15～39 岁的主流人群，刚好和快消品主流人群高度吻合。

一、抖音营销早已火遍大江南北

抖音的品牌传播价值、卖货价值、引流价值日趋凸显。越来越多的企业意识到抖音的营销价值，小米、蒙牛、格力、海底捞等超过 26.1%的中国 500 强品牌都开始入驻抖音。

云南昭通一位果农利用抖音传播销售，就是拍苹果切开后的视频，观众可以通过视频听到很清脆的声音，加上有糖心的视觉效果，销售转化非常强大。

杭州的一位商家利用抖音、快手等短视频平台给天猫店引流，30 天卖了 665 733 件货，销售额达 9133.65 万元，平均每天出货 2 万多单，销售额 30 多万元。一年的销售额高达 10 亿元。

国内的众多企业，也看到了抖音巨大的营销价值，纷纷入驻抖音。卫龙辣条、江小白等知名企业，都在布局并研究抖音，如图 9-12 所示。其中，卫龙辣条的抖音账号每天给天猫店带来大量订单引流。

图 9-12　卫龙辣条、江小白抖音账号示意图

二、企业运营，抖音营销两大核心好处

1. 传播品牌

抖音的第一大价值就是传播品牌。抖音是一个短视频媒体平台，有众多内容做得好，阅读量上百万、上千万的作品。打造一个抖音账号，相当于企业自建了一个专属的电视台。

王老吉在抖音做了几次话题活动，投资额只有几百万，传播量却异常惊人，其中“开启美好吉祥年”，阅读量高达 63.7 亿次，相当于几亿元的央视广告效果，具有惊人的传播价值。

2. 抖音可以直接卖货

抖音可以直接卖货，凭借视频快速的吸引力，可以快速实现销售转化。

抖音上有很多做广告的产品案例，看一下真实的销售量，每月最低都是几万单，每单价格在 99 元、138 元、128 元，基本上每个产品月销售额都在几百万元以上，按照这样的单月销售数据，每款产品一年销售额都在几千万元以上，是非常惊人的。

一家白酒销售公司——北京酒多多商贸公司，通过抖音平台推广销售白酒。2018 年 3 月开始起步，一年时间从零开始，销售额达 6.8 亿元，2019 年的目标是 20 亿元，远远超过传统酒商的发展速度，这就是抖音营销的力量。

三、企业如何利用抖音做营销？

1. 账号定位与设计

首先要思考，利用抖音卖货，还是传播品牌。大部分企业都希望利用抖音卖货，但不是所有的产品都适合在抖音直接推销。如果你的商品没有清晰的视觉差异化，利用抖音卖货就会很难，消费者看不到你的商品独特差异化，自然无法快速产生购买欲望。

其次要设计账号的整体 VI 形象。找一个专业的设计师，做一个头像 LOGO，设计一个背景墙，或者精心选择几张优质图片，但是整体的视觉形象要符合自己的账号定位。

2. 团队组建

抖音的作品全是视频作品，企业要组建一个小型的视频创作团队。一般情况下，3～6 人，岗位编制包括策划、编剧、导演、摄影师、剪辑。企业可以根据自己的实力和投入情况确定人员数量，然后根据企业的定位创作相关的视频。

3. 创作与发布

抖音视频能否爆火，取决于垂直度、健康度、活跃度、互动度、原创度等多方面因素。根据抖音的相关规则，企业账号尽量 1～2 天发布一个作品。内容、风格、视觉上要做到垂直统一，尽量融入时尚流行的音乐元素。

发布视频的时间尽量选在 13：00—14：00、17：00—18：00、19：00—20：00，这三个时间段是抖音用户活跃度最多的时候，此时上传作品容易上热门。

4. 先开枪，再瞄准

很多爆火的抖音账号，最初的作品和风格都是混乱的，慢慢地通过与粉丝的互动交流，就会逐渐找到自己的平衡点，找到账号的合适风格、内容定位，逐渐就成熟了。

5. 一定要有专家指导

抖音是集新媒体、电商、社交、摄影于一体的综合性媒体营销平台，比较复杂，运营并非易事，一定要找专家指导。建议企业找一个专业的机构学习一下抖音的相关规则和营销技巧，系统地学习。

（资料来源：微信公众号：销售与市场　作者：刘大贺　2019 年 7 月 25 日）

问题：

企业抖音号如果要和年轻消费者达成良好的营销沟通，应注意哪些问题？

3．章节综合实训

店容店貌对消费心理影响状况调研

实训目的：

结合本章“营销沟通与消费心理”的知识内容，熟悉店容店貌与消费心理的关系，以商业街实体店面调研的形式，了解店容店貌对企业经营的影响。

实训课时：

4 课时。

实训内容：

（1）班级分组，5～6 人一组，并给予不同的分工。

（2）选择商业街某一大型商店。

（3）针对该商店，利用手机拍摄等形式收集该商场的店容店貌情况。

（4）针对收集的资料，对其店容店貌的特色及问题进行分析。

（5）撰写调研分析报告。

（6）撰写汇报 PPT。

（7）汇报 PPT。

（8）教师点评。

实训条件：

带学生电脑的多媒体实训室。

实训要求：

项　目	内 容 要 求	分 值 比 例
实地调研	注意文字、图片、视频资料的收集	20%
头脑风暴	注意经验与问题的挖掘	20%
调研分析报告撰写	一份，注意文字、图片、视频等使用	20%
PPT 撰写	一份，注意文字、图片、视频等使用	20%
汇报效果	汇报视频录像一份，现场汇报，注意展示效果	20%

名人名言

如果你是对的，就要试着温和地、技巧地让对方同意你；如果你错了，就要迅速而热诚地承认。这要比为自己争辩有效和有趣得多。

——戴尔·卡耐基

第10章

营销人员心理

知识要点

- ❖ 营销人员的类型
- ❖ 营销人员的心理品质的主要内容
- ❖ 营销人员的心理培训的含义及主要内容

能力要点

- ❖ 熟悉营销人员的类型划分及行为表现
- ❖ 掌握优秀营销人员的心理品质的基本要求，并在工作学习过程中着重培养

导入案例

李彦宏：不负韶光 砥砺前行

从北大资源楼 420 室的一个窗口斜望过去，可以看到北大校园中的 43 号楼，2000 年 3 月，百度公司就诞生在那里。那里，是全国政协委员、百度公司创始人李彦宏回望青春的窗口，也是李彦宏理想与梦想启程的地方，如图 10-1 所示。

图 10-1　李彦宏

如今的百度，已由起步时期的几个人，发展成为一个拥有三四万员工，市值近千亿美元的大型公司。2014 年 7 月 17 日，在巴西总统府，国家主席习近平与巴西总统罗塞夫共同启动百度巴西葡语版搜索引擎，李彦宏在现场输入了首个葡语版搜索关键词“BrasilChina”（巴西中国），页面显示出“中巴建交 40 周年”主题的搜索结果。

回望百度 15 年的历程，李彦宏说，当你心中有理想，再艰苦也会变得无关紧要。心有理想，才会有激情去克服困难。

1991 年，李彦宏在北大毕业，远赴美国学习计算机。不到 10 年，李彦宏拿到了美国绿卡，并拥有一份年薪 10 万美元的工作。就在他逐渐实现自己的“美国梦”时，一位美国教授问：“你是从中国来的?中国有计算机吗?”戏谑之言，激起了他的中国情结。

中国的互联网业必将让全世界刮目相看！李彦宏抱着这样的“中国梦”回国。当年北大资源楼里的百度公司，整夜亮着灯，有人困了，就躺在椅子上睡；有人实在扛不住睡意，就去厕所洗把脸，再回到计算机前；“烟民”们在厕所旁的过道里吞云吐雾解乏，听夏虫唱着夜的歌。

严酷的市场环境从来就没有诗意。2002 年，李彦宏确立百度公司的第一波冲刺——“闪电计划”：让百度引擎在技术上全面与 Google 抗衡，部分指标还要领先 Google。9 个月里，“闪电侠”们在李彦宏的领导下攻关，他们一共 15 人，而 Google 类似的研发团队有 800 人。

当时，团队中有人买了一部遥控玩具汽车，把需要交换的磁盘和文档放在玩具车上，谁需要什么，就由车运过去；还有人买了滑板车，站在滑板上去财务室报账。大家铆足了干劲，只争朝夕。

期间，李彦宏生病住院，他还给大家打气：“我们是在自己的国家‘打仗’，你们不是对 Google 不服气吗？这回真刀真枪干起来了，谁怕谁？”

2002 年 12 月，“闪电计划”大功告成。百度的市场队伍白天见客户，晚上见媒体，“闪电”推广，很快就让中国网民明白：中国人自己的搜索引擎，不比 Google 差。

百度公司初创阶段，一位美国投资人要求李彦宏把某个项目的完成时间由 6 个月缩短为 4 个月，并将追加 50%的投资。但李彦宏出于对质量的顾虑婉言拒绝了。几分钟的沉默之后，投资人却大笑起来。他说：“您是一个很真实和稳重的人，把钱投给您这样的人，我们很放心。”3 年后，百度上市，全球私募基金在亚洲有史以来投资回报的最高纪录证明了这位投资人的判断。

"我们应该珍惜青春，尽快成长。成长，不仅是专业技能的进步，更重要的是个人心性的磨炼。在这样美好的年纪，我们有尝试错误和承受失败的勇气，也有从失败中学习、让自己羽翼丰满的机会。"李彦宏如是说。

（资料来源：中国网 http://www.china.com.cn/cppcc/2015-05/04/content_35479651.htm）

【头脑风暴及实践应用】

头脑风暴：

李彦宏作为一名成功的创业者，其具备了哪些优秀的心理素质？

实践应用：

选择一名你熟悉的成功企业经营者，对其成功经历进行剖析。你是否具备了基本的成功营销者的心理素质？

随着市场经济的发展，市场竞争越来越激烈，营销人才的需求逐年递增，需求量连年位居第一。李彦宏的故事给了我们一定的启示，即优秀的营销人员是企业产品实现成功营销的最关键的要素之一。营销人员的心理状态和营销行为素质的高低是决定企业市场发展潜力的重要指数。

10.1　营销人员的类型及其对消费心理的影响

10.1.1　营销人员的类型

根据销售行为的具体表现，营销人员可以分为活跃型、沉默型、专家型、关系型、投机型和精细型六种类型，每种类型的营销人员都体现了不同的销售行为特色。

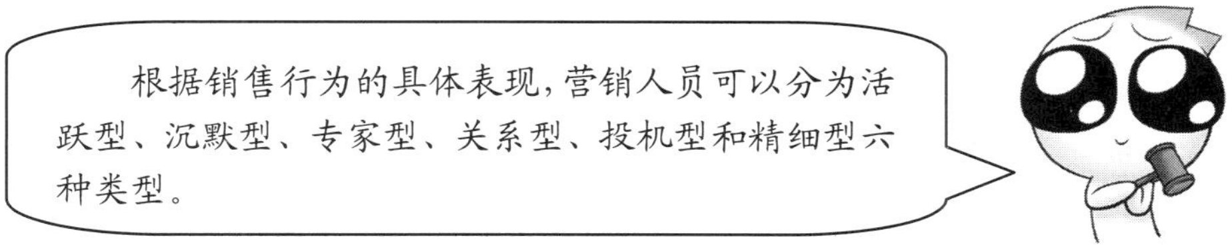

1. 活跃型

活跃型营销人员性格外向，情感丰富，精力旺盛，富有朝气和想象力，善于与人交往，思路敏捷，容易与消费者迅速达成交易。该类营销人员多能言善辩，且具有一定的进攻性，故又称为"疯狂狼型"。消费者对商品提出质疑或反对意见时，其会处于极度亢奋的状态，穷追不舍，直到消费者最终对商品或服务认同为止。这类营销人员较适合具有挑战型的市场。但其缺点是情绪不稳定，情绪化较严重，缺乏持久性与耐力，营销业绩不稳定。

2. 沉默型

沉默型营销人员性格内向，性情孤僻，不爱交际，接待消费者时不爱主动说话，情感不外露，故又称为"沉默羊型"。该类营销人员与活跃型的相比较不善言，但在遇到消费者时普遍表现沉稳、具有韧性，虽言语不多，但发自于内心，从消费者的利益出发，容易打动消费者，取得信任，效率较高。沉默型营销人员的业绩较稳定，并能够保持持续增长的态势。但其缺点是容易被误解为缺乏勇气、性格内向而遭到淘汰。

讨论

活跃型和沉默型营销人员是较为常见的类型，你属于哪一种？试分析原因。

____

____

3．专家型

专家型营销人员通过掌握专业知识而征服消费者。消费者普遍对掌握专业知识的营销人员有较强的信任感。在多数需要一定技术能力的企业中，专家型营销人员在市场上更容易成功，且服务质量好、信誉度高。但其缺点是过分关心技术，忽略人际关系的建立，不能长久地维系消费者，甚至有时过分地正规而疏远消费者，不利于建立长久的个人感情。

4．关系型

关系型营销人员具备超强的人际沟通能力，短时间内可进入消费者的私人关系圈，取得其信任。该类营销人员在某些市场环境下有着强大的生命力，如关系型营销人员与专家型营销人员共同经营同一个项目，往往是前者胜出，因为其更容易获得消费者的欢心与信任。但值得警惕的是，单纯的关系型营销并不是企业鼓励的方向，不是企业长期发展的中坚力量。

5．投机型

投机型营销人员有较强的进取心，思路敏捷，沟通迅速，营销特点就是等待并且不断地寻找机会。该类营销人员很容易在初期的市场中生存，或者是在竞争对手的强势地区生存，但是在相对成熟的市场中就会成为企业的麻烦。因为此类营销人员更加强调投机与不劳而获，在需要精耕细作方面绝对不是他们的优势。

6．精细型

精细型营销人员的性格沉着冷静，注意力集中，待客耐心周到，细致入微，依靠自己的劳动获得可靠而稳定的报酬。该类营销人员是市场成熟状态下最佳的营销类型，注重自己的领地，并信心十足地投入，促进区域市场的成熟与稳定，增强区域市场的精细化管理。精细型营销人员之间可以和睦相处，很少产生恶性竞争，从而最大的保护了企业的利益。

10.1.2　营销人员对消费心理的影响

营销人员所从事的营销活动不是一个消极被动适应消费者需要的行为过程，而应以消费者为中心，积极主动地创造良好的营销氛围，努力满足不同消费者心理需要，并通过自己的语言行为积极促成消费者的购买行为，是一种主观能动的行为过程。

1．礼仪形象影响消费者的认知过程

礼仪是营销工作中的重要组成部分，关系着其他营销环节的进展程度。消费者对企业和商品的认知和评价往往是从对营销人员的仪表感觉开始的。营销人员精神饱满、体态健康、落落大方、言行文雅，可以使消费者愿意与之交往并放心购买商品。

营销人员的礼仪素养包括仪容、着装、表情、体态、称谓、握手、言语、名片、信函等方面。营销人员要给消费者留下良好的第一印象，在营销工作开始前就赢得消费者的好感，从而为接下来的合作打下良好的基础。

2．服务态度影响消费者的情感过程

消费者的情感过程是消费者对客观现实是否符合自己需求而产生的态度体验的过程，贯穿于购买心理活动中的评定阶段和信任阶段。营销人员的优质服务，直接影响消费者的最后购买。

为消费者着想，向消费者提供必要的售前服务，能够使消费者对企业产生好感。营销人员在售中为消费者提供耐心的介绍、周到的服务，传递更多商品信息，做好消费者的参谋，刺激消费者的购买激情，帮助消费者进行决策。营销人员为消费者提供可靠的售后服务，可以使消费者对企业产生积极的评价，实现重复性购买。

10.2　营销人员的心理品质

营销人员的心理品质是指市场营销人员在营销过程中应具备的心理能力的总和，可以分为情感品质、意志品质和能力品质三个层次八个方面。

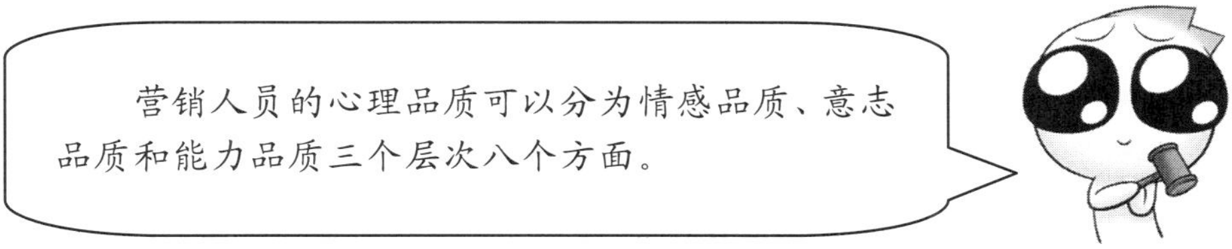

10.2.1　营销人员的情感品质

1．雄心壮志

作为一名营销人员，应拥有明确的营销目标，全力以赴，通过自身的意志抵抗身体上的

慵懒和精神上的疲惫，最终才会取得成功。一个心态积极的营销人员常会心存光明远景，即使身陷困境，也会以愉快的心情走出泥潭，迎接未来。

[实例链接 10-1]

三个销售员

三个图书销售员辛苦工作了一天，晚上一起聊天，第一个人抱怨说：“我的腿都跑断了，才卖出去一本书，这样下去不是累死就是饿死。”第二个人说：“我也只卖出了一本，不过只要明天多跑几家，相信我会卖出更多。”第三个人信心十足地说：“我今天虽然一本也没有卖出去，但是明天我一定会卖出去十本！”几年后，第一个销售员更换了很多工作，失败后只好又回来卖书，第二个销售员很勤恳地成了公司的销售经理，第三个销售员则自己开了一家图书公司。

2．满怀信心

满怀信心是优秀营销人员最重要的心理品质，只有有信心才会勇往直前。坚强的信心是成功的源泉，不论营销人员才干大小、天资高低，成功取决于其坚定的信心。

[实例链接 10-2]

你 做 得 到

小姑娘玛丽的父亲体弱多病需要照顾，她承担了家中许多家务，虽然很多家务对于年仅七岁的孩子来说勉为其难，并非常具有挑战性，但是她照干不误，因为妈妈总是鼓励她说：“亲爱的，你做得到！”正是从磨炼中悟到了这个道理，后来玛丽缔造了著名的“玫琳凯化妆品公司”，“你做得到！”成为玫琳凯公司的座右铭，吸引了很多家庭主妇加入了他们的公司，成为优秀的销售员。小姑娘玛丽就是后来玫琳凯（全球知名美容美妆品牌）化妆品公司的老板玫琳·凯·艾许，如图 10-2 所示。

图 10-2　玫琳·凯·艾许

3．诚实正直

马克·吐温说：“当你处在进退两难的境地时，就说出真话，真实是我们拥有的最有价值的东西。”诚实正直的营销人员心胸坦荡，能够获得客户的尊重与信任，从而获得长期的收益。

[实例链接 10-3]

空调的噪声

小月是某空调公司的销售代表，当消费者抱怨说空调的噪声高达 40 分贝太吵时，她没有骗消费者说只有 30 分贝，而是承认空调运转之后确实是 40 分贝，但是 40 分贝是一般空调的正常噪声，而此款空调制热好，一般空调制冷都没问题但却大都存在制热不好的问题，而这往往是很多消费者忽略的问题。正是小月诚恳地将简单的事实解释清楚了，又解决了消费者心里的疑惑和担忧，因此这位消费者最终为刚装修完的新房一下买了四台空调。

10.2.2　营销人员的意志品质

1．积极进取

一个营销人员的成功，除了与他的天分、能力和内在动力有关之外，还离不开一个重要的因素，就是积极的心态和乐观的精神。

积极进取的营销人员一定比消极悲观的营销人员更能销售成功。积极的心态就是一扇机会之门，可以为营销人员展现营销技巧和雄心壮志，并赢得消费者的信赖。

2．持之以恒

莎士比亚说："多少次的砍伐，虽然只用一把小斧，却能砍下坚硬的橡树。"当营销人员从事销售工作时，除了满腔热情之外，更要有足够的恒心和毅力作为坚强的后盾。唯有持之以恒，才能在面对挫折和失败后仍能一如既往。

[实例链接 10-4]

"推销之神"——原一平

图 10-3　原一平

原一平（见图 10-3）在日本保险业是一个声名显赫的人物。有段时间推销对象是一家大汽车公司，原一平每次去汽车公司都需要 6 个小时的时间，这样的推销访问总共 300 多次，时间长达 3 年之久。3 年后，原一平终于迎来了盼望已久的成功。如果没有执着的精神，这样的业务是根本谈不下来的。原一平正是凭着一种坚韧不拔的精神，最终才取得了辉煌的成就，成为日本保险业连续 15 年全国业绩第一的"推销之神"。

10.2.3 营销人员的能力品质

1．敏锐观察

营销人员应该对市场行情明察秋毫，并能从普通的市场销售资料中发现营销机遇，发现潜在的问题，捕捉一切对自己生存发展有利或不利的信息，养成冷静、细心、严谨的思维习惯，不失时机调整营销对策，赢得更多的胜利。

2．机智应变

机智应变能力是营销人员应具有的基本能力之一，是一种根据不断发展变化的主客观条件，随时调整行为的能力。在营销活动中，营销人员必然会遇到各种各样的问题和困难，而努力去解决问题和克服困难的过程，就是增强人的应变能力的过程。因此，在工作、学习和日常生活中，营销人员应遇事冷静，学会自我检查、自我监督、自我鼓励，有助于培养良好的应变能力。

3．善于交际

优秀的营销人员在谈业务时，如和风细雨，不但消费者感觉不到其在订货，反而犹如与老友见面，与同行探讨话题，显得亲切随意而又惬意。善于交际是营销人员的一项非常重要的能力。营销人员要拓宽自己的知识面，勤于思考，要有自己的看法和主张，做到虽不精但有一定的深度，这样便于主动寻找消费者感兴趣的话题，拉近与消费者之间的距离。

优秀营销人员的心理品质：
（1）情感品质：雄心壮志、满怀信心、诚实正直；
（2）意志品质：积极进取、持之以恒；
（3）能力品质：敏锐观察、机智应变、善于交际。

10.3 营销人员的心理培训

10.3.1 营销人员心理培训的含义

营销人员心理培训是指根据营销人员的心理发展特点而开展的有针对性的心理品质方面的培养和训练。培训的内容可以包含认识活动、情感活动和意志活动三个方面。

由于不同的营销人员智力水平、性格特征、认知过程、思维方式等不同，因此进行心理培训的方式方法和培训重点也应该各有侧重。

开展营销人员心理培训具有以下意义：

（1）有助于提高营销人员的心理素质。
（2）有助于提高营销人员的服务效率。
（3）有助于营销人员正确认识自己，解决心理问题。

10.3.2　营销人员心理培训的内容

营销无疑是最具挑战性的职业之一，充满了艰辛，同时也是让个人最容易突破自己，快速成长的职业。下面五项培训内容将指引营销人员走向成功之路。

1．培训一：对自己提出强烈的使命感

一名营销人员走向卓越的起点是要找到自己的使命，然后要懂得在使命感下树立自己奋斗的短期目标和长期目标。例如，是要成为最优秀的营销人员还是争当同类品牌中的第一名，或者两年成为区域经理，五年成为总监或总经理等。只有确定了人生价值的使命，在实现个人的短期目标和长期目标的奋斗中，人才会获得源源不断的动力，从内心深处激励自己走向成功。

2．培训二：在实战中用困苦和失败反复磨砺自己

踏上追求卓越的征程，营销人员也就开始了对困苦和失败的品尝之旅。对此营销人员必须有足够的承受能力，“天将降大任于斯人也，必先苦其心志，劳其筋骨，饿其体肤。”

首先，营销人员不可轻视任何的简单工作，一方面要熟悉最基层的日常事务，先把简单的事情做好本身就是不简单；另一方面营销人员要找到简单工作的改进方法。

其次，营销人员要耐心地承受，虚心地学习。营销人员只有虚心请教，身边的领导或消费者才会乐意不加保留地传授他们的经验。针对领导或消费者的批评甚至训斥，营销人员要真诚地接受，因为这正是向专家和权威学习的机会。

最后，营销人员要懂得积累。对于胸怀天下的人来讲，今天的每一步历练都是未来做出重大决策的依据和基础。营销人员一定要有自己的日记本，对每天的工作进行认真详细的记录，并注明自己的心得和感想。

3．培训三：树立较高的职业道德水准

营销人员在市场上奔波，时时刻刻都要记得虽然天天在销售一种商品，但是自己手上却有两个品牌：左手上是所要销售的商品或服务的品牌，右手上就是自己的品牌。这两个品牌的成功推销是营销人员获得长期业绩增长的关键。很多人会为了达成生意而轻诺寡信，或者背信弃义，虽然在一些场合拿到了订单，却将永远地失去客户。

公司和消费者都是自己的衣食父母，因此营销人员要懂得感恩！每家公司都会存在一些问题，营销人员所能做的和所要做的是跟公司的领导和同事负责任地去讨论存在的问题，找到积极的解决途径，而不是在别人面前诋毁和攻击所在的公司，别人看低了你的公司，你也会随之同样贬值。

商场如战场，营销人员制定策略可以遵循“兵不厌诈”的原则，但是很多职业道德的禁区不可轻易跨越，遵守共同的游戏规则是市场有序竞争的必然要求。

4．培训四：让自己拥有持续的学习能力

未来最糟糕的人不是没有文化或没有能力的人，而是不懂得持续学习的人。学习能力是人的知识、实践、沟通、表达、领导等能力之外更重要的能力。很多民营企业的老板并没有什么本科、硕士或 MBA 证书，但是他们的知识结构却并不输给名牌大学毕业的高才生。其主要原因就是其具有良好的持续学习能力。

营销人员不可停止自己学习的步伐，它会为你带来惊人的前进动力。现代社会学习的途径越来越多，电视、报纸、网络、沙龙、俱乐部、邮件，甚至手机都是除了读书以外可以获取更多信息、知识、经验和观点的有效途径。

5．培训五：策划并且增强你的影响力

营销人员要具有良好的沟通和协调能力，此外还必须具备影响别人思想和行为的能力。不论是你的客户还是同事，你的员工或领导，要让他们了解你的计划，并且全力支持你，主动、彻底、积极、认真地去实施你制订的整个计划，直至最后成功。

营销人员在很多时候要在客户面前表现出专家的形象来，否则他就不会重视你的建议，从而无法对他的购买行为产生影响。美好、诱人的商业计划，必须依靠影响人员的影响力来实现。所以，在营销人员对商品或服务有很大把握时，最初的虚心学习的态度要转变成足够的霸气和自信——“我是专家，听我的，肯定没错！”

营销人员必须准备为了影响消费者达到目标而制定详细、可行的行动方案。此时必须考虑各方面的因素和所要面对的困难，并预先估计后期可能会出现的最恶劣的局面，让客户了解最坏的结果，要充分准备解决困难的对策，消费者才会心甘情愿受你影响，对你言听计从。所以，只有信息量的大量占有，并且对以后发生的每一件事情的可能性做出充分、合理的估计，营销人员的影响力才会发挥作用。

知识练习与思考

1．填空题

（1）营销人员的心理品质是指营销人员在（　　　　）中应具备的（　　　　）的总和。

（2）心理培训是指根据人的（　　　　）特点而开展的有针对性的（　　　　）方面的培养和训练。

（3）通过专业知识的掌握而征服消费者的营销人员叫作（　　　　）型。

（4）营销人员的意志品质包括（　　　　）和（　　　　）两个方面。

（5）营销人员应该在实战中用（　　　　）和（　　　　）反复磨砺自己。

2．判断题

（1）营销人员类型中的活跃型是在用嘴营销，而沉默型是在用心营销。（　　）

（2）关系型营销人员用扎实的专业知识开拓客户。（　　）

（3）精细型营销人员就像农民一样，依靠自己的劳动获得可靠而稳定的报酬。（　　）

（4）营销礼仪是指人们在长期从事商品流通和服务行业等各种经济行为中逐渐形成并自觉遵循的一系列礼仪规范。（　　）

（5）雄心壮志、满怀信心、诚实正直是营销人员优良的情感品质。（　　）

3. 复习思考题

（1）根据销售行为的集体表现划分，营销人员有哪些类型？各自有哪些销售行为特点？

（2）营销人员类型形成的影响因素有哪些？

（3）优秀的营销人员应该具备哪些心理品质？

（4）优秀的营销人员应该进行哪些方面的心理培训？

职业技能训练

1. 思维训练题

铁轨旁的转换器

有一群小朋友在外面玩，而那个地方有两条铁轨：一条在使用，一条已经停用。只有一个小朋友选择在停用的铁轨上玩，其他的小朋友全都在仍在使用的铁轨上玩。很不巧，火车来了（而且理所当然地往上面有很多小孩的、仍在使用的铁轨上行驶），你正站在铁轨的转换器旁，因此你能让火车转往停用的铁轨，这样的话你就可以救了大多数的小朋友，但是那名在停用铁轨上玩的小朋友将被牺牲。

问题：这时候，你会怎么办？

2. 案例分析题

俞敏洪在北大开学典礼上的演讲（节选）

俞敏洪北大演讲：回忆北大生活

各位同学、各位领导：

大家下午好！非常高兴许校长给我这么崇高的荣誉，谈一谈我在北大的体会。

可以说，北大是改变了我一生的地方，是提升了我自己的地方，使我从一个农村孩子最后走向了世界的地方。没有北大，肯定就没有我的今天。一连串美好的回忆，大概也留下了一连串的痛苦。正是在美好和痛苦中间，在挫折、挣扎和进步中间，最后找到了自我，开始为自己、为家庭、为社会能做一点事情。

学生生活是非常美好的，有很多美好的回忆。有很多事情特别让人感动。比如说，我们很有幸见过朱光潜教授。在他最后的日子里，是我们班的同学每天轮流推着轮椅在北大里跟他一起散步。每当我推着轮椅的时候，我心中就充满了对朱光潜教授的崇拜，一种神圣感油然而生。我也记得我的导师李赋宁教授，北大英语系的主任，他给我们上《新概念》第四册的时候，每次都把板书写得非常的完整，非常的美丽。每次都是从黑板的左上角写起，等到下课铃响起的时候，刚好写到右下角结束。我还记得我的英国文学史的教授罗经国教授，我在北大最后一年由于心情特别不好，所以考试不及格。我找到罗教授说："这门课如果我不及格就毕不了业。"罗教授说："我可以给你一个及格的分数，但是请你记住了，未来你一定要做出我值得给你分数的更大的事业。"

我记得自己在北大的时候有很多的苦闷。因为，一是普通话不好，第二呢英语水平一塌糊涂。尽管我高考，经过三年的努力考到了北大——因为我落榜了两次，最后一次很意外地考进了北大。但是实际上我的英语水平很差，因为在农村既不会听也不会说，只会背语法和单词。我们班分班的时候，五十个同学分成三个班，我就被分到了 A 班，因为我的英语分数接近满分。但是一个月后，我一个人被调到了 C 班。C 班叫作"语音语调及听力障碍班"。

我记得自己进北大以前连《红楼梦》都没有读过，所以看到同学一本一本书在读，我拼命地追赶。结果我在大学差不多又读了八百多本书，用了五年时间。但是，依然没有赶超上我那些同学。记得我在北大的时候，到大学四年级毕业的时候，我的成绩依然排在全班最后几名。但是，当时我已经有了一个良好的心态。我知道我在聪明上比不过我的同学，但是我知道我有一种能力，就是持续不断的努力。所以在我们班的毕业典礼上我说了这么一段话，到现在我的同学还能记得，"大家都获得了优异的成绩，我是我们班的落后同学。但是我想让同学们放心，我决不放弃。你们五年干成的事情我干十年，你们十年干成的我干二十年，你们二十年干成的我干四十年"。

有一个故事说，能够到达金字塔顶端的只有两种动物，一是雄鹰，靠自己的天赋和翅膀飞了上去。我们这儿有很多雄鹰似的人物，很多同学学习不需要太努力就能达到最高峰。很多同学后来可能很轻松地就能在北大毕业以后进入哈佛、耶鲁、牛津、剑桥这样的名牌大学继续深造。有很多同学身上充满了天赋，不需要学习就有这样的才能。但是，大家也都知道，有另外一种动物，也到了金字塔的顶端。那就是蜗牛。蜗牛肯定只能是爬上去。从低下爬到上面可能要一个月、两个月，甚至一年、两年，但是在金字塔顶端，人们确实找到了蜗牛的痕迹。我相信蜗牛绝对不会一帆风顺地能够爬上去，一定是会淖下来、再爬、掉下来、再爬。但是，蜗牛只要爬到金字塔顶端，它眼中所看到的世界，它收获的成就，跟雄鹰是一模一样的。我在北大的时候，包括到今天为止，我一直认为我是一只蜗牛。但是我一直在爬，也许还没有爬到金字塔的顶端。但是只要你在爬，就足以给自己留下令自己感动的日子。如果我们的生命不为自己留下一些让自己热泪盈眶的日子，你的生命就是白过的。

就本人而言，我觉得只要有两样东西在心中，我们就能成就自己的人生。

第一样是理想。我从小就有一种感觉，我希望穿越地平线，走向远方，我把它叫作"穿越地平线的渴望"。也正是因为这种强烈的渴望，使我有勇气不断地高考。当然，我生命中也有榜样。比如说我有一个邻居，非常的有名，是我终生的榜样，他的名字叫徐霞客。当然，是五百年前的邻居。徐霞客的那种给我带来的那种感动或者说是羡慕，直接导致我在高考的时候地理成绩一百分考了九十七分。也是徐霞客给我带来了穿越地平线的这种感觉，所以我也下定决心，进入北大以后，如果徐霞客走遍了中国，我要走遍世界。而我现在正在实现自己这一梦想。只要你心中有理想，有志向，同学们，你终将走向成功。你所要做到的就是在这个过程中间要有艰苦奋斗、要有忍受挫折和失败的能力，要不断地把自己的心胸扩大，才能够把事情做得更好。

第二样是良心。什么叫良心呢？就是要做好事，要做对得起自己对得起别人的事情。有良心有的时候会从你具体的生活中间体现出来。我来讲两个小故事。

第一个小故事。我们有一个同学，家庭比较富有，每礼拜天晚上来北大的时候都要带很多的苹果。我们刚开始非常的高兴，以为是一人一个，结果他是自己一天吃一个。而且连续吃了好几年，我们难得能吃到他的苹果。尽管苹果是他的我们不能抢，但是我从此对他留下一个印象，就是这个孩子太自私。后来我们班很多同学成功了，他还没有取得成功。后来他来找我们说，我能不能加入你们。我们几个同学讨论了一下这个事，不能让他加入。原因很简单，我们没法肯定他跟我们一起做成事情以后，是不是会独吞他所拥有的东西。因为在大学的时候他从来没有过分享精神。所以，对同学们来说在大学时代的第一个要点，你得跟同学分享你所拥有的东西，感情、思想、灵魂、财富，哪怕是一个苹果也可以分成六半大家一起吃。因为你要知道，这样做你将来能得到更多，你的付出永远不会是白白付出的。

我再讲一个我自己的故事。我在北大待了十一年，五年的学生，后来六年半的老师。在北大当学生的五年，我从小就热爱劳动，我这个人呢成绩一直不怎么样，但是呢我却希望引起别人的注意，所以我从小学一年级到大学就一直打扫卫生，希望老师可以不骂我。到了北大以后养成了一个良好的习惯，每天都为宿舍同学打扫卫生，一打扫就打扫了四年，从来没有过怨言。所以我们宿舍从来没排过卫生值日表。每天我都拎着六个水壶，给宿舍同学打水，把它当作是一种体育锻炼。整整四年过去了，最后还产生这样一种情况，有的时候我难得忘了打水，我宿舍同学说"俞敏洪怎么还不去打水"。但是我觉得对我来说这就是我应该做的。很多人都认为我这件事情是白做了。又过了十年，到了九五年年底的时候新东方做到了一定规模，我希望找合作者，结果就跑到了美国和加拿大去寻找我的这些同学。我为了诱惑他们回来还带了一大把美元，每天非常大方地花钱，想让他们知道在中国也能赚钱。但是后来他们回来给了我一个理由让我大吃一惊。他们说："俞敏洪，我们回去是冲着你过去为我们打了四年水。"他们说："我们知道，你有这样的一种精神，你有饭吃肯定不会给我们粥喝，所以让我们一起回中国，共同干新东方吧。"才有了新东方的今天。

人的一生是奋斗的一生，人的一生分成琐碎和伟大。如果我们有一个伟大的理想，我们有一颗善良的心，我们一定能把很多琐碎的日子堆砌起来，变成一个伟大。但是如果你每天庸庸碌碌，没有理想，从此停止进步，那未来你一辈子的日子堆积起来将永远是一堆琐碎。所以在这儿，我希望我们所有的同学能把自己每天平凡的日子堆砌成伟大的人生。

俞敏洪演讲现场如图 10-4 所示。

问题讨论：

俞敏洪的演讲中体现了哪些未来成为优秀的营销者需具备的基本心理素质？

图 10-4　俞敏洪北大演讲

3．章节综合实训

消费心理学课程学习总结分析

实训目的：

结合本学期所学的课程整体知识内容，以及本章“营销人员心理”的章节内容，对本学期的学习情况进行总结，并对未来从事营销管理类工作所应具备的能力和素质进行分析，制订下学期学习计划。

实训课时：

2课时。

实训内容：

（1）撰写学习情况总结。

（2）每小组推荐一名同学，对学习收获情况进行汇报。

（3）教师点评。

实训条件：

带学生电脑的多媒体实训室。

实训要求：

项　目	内容要求	分值比例
总结完成情况	注意对本学期的课程学习情况的总结	50%
学习反思	对本人未来从事营销类工作的能力和素质的剖析	20%
学习计划	制订下学期学习计划	30%

名人名言

如果想法改变，态度就会改变；如果态度改变，行为就会改变；如果行为改变，习惯就会改变；如果习惯改变，人格就会改变；如果人格改变，命运就会改变；如果命运改变，人生就会改变。只要决心成功，失败永远不会把我击垮！

——奥格·曼狄诺

参考文献

[1] 臧良运. 消费心理学（第 2 版）. 北京：北京大学出版社，2015.

[2] 单凤儒. 营销心理学. 北京：高等教育出版社，2014.

[3] 肖涧松. 消费心理学（第 3 版）. 北京：高等教育出版社，2018.

[4] 肖涧松. 现代市场营销（第 2 版）. 北京：高等教育出版社，2017.

[5] 柯洪霞. 消费心理学. 北京：对外经济贸易大学出版社，2006.

[6] 田义江. 消费者心理学. 北京：科学出版社，2005.

[7] 李凤燕. 新编消费心理学. 北京：清华大学出版社，2007.

[8] 荣晓华. 消费者行为学. 大连：东北财经大学出版社，2005.

[9] 王生辉. 消费者行为分析与实务. 北京：中国人民大学出版社，2006.

[10] 叶素贞. 销售新手人们训练. 广州：广东经济出版社，2007.

[11] 连淑芳. 营销心理学. 上海：立信会计出版社，2008.

[12] 孔雷. 训练销售精英. 北京：企业管理出版社，2008.

[13] 杰哈德 • 葛史汪德纳. 金牌销售员的 15 项训练. 北京：人民邮电出版社，2008.

[14] 廖晓中. 消费心理分析. 广州：暨南大学出版社，2009.

[15] 赵建勇. 销售要懂心理学. 郑州：中原出版传媒集团，2009.

[16] 冯丽华. 营销心理学. 北京：电子工业出版社，2009.

[17] 方凤玲. 消费者行为分析实务. 北京：科学出版社，2009.

[18] 推销员门户 http://www.top-sales.com.cn.

[19] 全球品牌网 http://www.globrand.com/.

[20] 销售与市场——第一营销网 http://www.cmmo.cn/.

[21] 销售与市场杂志.

[22] 新营销杂志.